项目来源：2021年度贵州财经大学引进人才科研启动项目（项目编号2021YJ028）

刑事诉讼指挥权论

杨 勇 ◎ 著

知识产权出版社
全国百佳图书出版单位
—北京—

图书在版编目（CIP）数据

刑事诉讼指挥权论／杨勇著．—北京：知识产权出版社，2023.6
ISBN 978-7-5130-8781-0

Ⅰ.①刑…　Ⅱ.①杨…　Ⅲ.①刑事诉讼—审判—研究—中国　Ⅳ.①D925.218.4

中国国家版本馆CIP数据核字（2023）第096832号

责任编辑： 罗　慧　　**责任校对：** 潘凤越
封面设计： 乾达文化　　**责任印制：** 刘译文

刑事诉讼指挥权论
杨　勇　著

出版发行： 知识产权出版社有限责任公司　　**网　　址：** http://www.ipph.cn
社　　址： 北京市海淀区气象路50号院　　**邮　　编：** 100081
责编电话： 010-82000860转8343　　**责编邮箱：** lhy734@126.com
发行电话： 010-82000860转8101/8102　　**发行传真：** 010-82000893/82005070/82000270
印　　刷： 天津嘉恒印务有限公司　　**经　　销：** 新华书店、各大网上书店及相关专业书店
开　　本： 720mm×1000mm　1/16　　**印　　张：** 16.25
版　　次： 2023年6月第1版　　**印　　次：** 2023年6月第1次印刷
字　　数： 256千字　　**定　　价：** 88.00元
ISBN 978-7-5130-8781-0

前言 Preface

在审判实践中，有的庭审张弛有度、节奏明快、重点突出，控辩双方围绕庭审争议焦点展开攻防。在闭庭的法槌声敲响之后，争议得以厘清、疑点得以解答、事实得以查明，一份控辩双方都可接受的判决呼之欲出。然而，有的庭审是平淡、拖沓、无生气的，特别是一些被告人人数、罪名众多的案件，庭审焦点不明、节奏拖沓，甚至出现辩审冲突，庭审氛围剑拔弩张，庭审异化为辩护人与法官之间的争吵，极大地影响了“正义的观感”。缘何如此？不得不提及审判长之刑事诉讼指挥权。

刑事诉讼指挥权源于刑事审判权，是刑事审判权之重要附属权限。何为刑事诉讼指挥权？首先应回答何为“指挥”。“指挥”是一个历史悠久、含义丰富的常用词语，主要含义为“指示、安排、介入、发令调度”等。在刑事审判活动中，法院（法官）为推进诉讼进程、发现案件事实真相进而实现公正审判的目的，对诉讼程序进行安排并对法庭调查活动进行引导、介入和控制的权力，称为刑事诉讼指挥权。学理上，按照不同的划分标准，诉讼指挥权主要可划分为刑事诉讼指挥权与民事诉讼指挥权、程序性诉讼指挥权与实体性诉讼指挥权、对事之诉讼指挥权和对人之诉讼指挥权、个体诉讼指挥权和组织诉讼指挥权等。诉讼指挥权是法院（法官）的职权，亦是其义务，可由个体行使也可由组织行使，可经口头作出也可书面作出，有积极形态也有消极形态。诉讼指挥权与法庭警察权、当事人程序选择权以及案件管理权存在联系但也有区别。其中，法庭警察权属于广义的诉讼指挥权，是诉讼指挥权的下位概念；当事人程序选择权因完全取决于当事人的意志，无法官诉讼指挥之空间；案件管理权本具行政权之性质，但因案件管理内涵的丰富性，“管理”含有“指挥”之含义，在某些具体权限上与诉讼指挥权存在一定交叉。不管哪种类型的诉讼指挥权，其功能均体现为推进诉讼进程、实现公正审判、维持庭审秩序、彰显司法权威等四个方面。

刑事诉讼指挥权的妥当运行离不开特定原则的约束与指引。刑事诉讼指挥权的行使原则源于刑事诉讼的基本原则，但刑事诉讼指挥权的行使只是刑事诉讼之一环节，故其原则与刑事诉讼基本原则在内容、侧重点方面有所不同。刑事诉讼指挥权之行使应当遵循的原则包括无罪推定原则、平等对待控辩双方原则、及时性原则以及特定情形下的比例原则。刑事诉讼指挥权之行使原则是诉讼指挥行为之“矫正器”“指南针”，为刑事诉讼指挥权的行使指明方向和基准线。对于刑事诉讼指挥权之无罪推定原则，其应用主要体现在采取措施避免给被告人贴“犯罪标签”、介入法庭讯问时应避免有罪推定、保障被告人辩护权、适当给予被告人诉讼关照等几个方面；对于平等对待控辩双方原则之适用，关键在于平均分配法庭资源、保障控辩双方形式平等；对于及时性原则之适用，则主要体现在及时介入、介入处置等方面；比例原则则适用于法官发动法庭警察权处置某些法庭失范行为的场景。

实践中的刑事诉讼指挥，无非对人、事之安排与调遣。就刑事诉讼指挥权的运行规则而言，可以从对人之指挥和对事之指挥两种类型进行系统考察。其中，对人之诉讼指挥主要包括制止诉讼参与人不当发言、释明引导诉讼参与人、许可有关人员在庭与退庭、对失范在庭人员进行相应处置等几个方面。对人之诉讼指挥，落脚点在于“人”，因此法官应更加注重司法礼仪和诉讼关照。对事之诉讼指挥则包括案件审理之进程控制、决定刑事庭审方式与地点、证据调查顺序与方式之安排、法庭辩论程序之引导等几个方面。对事之诉讼指挥，落脚点在于“事”，法官应着重体现效率与公正。总之，不管是哪种形态的诉讼指挥，均应遵守共同的行使原则、不同的行使规则，并以推进案件审理、实现公正审判为最终目的。

孟子曾云，徒善不足以为政，徒法不足以自行。审判长指挥庭审是一个完整的微观法律运行生态，包含了确定法庭调查规则（立法）、诉讼各方应当遵守（守法）、判断行为是否失范（司法）、采取手段进行处置（执法）。

刑事诉讼指挥权之健康运行，离不开多项制度、多种素养、多方力量相互作用、相互促进。为保障和规范刑事诉讼指挥权之良善运行，可从规范建构（立法保障，主要为明晰重要指挥权限、完善配套规范）、法官素养提升（内在保障，主要为规范诉讼指挥语言、充实诉讼指挥知识储备）、惩戒督促（外部保障，主要为优化教育考评措施、健全法官惩戒程序）三个方面进行完善。

目 录 Contents

第一章
导　　论

一、研究背景

打开中国庭审直播公开网，可以观看数百万计的庭审直播视频。在浩如烟海的直播庭审中，有的庭审张弛有度、节奏明快、重点突出，控辩双方围绕庭审焦点展开攻防，然而，更多的庭审则与之相反。正如优秀的球赛主裁判总是保障球赛的顺利进行，促进球赛的规范性、文明性、观赏性，而有的裁判则让比赛变得拖沓、沉闷，甚至成为球场冲突的制造者。这种现象与我国的刑事庭审有某些相似之处，庭审现场状况均与现场责任人的指挥、主持庭审能力息息相关。

早在 1999 年 10 月 20 日，最高人民法院在第一个《人民法院五年改革纲要》中就将提高审判长指挥庭审能力作为深化审判改革的重要内容，明确提出："审判长要努力提高驾驭、指挥庭审能力，注重发挥控辩双方在法庭上的诉辩作用，通过证人出庭作证，出示证据，质证，指控与辩护等活动，查清案件事实。"之所以如此强调审判长诉讼指挥能力，是因为审判长是合议庭的核心和灵魂。审判长的诉讼指挥权能否妥当发挥，不仅关系程序的安定，更与案件事实能否得到查明密切相连。一定程度上说，"审判制度是一种以法官为媒介的社会统治手段"[①]。法官是"媒介"，法律亦因法官降临尘世，法庭为法官提供舞台，特别是在我国全力推进以审判为中心的诉讼制度改革

---

① ［日］河合弘之：《律师职业》，康树华译，法律出版社 1987 年版，第 49 页。

背景下，“四个在法庭”[①] 格局已得到普遍认可和推进，庭审实质化必然导致“真刀真枪”的庭审方式。在此背景下，控辩冲突、辩审冲突、辩辩冲突以及社会大众与司法之间的冲突等一系列冲突将随着庭审实质化的推进而日益凸显。[②] 提高审判长庭审指挥能力之重要性、紧迫性日益凸显。

考察实践可知，当前法院（法官）行使诉讼指挥权时存在诸多问题，主要体现在以下几个方面：

一是行使依据、规则模糊不清。刑事诉讼指挥权内涵丰富，权力辐射范围广泛，但其行使依据及规则阙如。比如，在法庭审理过程中，法官如何对当事人的异议进行妥当裁决？又如，法警在法庭上不听审判长指挥，拒绝打开被告人手铐、脚铐，算不算蔑视法庭权威？当法庭审理流于形式而成为审判合法化的“手续”，辩护人要么擅自退庭，要么迫于擅自退庭将受到处罚的威慑而在庭上保持沉默、拒绝发表任何意见，如何处置？再如，《人民检察院公诉人出庭举证质证工作指引》中，明确检察官法庭证据出示的方式，实行“检察主导”，若辩护人表示异议，法庭如何处置？等等。当依据不清、规则不明时，我们完全有理由相信，掌握国家权力的审判人员难免会有滥用诉讼指挥权的可能。

二是处置程序过于简单粗糙。有的法院（法官）行使诉讼指挥权的程序过于简单粗糙，有失程序正义之嫌。以杭州保姆纵火案为例，杭州市中级人民法院单方面发布公告称，解除党某某律师的辩护人资格，“简单粗糙”一目了然：一没有听取党律师的任何意见。党律师随后去看守所会见被告人时才知道自己被剥夺了辩护人资格，随后在其实名微博上愤怒地抗议。二没有任何公开的法律文书予以载明法院的决定。法庭既然强势介入辩护关系，剥夺辩护人资格，对于这种与被告人辩护权的实现密切相关的处置行为，至少应该有一纸法律文书予以表明法院之决定。三没有赋予权利人任何救济途径，

---

① “四个在法庭”指证据出示在法庭、案件事实查明在法庭、诉辩意见发表在法庭、裁判形成结果在法庭。

② 我国实践中，偶尔也会出现检法（控审）冲突的现象，比如，曾有检察官不满法官决定愤而退庭的事例发生，但这只是极少数的个别现象，不具普遍性。参见冀祥德、夏雯雯：《检察官，你有权自主退庭吗？——从刑事诉权理论的视角进行评析》，载《中国律师》2003 年第 12 期，第 65 页。

申诉、复议有去无回，存在“维权路上的单行道”情况。此外，实践中甚至还存在有的法庭“悄悄”处置“不听话”的辩护律师的情况，其行为遮遮掩掩，与法官“形象公正”之要求相距甚远。比如，在北京尚权律师事务所委托零点研究咨询公司出具的《新刑诉法实施调研项目数据报告》显示，14.7%的律师遇到过自己的当事人迫于司法机关的压力（动员、说服）解除了委托关系，目的不过是无法容忍“强势律师”这块硬骨头“干扰办案”而迫使其退出辩护。①

三是处置手段或是过于严厉或是过于苍白无力。一方面，在刑事庭审中，有的法庭对诉讼参与人驱逐出庭、拘留、剥夺律师辩护人资格、禁止辩护人与被追诉人当庭交流，使得法院具有公安行政机关的某些特征，甚至出现法官动用法警搜查律师身体、抢夺律师手机的闹剧。② 另一方面，有的法庭的处置手段不力，并未取得实质成效。比如，在涉案人数众多的案件中，时有哄闹法庭、围堵法院的事件发生，甚至有人给法官邮寄子弹、凶器相威胁，抑或邮寄红薯嘲讽法官，法官被威胁、伤害的事件时有发生。③ 为何法官成为一种“高危职业”？处置手段值得进一步多方位审视。

四是权利救济通道不畅。在实践中，当法官侵犯诉讼参与人的诉讼权利时，其维权途径通常不畅。一方面，法官的自由裁量权限制较少，在行使诉讼指挥权时偶尔会存在因个人因素导致行使不当的问题。另一方面，当诉讼参与人权利遭到侵害时，其维权路径往往坎坷曲折，但是，一旦当事人强烈反弹、多处举报投诉，特别是行为人诉诸媒体，导致一轮又一轮的舆论风暴时，往往事情又得到“火速处理”，体现一种“按闹分配”的处置模式。这种状况加剧了民众对司法公正的怀疑。

五是对失范法官的责任追究无序化。日常生活中，有法官自诩为“司法民工”，感叹法官工作如履薄冰。比如，一旦自己处理的案件引发媒体关注，导致舆论风暴，自己轻则被扣发全年的绩效，重则调离法官岗位、剥夺法官资格。可以说，一旦法官存在失范行为，纪委监委、法官惩戒委员会、组织

---

① 吴宏耀、郭烁：《行进中的中国刑事诉讼》，人民日报出版社2016年版，第301页。

② 李秀平：《吴良述的那条破裤子暴露了啥》，载《法律与生活》2016年第12期，第3页。

③ 王春：《宁波中院发布审判安全状况白皮书》，载《法制日报》2014年5月17日，第4版。

人事部门等将采取一系列措施对法官进行责任追究。可以说，追责程序的无序化影响了法官诉讼指挥权的有效行使。

与此同时，当前的刑事司法环境亦呼唤着刑事诉讼指挥权的优化，主要体现在两个方面：

一是办案压力、办案责任对法官的要求越来越高，需要法官频频发动诉讼指挥权提高庭审效率。根据最高人民法院每年发布的工作报告，“案多人少”矛盾日益突出，成为工作报告里的“常用语”。因此，客观上要求法官发动诉讼指挥权，提高庭审效率，避免案件积压。

二是诉讼参与人的权利诉求越来越强烈，需要法官发动诉讼指挥权让其“感受公平正义”。随着民众法律意识的增加，维权意识也越来越强烈。参与刑事庭审的人员也越来越多阶层化，各种利益诉求和个案正义的差异难免存在冲突。同时，由于法律的知识性到案件裁决结果的生活性之间存在需要克服的障碍，这就要求法官变得能动，有时候不得不“晓之以理，动之以情”，须从行为、语言、裁判结果多方面满足参与人的“正义”感受，否则，投诉、举报、上访多管齐下而让法官如履薄冰。

以审判为中心的刑事诉讼制度改革是我国司法回归理性的分水岭，是正视司法现状、尊重司法规律的重要体现。这将带来三大变化：当事人的诉讼权利愈发凸显、庭审对决程度愈发激烈、法官责任愈发重大。可以预见，随着以审判为中心的司法改革不断推进和深化，法院、法庭、法官的中心地位将得到提升和保障，“以侦查为中心”和“以调查为中心”的诉讼格局将逐渐失去运行空间，法庭将成为“定分止争”的主舞台。优化刑事诉讼指挥权，让法官更好地指挥庭审，已成为刑事司法中刻不容缓的紧迫任务。

二、研究意义

基于新时代刑事诉讼立法与司法实践出现的新内容、新问题、新情形，同时鉴于当前国内外关于刑事诉讼指挥权研究存在深度上需要进一步挖掘、广度上需要进一步延伸、研究思路上需要进一步拓展的现状，对刑事诉讼指挥权进行更深入的系统研究，无论在理论或是实践上均具有重要意义。

（一）理论意义

1. 拓展刑事诉讼指挥权的基础理论

当前，学者们的着力点置于诉讼指挥权的内容和特征上，即在讨论诉讼指挥权“看得见”的问题，至于“看不见”的深层次基础理论却鲜有涉及。这种情况无疑是制约优化诉讼指挥权问题的一大障碍，毕竟，一项权力背后的理论根基才是这项权力得以存在的基础。从法学、社会学等角度讨论其基础理论，才能完整、全面、客观地认识其理论根据和制度源泉。本书从两个角度论述刑事诉讼指挥权的基础理论：一是语言学和诉讼原理角度，深度分析诉讼指挥权的含义、行使诉讼指挥权的原则；二是从实践、诉讼法理等角度论述其运行与保障。于此，本书在拓展刑事诉讼指挥权的基础理论方面具有一定的价值。

2. 深化辩审关系、控审关系、审判权内部关系的认识

本书基于刑事诉讼立法与司法实践出现的突出问题，紧紧围绕刑事诉讼指挥权如何运行这个中心，对辩审关系、控审关系、审判权内部关系进行系统分析；从诉讼指挥权的内部结构审视辩审关系、控审关系、审判权内部关系，消除理论和实践中的认识误区，进而厘清诉讼指挥权的行使规律及边界，探索出在刑事诉讼指挥权与辩护权、公诉权互动过程中应当坚持的原则、规则，最终为构建科学合理的诉讼指挥权运行机制奠定充实的理论基础。同时，本书基于两大法系国家中的立法和实践考察，从经验事实中提炼诉讼指挥权运行的一般特征及规律。本书在辩审关系、控审关系、审判权内部关系的认识方面，为学界提供更为丰富的视野和图景。

3. 系统梳理、评述现有国内外理论及实践，为知识增量做加法

就现有的诉讼指挥权的文献而言，目前还没有一部关于诉讼指挥权的专著出版。一些零星的研究散落在各类教材或者相关的专著个别章节里。特别是在普通法系国家中有些法官的角色并不是像某些学者指出的那样，只是“消极的听审者角色”。实际上，法官在证据调查、交叉询问中时时有精彩绝伦的庭审指挥。然而，遗憾的是，现有文献很少对域外国家的理论和实践进

行梳理，仅有的少许资料也只是蜻蜓点水般粗略的介绍。因此，本书尝试从浩瀚的海外文献中，通过筛选、比较，挖掘有价值的素材、案例、经验、教训，并进行两大法系国家之间、与我国本土之间的比较分析，丰富、拓展诉讼指挥权知识性积累。同时，笔者从海量的庭审直播视频中，选取典型实例说明诉讼指挥的实践样态。从这个角度看，本书可以丰富研究素材，也为知识增量作出一定贡献。

（二）实践意义

本着服务司法实践的研究角度，契合当下推进以审判为中心的诉讼制度改革背景，适应庭审实质化和刑事案件律师辩护全覆盖的诉讼样态发展，新的时代呼唤建立健全诉讼指挥权的运行体系。作为一个解剖当下、面向未来的主题，必然对司法实践具有重要的、现实的指导意义，主要体现在以下三个方面：

一是全面深入梳理、剖析诉讼指挥权运行过程中存在的亟待解决的问题。在当前执法生态日益透明、法官责任制日益凸显的大背景下，“法官如何行为”不仅关系诉讼当事人的命运，还关系法官自身利益的得失，更是与重塑社会秩序、规范公民行为息息相关。然而，从现实状况看，人民群众对司法的信任屡受挑战，法官诉讼指挥权的运行存在诸多引起广泛争议的问题，其原因何在？制约诉讼指挥权行使的障碍又是什么？本书将通过实践中诉讼指挥权运行的实际情况，从法官行为、社会心理、法庭团队内部关系、法律共同体之间的互动关系等角度对制约和影响诉讼指挥权行使的因素进行深入探讨，全面剖析原因及原因之间的相互关系，为优化诉讼指挥权找到解决途径。

二是从公正审判角度检视刑事诉讼指挥权的若干行使规则，指引司法实践迈向司法公正与权利保障的轨道。刑事诉讼法不可能事无巨细地规定法官如何进行刑事审判，因此，法官在开庭审理案件时不得不发挥主观能动性，适时发动诉讼指挥权以推动案件顺利进行，然而，如何发动这项权力，需要结合具体的权力内容具体分析。对此，本书立足于审判实践需要，结合诉讼运行规律，分别就对事之诉讼指挥和对人之诉讼指挥提出相应的行使规则，为实践提供可操作的具体指引。

三是结合我国实际提出优化刑事诉讼指挥权的保障措施。2010 年 12 月，最高人民法院修订的《法官行为规范》第 2 条明确提出："公正司法。坚持以事实为根据、以法律为准绳，平等对待各方当事人，确保实体公正、程序公正和形象公正，努力实现办案法律效果和社会效果的有机统一，不得滥用职权、枉法裁判。"问题是，如何"确保实体公正、程序公正和形象公正"？法官行使诉讼指挥权过程中，法官的"形象公正"如何得以体现？正如托马斯·魏根特教授指出："一个人身上集中若干职能是许多大陆法系国家刑事诉讼制度的典型特征。这种做法赋予了庭审法官很大的权力，并且使得审判进程在很大程度上依赖于法官的个人能力。"① 采取措施保障我国法官提高诉讼指挥能力具有特别的意义，立足于实践，笔者把落脚点放在刑事诉讼指挥权的主体，即法院和法官上，提出体系性的针对性方案：宏观层面，按照"正名—赋权—兑现"的逻辑进路提出若干建议；微观层面，从法官知识储备、审判心理、绩效考核提升法官诉讼指挥的综合素质；最后，通过完善惩戒措施促使法官良善行使诉讼指挥权。

三、国内外研究现状述评

现有刑事诉讼指挥权的相关理论研究成果是进一步研究的基础，笔者通过各种渠道全面收集有价值的关联文献若干篇。需要说明的是，基于版权壁垒、信息资源分布不均、物质经济条件受限、个人语言能力不足等主客观原因，笔者能收集到的有关刑事诉讼指挥权的文献资料并不能达到绝对全面。下面以本书所研究的问题为纲要，从刑事诉讼指挥权的概念、主体、目的、内容、行使方式、救济等角度依次对现有文献展开述评。

---

① ［德］托马斯·魏根特：《德国刑事诉讼程序》，岳礼玲、温小洁译，中国政法大学出版社 2004 年版，第 23 页。

（一）对当前文献的简要回顾与评价

1. 诉讼指挥权的概念

早在100年前，法学家夏勤就对诉讼指挥权有所论及[①]。然而，何为诉讼指挥权却未有统一的认识。龙宗智教授认为，诉讼指挥权是“法律赋予法官指挥、控制庭审、指导当事人进行诉讼活动，以维护庭审活动有序、公正和有效率进行的诉讼权力”。[②] 蔡杰教授等指出：“法院（法官）为了实现审判之目的，促使诉讼活动公正、有序和有效地进行，而对诉讼进程进行组织、引导、安排、管理等的诉讼职权，主要表现为法院（法官）依职权主动采取或依申请而采取一定的行为或作出一定的裁定，如要求特定人员为或不为一定行为、对违反程序者进行惩罚和制裁等。简单地说，庭审指挥权就是法院（法官）为保障诉讼程序合法进行，谋求公正而有效地审理案件，依职权对诉讼进程作出适当的安排和处理。”[③] 蔡杰教授等对诉讼指挥权下的定义较为全面，诉讼指挥行为包括组织、引导、安排与管理。姚磊博士、甄贞教授所下的定义为：“诉讼指挥权是指为保证刑事审判权有序、公正和高效地运行，法官所享有的在庭前准备程序和庭审程序中，对诉讼程序进行安排和处理，对控辩双方以及其他诉讼参与人诉讼行为进行引导和规制的职权。”[④] 需要关注的是，姚、甄这篇文章将诉讼指挥权命名为“刑事诉讼指挥权”。肖仕卫认为，“庭审指挥权就是法院（法官）为保障诉讼程序合法进行，谋求公正而有效地审理案件，依职权对诉讼进程作出适当的安排和处理”。[⑤] 黄琪博士则认为，诉讼指挥权是“法院（法官）在诉讼程序进行中，为维护审判秩序顺序进行、实现审判的公平公正，兼具探知事实真相的目的，对诉讼流

① 参见夏勤：《刑事诉讼法要论》，郭恒点校，中国政法大学出版社2012年版，第139页。此书初版于朝阳大学法律评论社1923年12月1日，1931年2月1日再版，2012年版即参照1931年版校勘出版。

② 龙宗智：《刑事庭审制度研究》，中国政法大学出版社2001年版，第361－363页。

③ 蔡杰、冯亚景：《我国刑事法官庭审指挥权之探讨》，载《法学研究》2006年第6期，第114页。

④ 姚磊、甄贞：《刑事诉讼指挥权研究》，载《河南社会科学》2015年第4期，第43页。

⑤ 肖仕卫：《庭审实质化目标下庭审指挥之改进》，载《江汉论坛》2019年第4期，第123页。

程进行引导、安排和管控，对当事人诘问、辩论等诉讼活动进行规制与介入的权力”。[①] 蔡墩铭教授认为，诉讼指挥权指为使当事人的诉讼活动合理化、有秩序化，达到迅速审判的目的，审判长享有的控制当事人诉讼行为、把控庭审进程、调查证据的权力，可分对人之诉讼指挥和对事之诉讼指挥。[②]

在域外，较多知名法学家都曾对诉讼指挥权进行定义。日本田口守一教授则指出：“诉讼指挥权是为了诉讼活动有秩序进行，实现公正的审判而赋予法院的权限。”[③] 但是，具体赋予了哪些权限？这些权限有什么特征？田口守一教授语焉不详。按照日本松尾浩也的观点，“在审判程序中，法院负有恰当地控制程序进行，以及根据证据调查和辩论结果作出正确的终局裁决的双重任务。完成第一方面的任务，最终取决于对检察官、被告人以及其他关系人诉讼活动的规制，这可统称为诉讼指挥”。[④] 显然，松尾浩也教授将诉讼指挥权落脚点放在对诉讼行为、诉讼活动进行规制上。日本三井诚教授认为诉讼指挥就是对诉讼程序的规范与控制：“为使诉讼程序公平、迅速、正当进行，以规范检察官、被告或诉讼关系人之活动，建立诉讼审理程序之秩序之法院的合目的行为，称为诉讼指挥权。”[⑤] 在德国罗科信教授看来，诉讼指挥即对案件之调查、安排，以及对形式上诉讼程序之控制、协调与处理。[⑥]

事实上，对诉讼指挥权的概念界定还存在其他类似表述，此处不再一一列举。上述对诉讼指挥权的定义，呈现以下两个特征：

第一，名称多样化。目前，关于“诉讼指挥权”这一术语，主要有“诉讼指挥权”“刑事诉讼指挥权”“庭审指挥权”三种表述。其中，“诉讼指挥权”这一命名被更多的学者所认可。问题是，对于刑事诉讼而言，到底哪一

---

① 黄琪：《刑事诉讼中法官诉讼指挥权研究》，西南政法大学2019年博士论文，第28页。

② 蔡墩铭：《刑事审判程序》，五南图书出版公司1992年版，第46-48页。

③ ［日］田口守一：《刑事诉讼法》，张凌、于秀峰译，法律出版社2019年版，第372页。

④ ［日］松尾浩也：《日本刑事诉讼法》（上卷），丁相顺译，中国人民大学出版社2005年版，第313-314页。

⑤ ［日］三井诚：《刑事手续法》（二），有斐阁2003年版，第358页。

⑥ 参见［德］克劳思·罗科信：《刑事诉讼法》，吴丽琪译，法律出版社2003年版，第395-396页。

种命名更为准确且更为有利于学术交流呢？目前还没有学者对此作出解释。显然，概念的不统一必然导致交流上的障碍。因此，有必要对此进行全面梳理和给出更为准确的答案。

第二，诉讼指挥权的概念大致反映了诉讼指挥权的内容。大体上，诉讼指挥权的概念涵盖诉讼指挥权的主体、行使目的、方式、权力辐射范围等要素。因此，对诉讼指挥权概念的把控显得尤其关键，过小，不能涵盖关键内容；过大，则可能使研究泛化，重点和针对性都可能变得模糊且不突出。

大体而言，从现有文献可知，当前学界对诉讼指挥权的概念界定存在要么过宽、要么过窄的问题，难以揭示诉讼指挥的全面内涵，进而在学术交流与对话中易造成隔阂。可以说，对诉讼指挥权的概念进行厘清具有重要意义，一是便于学术交流，二是锚定研究范围，三是区分相应职权进而便于找准其行使规律。当下，就诉讼指挥权之概念界定，至少还存在两个问题需要进一步厘清：是否需要一个刑事诉讼指挥权的概念？诉讼指挥权的概念应包括哪些内容，边界在哪？

2. 诉讼指挥权的性质

诉讼指挥权的性质到底如何？诉讼指挥权是职权还是义务？诉讼指挥权是法定的还是意定的？回答这些问题的核心在于分辨诉讼指挥权与审判权的关系。黄翰义教授以“程序正义”为主题写了三部曲，即《程序正义之理念》（一、二、三）。在《程序正义之理念》（三）这一专著中，黄翰义用了两章的篇幅论证了诉讼指挥权问题，即第五章“诉讼指挥本质论”、第六章“诘问前后阶段之诉讼指挥”。黄翰义在初步考察美国、日本法律规定及实践的基础上，指出诉讼指挥权的根源在于审判者在诉讼进程中本于听审权而得。听审权是核心（最内层），由此由内向外渐层性扩张为内层（程序介入权、阐明权、制止权）至外围（期日指定权、法庭警察权）①，如图 1－1 所示：

① 黄翰义：《程序正义之理念》（三），元照出版有限公司 2010 年版，第 242－243 页。

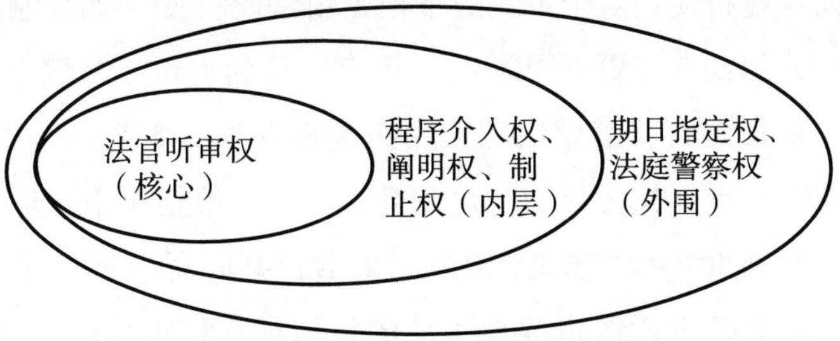

图1-1 诉讼指挥权之结构层次

蔡墩铭教授认为："唯为达成审理裁判之必要，不能不赋予其他权，故与审理裁判权附随之庭审指挥权、法庭警察权、强制权及认证权等均可包括于刑事裁判权之内。"① 可见，诉讼指挥权是审判权的附属权力，属于审判权的重要组成部分，具有"职权"属性。同时，法官要审理案件，又不得不发动诉讼指挥推进案件进行、查明案件事实，因此诉讼指挥权的行使又是法官履行审判权的义务，具有义务属性。此外，诉讼指挥权并非法律赋予法院之后天权限，而是法院基于审判者之诉讼地位享有的意定性权限，即一种固有权。

可以说，对诉讼指挥权性质的全面把握，对于找准诉讼指挥权的功能定位和提出其运行规则，具有重要的理论指导意义。当前学者们对诉讼指挥权性质的研究是准确的。需要进一步拓展的是，诉讼指挥权既然是一种职权和义务的抽象权力组合，那么基于这种性质，在新形势下，比如，认罪认罚案件下，有何新的发展动态？又如，诉讼指挥权的固有权性质如何回应辩护律师提出的"法不授权即禁止"的质疑？诉讼指挥权的意定性如何保障法官公正行使诉讼指挥权？显然，这些问题亦有进一步研究的价值。

3. 诉讼指挥权的主体

从上述概念表述可知，诉讼指挥权的主体存在法官、审判长、法院三种表述。"指挥审判之权，在合议制之法院，操诸审判长；在独任制之法院，操诸独任制之推事。"② 夏勤将诉讼指挥权的主体分为审判长、独任法官两种。田口守一教授认为，诉讼指挥权的主体是审判长和法院，一般的权限由

---

① 蔡墩铭：《刑事诉讼法论》，五南图书出版公司1993年版，第43页。

② 夏勤：《刑事诉讼法要论》，郭恒点校，中国政法大学出版社2012年版，第139页。

审判长灵活而快速行使；对于重大的事项则由法院行使（如强制被告人以使其出庭、命令追加或者变更诉因等）。[①] 还有人认为诉讼指挥权之主体包括法院、审判长、受命法官、陪席法官、受托法官五种，如罗科信教授亦认为，诉讼指挥是法院、审判长之权力，也是其义务，一般情况下，诉讼指挥权由审判长行使，特别重大的事项则由数名法官合议共同商议处理。[②]

可见，现有文献对诉讼指挥权主体的认识存在较大分歧。就我国而言，审判主体的形式包括法院、审判委员会、合议庭、独任法官等；从个体而言，还包括人民陪审员。那么，诉讼指挥权的行使主体到底有哪些？是否应该根据不同的诉讼指挥权限而赋予不同的行使主体？将诉讼指挥权限缩称为“法官诉讼指挥权”是否合适？审判长可否将诉讼指挥权授权其他合议庭成员行使？显然，这些问题当前都没有得到很好的解决，有待于进一步研究。

4. 诉讼指挥权的目的

从上述概念表述可知，诉讼指挥权的目的体现在以下几个方面：一是维护审判程序有序进行。实践中其体现为维护法庭秩序、推进庭审进程，“诉讼指挥是法院就诉讼审理有秩序的合目的的活动。”[③] 二是促进发现客观事实。审判长设法发动诉讼指挥，通过调动控辩双方积极攻击防御使真相可逐渐浮出水面，但若控辩双方攻击防御行为过分热烈，甚至演变为意气之争而偏离事实查明之目的，审判长就应当及时介入。[④] 三是实现公正审判（如前述黄琪博士文）。行使诉讼指挥的目的即瞄准指挥的方向和靶子，关系到诉讼指挥的行使实效。在我国语境下，法院（法官）之刑事诉讼指挥，到底应该如何把握其目的？这三种目的有何内在联系？除了上述目的外，是否还存在其他目的？同样，这些问题的解决也存在研究的必要。

5. 诉讼指挥权的内容

诉讼指挥权的内容是研究诉讼指挥权的重点，也是难点。诉讼指挥权的

---

① ［日］田口守一：《刑事诉讼法》，张凌、于秀峰译，法律出版社 2019 年版，第 372 – 373 页。

② ［德］克劳思·罗科信：《刑事诉讼法》，吴丽琪译，法律出版社 2003 年版，第 395 – 396 页。

③ ［日］大出良知、川崎英明、神山启史：《刑事辩护》，日本刑事法学研究会译，元照出版有限公司 2008 年版，第 327 页。

④ 蔡墩铭：《刑事审判程序》，五南图书出版公司 1992 年版，第 46 页。

内容关系法院（法官）的权力行为辐射范围。内容界定过宽，则使得诉讼指挥泛化，“一切问题都能装”，难以厘清真正的问题；内容界定过于狭窄，则难免不全面，有“只见树木不见森林”的遗憾。综观当前的理论研究，此问题分歧较大，存在若干模糊、混乱之处，具有进一步厘清的紧迫性和必要性。比如，罗科信教授认为，诉讼指挥权含对案件之指挥以及对形式上诉讼程序之指挥。前者主要指事实调查方面的指挥，比如，证据调查的方式、法官的指示义务等，后者主要指单纯的程序性事务。但对案件指挥与对形式程序指挥，到底含有哪些具体内容，罗科信教授语焉不详。[①] 又如，蔡墩铭教授将诉讼指挥权分为四个方面：（1）阐明权。如讯问、听取被告对证据的意见，给予控辩双方质证证据的机会。（2）禁止权。如禁止当事人、辩护人对证人、鉴定人等进行询问。（3）许可权。如诉讼参与人未经许可不得退庭、共同被告陈述意见时应经审判长指挥单独进行。（4）介入权。如审判长认为有必要时，在辩护人询问证人之后，继续补充询问证人。事实上，上述四个方面的指挥权到底具体包括哪些内容、彼此之间有无交叉，指代不明。比如，听取当事人意见跟释明权是什么关系？禁止权与介入权如何区分？在发问过程打断发言是介入还是禁止？

法学家夏勤先生认为，指挥审判之权包含以下内容：审判日期之指定、变更，辩论之延期，许可诉讼关系人之请求，规定调查证据之次序，以及其他指挥审判之行为。同时，当事人对审判长、推事的诉讼指挥行为有异议的权利，异议结果由法院裁定。[②] 事实上，夏勤先生关于诉讼指挥权的内容同样存在争议，比如他将“许可诉讼关系人之请求”作为诉讼指挥权的内容，但诉讼关系人的请求多种多样，这种许可是否为诉讼指挥呢？比如，请求法官回避、请求从轻处理，显然，这种许可不是诉讼指挥，而是一种裁判行为。当然，夏勤先生虽未能详细讨论诉讼指挥权的行使场域、形态、后果等方面，但是其提出的一系列有关概念、许多观点，为后继学者提供了理论视角和研究素材。

龙宗智教授认为，诉讼指挥权分为：（1）庭审引导权。即法官在法庭调

---

① ［德］克劳思·罗科信：《刑事诉讼法》，吴丽琪译，法律出版社2003年版，第395－396页。

② 夏勤：《刑事诉讼法要论》，郭恒点校，中国政法大学出版社2012年版，第139页。

查时应当把握庭审的方向、引导庭审的运行，必要时可对不当行为进行制止。（2）规则维护权。即法官在庭审中适用庭审规则和制止违规行为。（3）诉讼许可权。即法官同意或者不同意申请人的特定事项申请。（4）秩序维持权。即法庭警察权，使用法警维持法庭秩序的权力。此外，龙教授还认为法官事实查证权应当单列为一项权力，而不是像蔡墩铭教授认为把事实查证权划为诉讼指挥权范畴。① 还有学者将刑事诉讼指挥权分为庭审调查事项控制权、程序秩序维护权、程序进程决定权、程序强制权等四个方面，同时，该学者又在诉讼指挥权之外单列诉讼关照权、案件审查权等权限。② 黄琪博士将诉讼指挥权的内容分为五个方面：程序进程控制、庭审方式决定权、法庭调查与辩论安排、诉讼许可权、程序介入权。③ 姚磊、甄贞将刑事诉讼指挥权的内容概括为：诉讼许可权、诉讼裁决权、诉讼引导权、程序控制权和秩序维持权等五个方面，值得一提的是，作者以诉讼指挥权的运行样态为依据，将其分为程序推进模式和权利保障模式两种模式。④ 卜开明博士则从通过程序控制、保障庭审效率的角度探讨了法院的诉讼指挥问题。其观点具体而言，认为法院的程序控制体现为两个方面：其一，通过一定的程序性保障措施保障诉讼程序的顺利进行，比如命令在庭、退庭、对扰乱庭审秩序者进行处罚等；其二，进行程序引导。庭审中一旦出现证据材料的无序使用、无意义的诉讼行为等失范情况，导致诉讼拖延，法官若绝对地中立而不加干预，必将导致诉讼进程受阻，影响诉讼效率，因此，需要法官积极引导、晓谕、解释、提示等。⑤ 上述学者的观点，依然存在可深入辨析的空间。

在实务部门看来，诉讼指挥权的内容同样存在较大分歧。实务部门对诉讼指挥的认识，代表性文献有《驾驭庭审》《刑事审判方法》《庭审中的审判长》等。沈志先主编的《驾驭庭审》一书中，认为诉讼指挥权包含五个方面的内容：主持庭审权、庭审释明权、规则维护权、补充调查权以及秩序维持

① 龙宗智：《刑事庭审制度研究》，中国政法大学出版社 2001 年版，第 361－363 页。
② 徐阳：《刑事审判权主体问题研究》，中国人民公安大学出版社 2004 年版，第 268－279 页。
③ 黄琪：《刑事诉讼中法官诉讼指挥权研究》，西南政法大学 2019 年博士论文，第 28 页。
④ 姚磊、甄贞：《刑事诉讼指挥权研究》，载《河南社会科学》2015 年第 4 期，第 42 页。
⑤ 卜开明：《刑事司法职权配置论》，中国法制出版社 2016 年版，第 209－212 页。

权。[①]《刑事审判方法》中，诉讼指挥包括争议焦点归纳、庭审主线引导、无关证据排除、引导控辩双方辩论、裁决争议、维护法庭秩序，等等。[②] 在《庭审中的审判长》中，作者则将诉讼指挥权称为庭审驾驭权，主要内容包括组织、指挥、调度并协调举证、质证、辩论等庭审活动的权限。[③] 询问辩护人之意见也属于诉讼指挥之范畴。如审判长调查证据毕，所为询问意见或予表示科刑范围意见之机会，系属诉讼指挥权之行使，应符合正当法律程序原则。2000 年以来，对诉讼指挥权的研究集中在诘问程序中，代表性的成果有林钰雄所著的《轮替诘问之法庭活动》以及陈祐治的《诘问之证据法则及诉讼指挥》。两位教授以法庭诘问活动为视角，系统阐述了法庭诘问活动的特征、规律，以及法官发动诉讼指挥干预法庭诘问的方法与限度。实际上，这其实是对证人证言调查活动的指挥，是一种实体性、对人之诉讼指挥。这两篇成果丰富了诉讼指挥的内涵，对于深化诉讼指挥运行状态及规律的认识具有重要的启发意义。由上述学者的观点可以看出，实务部门对诉讼指挥权内容的认识，有一点是达成共识的，即诉讼指挥权涉及证据和事实的调查与安排。

在普通法系国家，并未有“诉讼指挥”的提法，但是，普通法系国家同样存在与诉讼指挥权有关的类似论述，主要通过固有权理论（Inherent power of court）、法官行为理论（Judicial conduct）、案件管理理论（Case management）以及程序滥用理论（Abuse of process）讨论诉讼指挥权问题。关于固有权理论：虽然法庭在对庭审的把控、对有关存在失范行为的法庭参与人员进行处置，以及对证据调查范围的把控等方面经常使用固有权[④]，固有权视为维护法院之尊严的必要手段[⑤]，但作为法院、法官的固有权力，当其行使不当时

---

① 沈志先：《驾驭庭审》（第 3 版），法律出版社 2017 年版，第 97－98 页。

② 南英、高憬宏、最高人民法院刑事审判第三庭：《刑事审判方法》，法律出版社 2015 年版，第 113－116 页。

③ 丁寿兴：《庭审中的审判长》，三联书店 2006 年版，第 199 页。

④ Dowling H. M，The inherent power of the judiciary，Indiana Law Journal，1935，11（2），pp. 119－120. Martin M. M，Inherent judicial power：Flexibility congress did not write into the federal rules of evidence，Texas Law Review，1979，57（2），p. 202.

⑤ Control of the unauthorized practice of law：Scope of inherent judicial power，University of Chicago Law Review，1960，28（1），pp. 171－173.

会对诉讼关系人造成各种不公正影响，因此应当在维护实质正义（Real substantial justice）的前提下，坚持节俭、谨慎行使原则（Sparingly and cautiously）。[①] 基于法庭的固有权，法庭完全可对蔑视法庭的行为进行各种处置，亦应当对诉讼进程进行控制和引导，在法庭调查中也有权且应当对证据调查的范围、顺序进行合理控制。[②] 关于法官行为理论：法官为适应诉讼实际需要，更加积极地介入诉讼、引导和指挥诉讼，成为“管理型法官”（Managerial judges）。[③] 李·爱泼斯坦、威廉·M. 兰德斯、理查德·A. 波斯纳从法律、经济学、政治学、心理学等进路对美国法官的行为进行了系统研究。[④] 关于案件管理理论：代表性著作有《刑事审判中的案件管理》一书，指出法官为最大限度实现公正审判，其必须通过各种方式及时、积极进行各种各样的案件管理。[⑤] G. 拉里·梅斯亦指出，在普通法系国家的观念中，法官、检察官、辩护人、陪审团等个人或者团体作为法庭工作团队（Courtroom work group）的主要成员，必须各司其职，以特定的礼仪、方式良性互动，才能推动庭审进行。其中，法官处于核心地位，因为其是庭审的主持者、各种动议的决定者（Ruling on motions; and presiding over trials），其决定、裁决必须得以服从、尊重，否则庭审难以继续。[⑥] 关于程序滥用理论：即法官违背诚实信用原则滥用诉讼程序，造成诉讼拖延、违背承诺，以及其他损害诉讼参与人合法权益的理论分析。[⑦]

在美国，学界对法院（法庭）固有权理论有着非常精细化的研究。比如，基于法庭之固有权，法官可以对控辩双方的检察官资格、辩护人资格进行审查

---

① Ashok Makkar, Inherent power of high court VIS challenges in criminal proceedings: A critical analysis, I. J. A. R. D, Volum 2, Issue 6, Nov 2017.

② 《美国联邦证据规则》第 610 条 a 规定：The court shall exercise reasonable control over the mode and order of interrogating witness and presenting evidence.

③ Judith Resnik, Managerial Judges, 96 Harv. L. Rev, 1982, p. 374.

④ 参见［美］李·爱泼斯坦、威廉·M. 兰德斯、理查德·A. 波斯纳：《法官如何行为：理性选择的理论和经验研究》，黄韬译，法律出版社 2017 年版。

⑤ HH Judge Roderick Demyer QC, Case Management In Criminal Trials, Hart Publishing, 2012.

⑥ G. Larry Mays, American Courts and the Judicial Process, Oxford University Press, 2016, p. 68.

⑦ David Young, Abuse of Process in Criminal Proceedings, Bloomsbury Professional Ltd, 2014, Chapter1、2、3、4.

和处理，体现为一种对诉讼参与人的指挥形态。通常，基于法庭之固有权，辩护人具有下列情形时，法庭可以剥夺其辩护人资格：一是辩护律师存在蔑视法庭行为（Contempt of court）。蔑视行为，通常可定义为一种对司法机构、立法机构不服从、不尊重或者干扰正常的法律程序并应受及时处罚的行为。① 依据《布莱克法律词典》的解释，蔑视法庭指挑战法庭权威、尊严的行为。因该行为阻碍司法运行，故具可罚性。② 辩护律师被法庭认定为蔑视法庭的行为通常体现为两类：擅自退庭（In the face of the court by absenting himself from court）③ 以及开庭无正当理由迟到（Tardiness of an attorney）④。此两种行为都认为是直接的刑事蔑视法庭（Direct criminal contempt），法庭可不经起诉程序，当庭对辩护律师实施处罚，进而使得辩护律师被排除在诉讼程序之外。对蔑视法庭的处置是法庭的一种固有权力（The courts have the inherent power to regulate the practice of law），其最重要的功能即预防和阻止对司法运行的妨害和干扰。⑤ 当辩护人存在蔑视法庭行为，不仅面临剥夺辩护人资格、被排除在诉讼程序之外，情节严重的还可能被取消律师资格。二是辩护律师存在其他职业不端行为（Professional misconduct）。辩护律师存在职业不端行为也会导致被法庭剥夺辩护人资格。⑥

上述诉讼指挥权内容的表述大致反映了当前的主要观点，其内容还存在进一步深入、细化研究的空间：

一是诉讼指挥权各自内容之间界限不清，存在模糊之处。比如，所谓的“庭审引导权”“规则维护权”“秩序维持权”存在重叠、交叉的内容，在对其类型化处理上存在逻辑混乱。“庭审引导”其实是“规则维护”的一种形式，同时“秩序维持”也与“规则维护”存在重叠。根据法庭规制，旁听人

---

① Ronald Goldfarb, The History of the Contempt Power, Wash. U. L. Q. 1, 1961. p. 1

② Black Law Dictionary, 10th edition, Thosmson Reuters, 2014, p. 385.

③ Re Gates, 478 F. F. 2d 998, 1973.

④ Thomas L. Esper, Tardiness of Attorneys as Contempt of Court, 19 Clev. St. L. Rev. 541, 1970, p. 541.

⑤ C. J. Miller, Miller on Contempt of Court, Oxford University Press, 2017, p. 163..

⑥ Keith Swisher, The Practice and Theory of Lawyer Disqualification, 27 Geo. J. Legalethics 71, 162 (2014), p. 76.

员不得拍照、鼓掌，这是一项“规则”，对于频频在法庭拍照、鼓掌的旁听人员，法官对其解释、警告、制止，是“规则维护”，同样也是“秩序维持”。那么，秩序维持权（法庭警察权）与诉讼指挥权到底如何区别与联系？又如诉讼许可权，实际上庭审中控辩双方的大部分行为都需要法庭的许可、同意，那么诉讼许可权界限到底在何处？

二是诉讼指挥权的内容是否包括实体、程序两个方面。目前来看，有学者认为诉讼指挥权只是程序性内容，甚至有学者认为诉讼指挥权就是程序引导控制权①，但也有学者认为其应包含实体性内容。究竟哪些程序性安排属于诉讼指挥？诉讼指挥权是否触及事实与证据问题，究竟如何界定其范围？同样，这些问题也需要在理论上作出解释和回答。

三是制约和影响诉讼指挥权的因素是什么。诉讼指挥的内容受何影响？诉讼模式与诉讼指挥权的内容有何关系？事实上，在实践中刑事政策会对诉讼指挥权的行使造成直接影响。比如，个别地区法院办理“重大、敏感”性案件，安排哪些人参加旁听、允许什么样的辩护律师介入辩护、多久时间开完庭、在哪个地点开庭、哪家媒体可进入法庭采访，等等，都提前作好了安排和处理。总之，这些基础理论问题目前并未得到理论解答，依然存在进一步研究的空间。

四是诉讼指挥权的内容是不是一成不变的。随着司法制度改革和司法实践的变化，比如法庭科技的引入，诉讼指挥权是否应该赋予新的内容、赋予哪些内容？显然，当前的研究成果没有对上述问题作出系统、深入的回答。

6. 诉讼指挥权的行使方式

诉讼指挥权的行使方式包括这几项内容：一是具体指挥行为的行使规则；二是诉讼指挥行为的记载方式，包括口头和书面；三是诉讼指挥权的授权行使方式，比如负责案件中，由审判长安排、分配其他合议庭成员负责某个犯罪事实的法庭调查。作为一项权力，其行使方式如何，关系行使效果，也关乎法院（法官）形象，因此，诉讼指挥权行使方式的重要性不言而喻。简言

---

① 蔡杰、冯亚景：《我国刑事法官庭审指挥权之探讨》，载《法学研究》2006 年第 6 期，第 114 页。

之，诉讼指挥权的行使方式就是以何种程序、途径、表现形态作出诉讼指挥等内容。当前的文献中，鲜有成果讨论每项诉讼指挥权限的行使规则，只有黄琪的博士学位论文中，详细讨论了程序进程控制、庭审方式决定权、法庭调查与辩论安排、诉讼许可权、程序介入权的某些行使规则。[①] 此外，王亚明博士通过观摩20件案件的庭审现场，发现法官庭审诉讼指挥权的行使不科学、不适当，主要存在四个方面的问题：诉讼指挥意识不强、诉讼指挥效率较低、诉讼指挥能力不足、诉讼指挥时机把握不好。以此为基础，他进一步指出造成诉讼指挥不当的原因在于法官庭前准备不足、法官认识不足、缺乏有效监督、当事人诉讼能力不足等，最后提出相应的对策。[②] 在实践中，各级法院在具体行使诉讼指挥权时，探索出符合各自审理需要的行使方式，比如，有的法院明确，重大的诉讼指挥须书面作出，有的法院庭审中通过审判长安排、分配，由不同的合议庭成员分别负责主持庭审的相应阶段，等等。

在诉讼指挥权的行使方式上，蔡墩铭教授的分析令人耳目一新。因诉讼参与人同时作为证据之情报源（Information source），双方由于立场、职责、法律知识之差异，难免在提供证据的范围和积极性方面存在差异。对事之诉讼指挥是指审判者有感于证据之不足，通过行使阐明权等方式调查证据。大部分诉讼指挥的目的在于发现事实真相，故对事之诉讼指挥是诉讼指挥权的主要内容。蔡教授对诉讼指挥权的主体——法官的个体差异对诉讼指挥权行使方式的影响亦作了阐述：有的审判长注重阐明权，有的注重禁止权，有的则注重介入权的行使。注重阐明权的法官，则注重被告人的辩解，任被告人滔滔不绝而不予制止；反之，不注重阐明权者，则难以忍受被告畅所欲言而会不断打断其发言。审判长应坚持利于发现真实的原则，谨慎发动诉讼指挥权。[③]

蔡教授进一步指出，法庭是一种社会，法庭社会和一般社会一样，需要

---

① 黄琪：《刑事诉讼中法官诉讼指挥权研究》，西南政法大学2019年博士论文。

② 王亚明：《诉讼指挥权的实证分析及理性探讨》，载《福建法学》2016年第2期，第83－85页。

③ 蔡墩铭：《刑事审判程序》，五南图书出版公司1992年版，第46－50页。

保持安宁的秩序，一般社会的安宁秩序由警察维持，法庭社会则赋予法官法庭警察权以维持法庭秩序的安宁。法庭警察权的内容有：警告、罚金、责令退出法庭、看管、拘役、有期徒刑。法庭警察权的行使在于处罚，是否行使法庭警察权与审判长的处罚性格（Punitive character）有关。民庭法官由于处理平等主体之间的民事纠纷，处罚性格较弱，而刑庭法官却不时对被告处以刑罚，其处罚性格较强，是故，刑事法官时常发动法庭警察权。同样，刑庭法官的处罚性格也各不相同，对于处罚性格较弱的审判长，可能只命令违反法庭秩序者退出法庭而不科以任何秩序罚之宣告。然而，在诉讼指挥权的其他很多方面，比如：以什么原则来发动诉讼指挥，具体的诉讼指挥是否有具体的行使规则，如何传达诉讼指挥之意思表示，可否口头、书面形式进行诉讼指挥，等等，却鲜有学者提及。可以说，对诉讼指挥权行使方式的研究存在较大的空白地带。这种研究盲区和空白与日益强化的庭审实质化改革极不相称，应当引起我们重视。

（二）对当前研究现状的总体评价

1. 当前研究是一种零敲碎打式研究，缺乏宏观性、总体性、系统性

作为刑事审判权的重要组成部分，刑事诉讼指挥权不仅是一种体现审判职能的权力，同时也是一种义务，权力属性和义务属性决定了其研究的角度具有宏观性、总体性和系统性。就现有文献看，国内学者对刑事诉讼指挥权的研究有一定涉及，相关专著、教科书中有简略的论述，目前为止，仅有少数几篇核心期刊论文成果。总的来说，学者们对此话题的兴致不高，研究的系统性不足，尚属零敲碎打式研究，成果较少，研究的深度、广度明显与其重要性不匹配。此主要体现在：其一，未能从国家治理的宏观角度审视诉讼指挥权问题。刑事诉讼无疑是国家治理社会的一种重要方式，刑事诉讼的中心是法院，而法院的中心是法官。因此，研究视角必须放在国家治理的角度进行“权力鸟瞰”，才能真正把握诉讼指挥权的本质、规律和全貌。其二，诉讼指挥权内部具有各种要素并且各种要素之间相互影响、相互制约，因此对其研究应从主体、客体、后果、基础理论、存在问题、优化路径等多方面综合论证，体现其系统性。然而，目前的研究并未深入权力内部要素关系，

系统性明显不足。

2. 研究起步虽然较早，但存在很大的研究空白，现仍极具研究潜力

我国刑事诉讼指挥权的研究，可追溯到民国时期夏勤先生的著作《刑事诉讼法要论》一书。然而，虽然研究起步较早，但几十年来却没有取得较大突破和进展，未能紧跟时代发展而进行深度和广度上的拓展，还存在很大的研究空白。比如，随着刑事诉讼法的修改、刑事政策的变化，刑事诉讼指挥权的触角应延伸至哪里？在法庭审理过程中，刑事诉讼指挥权对辩审关系的介入出现哪些新的迹象？是不是有权力责令律师退出辩护？又比如，刑事诉讼中专家证人开始名正言顺地出现在法庭上，可是专家证人在法庭上动辄播放一些看上去高大上的 PPT 展示各种生僻的概念、模型、数据，让法官、当事人等听得云里雾里，那么法官对于这种新的证据方法，如何引导和规制？再比如，北京市第一中级人民法院在审理张某故意伤害案中，法官允许证人戴 VR 眼镜出庭作证，美其名曰“模拟真实场景，还原犯罪现场”[①]，这样的证据调查方式是有利于提高证据证明力，还是仅为一个噱头？面对大数据和人工智能等科技时代的到来，法官在证据调查方面的诉讼指挥权应当如何行使？等等。针对刑事司法出现的新情形、新问题，我们的法学理论应当作出回应和解读。因此，从与时俱进的角度看，诉讼指挥权的研究现仍然极具研究空间。

3. 研究方法和研究思路单一，研究视野不宽

目前对刑事诉讼指挥权的研究，绝大多数只从法学的角度展开论述，且实证研究极其匮乏。行使诉讼指挥权是一种法官行为，而法官又是一个个鲜活的个人，如果单纯只从法学角度进行研究，好比盲人摸象，难免失之偏颇。基于这样的认识，本书将从法学理论思辨、实证研究、社会心理考察等角度进行理论追问和现实解剖，全面、详尽且系统地论述诉讼指挥权问题，这也是本书的创新点之一。

总之，刑事诉讼指挥权的研究现状与其重要性严重不相匹配，鉴于此，后续研究应当从三个方面努力：在深度上，需要进一步挖掘；在广度上，需

① 洪雪：《证人戴 VR 眼镜“返回”凶案现场》，载《法制晚报》2018 年 3 月 1 日，第 A09 版。

要进一步延伸；在思路上，需要进一步拓展。

四、研究思路与方法

（一）研究思路

刑事诉讼指挥权作为国家公权力分支的一种，中心问题在于权力的运行，所以本书论述的核心问题在于刑事诉讼指挥权如何良善运行。本书论述的基本线索按照“刑事诉讼指挥权是什么→此项权力行使应当遵循什么原则→权力行使的具体规则如何→刑事诉讼指挥权运行之保障”的思路对其进行系统研究。因此，基于上述思路，本书在篇章结构安排上，分为六章。其中，第一章为导论，主要进行文献回顾和相关背景介绍；第二章全面阐述刑事诉讼指挥权的基本理论；第三章论述刑事诉讼指挥权应当遵循的行使原则；第四章重点论述刑事诉讼指挥权对人之运行规则；第五章重点论述刑事诉讼指挥权对事之运行规则；第六章，也即本书最后一章，论述刑事诉讼指挥权良善运行的保障。

同时，本着全书的体系考量，本书并未采纳专章讨论本土问题及其应对这样的结构安排，而是将本土问题融合在每一章节之中，通篇由若干小问题组成大问题。当然，本土问题是出发点，也是归属地，所有的域外经验和制度介绍都是作为论据服务于本土问题。

（二）研究方法

1. 理论思辨法

刑事诉讼指挥权作为一种国家公权力，必然有其正当性基础，同时亦有其行使边界。本书将深度挖掘其理论基础，依据哲学、诉讼法学、法理学、伦理学等多学科知识进行理论思辨，阐释刑事诉讼指挥权的理论体系及运行形态，并从社会治理的宏观角度考察刑事诉讼指挥权存在的问题和制约因素，从而为优化前瞻奠定理论前提。

2. 实证研究法

实证研究法为本书的第二种研究方法。刑事诉讼指挥权是一个实践性极强的话题，脱离实践研究难免陷入空谈的泥潭。笔者通过查阅案卷、判决、访谈、问卷调查、观摩庭审直播等方式摸清我国司法实践中诉讼指挥权的运行现状、存在的问题及有关方面的改革建议。在本书中，笔者收集了近 60 个中外关于法官诉讼指挥的案例，以最鲜活的实例呈现最真实的庭审指挥场景，让本书更具实践性、现实性。

3. 历史与比较研究法

纵观域外法治国家，大多已有比较成熟和完善的诉讼指挥权运行的机制，也总结了一些经验和教训。同时，我国长期以来的诉讼传统和诉讼文化今天依然影响着法官的诉讼行为。为此，本书拟从历史和比较的角度，考察诉讼指挥权与辩护权、国家公诉权以及社会大众的互动规律，探寻不同国家诉讼指挥权的运行差异，分析背后的影响因素，总结相关经验和教训，以此为我国相关制度的建立与完善提供借鉴。

五、本书限定与说明

（1）本书的题目为《刑事诉讼指挥权论》，是“刑事”修饰“诉讼指挥权”，“诉讼指挥权”是一个专业术语，非“刑事诉讼”修饰“指挥权”，重点聚焦于刑事一审程序中的诉讼指挥权。

（2）若无特殊说明，本书引用的海内外法律文本均为可获得的最新修订的版本。

（3）本书提及的“法官”“法院”“案例”“诉讼指挥”“律师”均指刑事审判程序中的法官、法院、案例、诉讼指挥、律师。

第二章

刑事诉讼指挥权概说

科学革命就是科学家据以观察世界的概念网络的变更。

——［美］托马斯·库恩

刑事诉讼指挥权虽为一个法律专业术语，但在官方文本中几乎处于休眠状态，不像“企业合规”“认罪认罚”等术语那么火热。这种情况导致实践中很多人（包括法律专业人士）对刑事诉讼指挥权存在“重大误解”，有时甚至犯南辕北辙的方向性错误。这种现状对理论和实践的发展与交流无疑是一块“绊脚石”。基于此，在本章中，笔者将从刑事诉讼指挥权有关语义考察着手，界定其内涵，提炼其典型特征，比较相关职权的差异，指出其功能，进而搭建起研究刑事诉讼指挥权的基础理论体系，为本书的理论研究和交流奠定基础。

一、刑事诉讼指挥权之概念

概念不受语种的限制，但受社会或文化背景的影响。于读者而言，概念是理解文本内容的开端，因为概念是认知思维的基本单位；于作者而言，概念是研究的结果，因为只有经过系统、深入的研究才能清晰地厘定概念。一定程度上可说，概念的准确性是判断一门学科是否具有科学性的重要参考指标，甚至，“科学革命就是科学家据以观察世界的概念网络的变更”①。同理，

---

① ［美］托马斯·库恩：《科学革命的结构》，金吾伦、胡新和译，北京大学出版社2012年版，第88页。

有必要对刑事诉讼指挥权的概念进行厘清。

（一）“指挥”之多层含义

探究词的含义可以加深我们对认识对象的理解。[①] 词语是语言的基本单位，海德格尔曾言：“语言是法律的存在根基。”海德格尔甚至认为，“词语破碎处，无物可存在”。[②] 可见，从语言角度剖析法学术语、概念具有重要的意义。那么，“诉讼指挥”中的“指挥”到底有几层含义？

从古至今，“指挥”一词在我国日常工作、生活中有着较高的使用频率，通常认为，“指挥”指军事指挥、乐队指挥，指挥就是“命令、指引”，故很多非诉讼法学界人士（包括法律实务人士、其他部门法研究人员等）对“诉讼指挥”的直观理解不过是政法委对案件的领导、安排，或者司法、行政机关领导对诉讼的指导、命令或者安排。[③] 甚至，笔者在跟同行讨论有关诉讼指挥权的话题时，发现对“诉讼指挥”中“指挥”的认识存在较大分歧，进而大大降低了沟通的有效性。[④] 可以说，专业分化和现实认知之间的壁垒导致交流上的“鸿沟”。是故，在正式进入诉讼指挥权的理论世界之前，有必要对“指挥”一词的多层含义进行梳理。从词语构成角度，“诉讼指挥”由“诉讼”和“指挥”两个词语组成，显然，“诉讼指挥”这一术语的中心词在于“指挥”，对“指挥”的理解直接关系对“诉讼指挥”的理解。

在古代汉语中，“指挥”同指麾，也作指撝。据《说文解字》，“指，手指也”，即手指头、指向之意；“挥，奋也”[⑤]，即舞动之意。可见，“指”与

---

① ［英］哈特：《法律的概念》，张文显等译，中国大百科全书出版社2003年版，第1页（序言部分）。

② ［德］海德格尔：《在通向语言的途中》，孙周兴译，商务印书馆2015年版，第216页。

③ 比如，浙江检察网曾刊文《建立远程庭审指挥系统 打造“智慧公诉”》，检察院领导通过远程视频系统，指导公诉人出庭公诉，将此行为界定为“庭审指挥”。参见浙江检察网：http://www.zjjcy.gov.cn/art/2017/11/1/art_33_51851.html，2019年4月10日访问。

④ 又如，内蒙古包头市政府于2018年12月4日发布《检察机关用公益诉讼守护公共利益》，包头市检察院建立公益诉讼指挥中心，利用现代科技建立诉讼指挥平台，解决公益诉讼取证难、信息精准度低的问题。参见包头市人民政府官方网站：http://www.baotou.gov.cn/info/1143/195693.htm，2019年4月10日访问。

⑤ 《说文解字》，中华书局2013年版，第251、256页。

“挥”在最原始的语义里有指向、特定动作之意。据《语言大典》（下）解释，指挥有“指导、支配、监视、命令、走在前面之意”[①]；据《汉语大词典》解释，“指挥”一词具有10个含义：（1）以手或手持物挥动示意；（2）发令调遣；（3）安排，如，北魏贾思勰在《齐民要术·种榆白杨》中描写：“能种一顷，岁收千匹，唯须一人守护，指挥处分”；（4）指示；（5）指点；（6）谓意之所向，如许慎《〈说文解字〉序》：“会意者，比类合谊，以见指撝，武信是也。”（7）在唐、宋时期，指诏敕和命令的统称；（8）军职名，在唐中叶后有都指挥使，后唐、后周及宋，均沿用其名，为禁卫之官；（9）五代、宋军队的编制单位；（10）领导乐队、合唱队进行排练和演出的人，其职责为根据音乐作品的内容和风格，以手势、身体动作和面部表情来指示节拍、速度、力度、思想感情等的变化。[②] 成语中，有“指挥若定”，即指挥调度从容镇静，胸有成竹，有胜利把握。[③] 在当代的用语中，除因制度变更而弃用个别用法外，仍保留了大部分用法。[④]

综上，“指挥”是一个历史悠久、含义丰富的常用词语，既可作为动词使用，表示某种行为、动作，也可作为名词使用，表示行为内容、结果。“指挥”一词的主要含义为“示意、指示、介入、安排、发令调度”，等等。将“指挥”仅理解为“发令、调遣”，不仅与历史传统和当今用语习惯不符，且不能准确传达其丰富内涵。

（二）“刑事诉讼指挥权”之用语检视

有学者对“刑事诉讼指挥权论”存在一定认识分歧。有的认为“刑事诉讼”范围很广，而本书却是聚焦于一审，似乎“文不对题”；也有专家指出，本书讨论审判阶段的指挥权，似乎叫“审判指挥权”更符合实际。此外，迄今为止，在理论研究领域与诉讼指挥相关的术语中，目前存在如下五类命名：

---

① 王同亿：《语言大典》，三环出版社1990年版，第4428页。

② 《汉语大词典》（第6卷），汉语大词典出版社1990年版，第580页。

③ 《中华成语大辞典》，吉林文史出版社1986年版，第1714页。

④ 《现代汉语词典》，商务印书馆2019年版，第1686页。又如，德阳市检察院于2018年7月，制定了《公益诉讼指挥中心工作规定（试行）》，该文本中的“指挥”的含义包括“组织、协调、安排”等。

诉讼指挥权、诉讼程序指挥权、庭审指挥权、法官（审判长）诉讼指挥权、刑事诉讼指挥权。可见，上述现象表明极有必要对“刑事诉讼指挥权”这一用语进行全面检视。

笔者认为，在刑事审判程序中，对法院（法官）行使诉讼指挥行为之权限，将其抽象为“刑事诉讼指挥权”更为妥当，具体而言，主要有以下六点理由和依据：

一是“刑事诉讼指挥权”是“刑事”与“诉讼指挥权”的结合。“刑事诉讼指挥权”源于刑事审判权，而非“刑事诉讼”与“指挥权”的结合，也即，是“刑事”修饰“诉讼指挥权”，而非“刑事诉讼”修饰“指挥权”。一方面，如本书国内外研究现状述评所论，“诉讼指挥权”已是一个较为普遍接受的诉讼法上的专业术语，但“指挥权”并不是法律术语。另一方面，用“刑事”对“诉讼指挥权”加以区分存在必要性。诉讼指挥权在民事、刑事诉讼中存在较大差异。刑事诉讼中，由于审理对象为刑事案件，控方为国家机关，控辩双方的角色和职责与其他类型的诉讼存在较大差异，进而在诉讼指挥权的行使对象、程度、方式等方面有别于其他诉讼类型。在民事诉讼中，审判长行使诉讼指挥权受当事人的意思制约，审理方式、范围，甚至事实认定等在很大程度上不得不考虑当事人的意思表示。譬如，民事调解可以在诉讼的各个阶段进行，法官应当征询当事人是否愿意调解，若诉讼各方都愿意调解，法官就得主持调解；又如，在婚姻诉讼中调解是审理案件的必经程序。因此，在民事调解中如何引导、控制诉讼各方“讨价还价”以达到“握手言和”的调解目的，法官的诉讼指挥具有关键作用。但在刑事诉讼中，审判长行使诉讼指挥权几乎很少受被告人意志约束，也仅仅在刑事附带民事诉讼中才有调解的空间。又如，民事诉讼中原告律师退庭，法庭可能按撤诉处理，但在刑事诉讼中这几乎难以想象。因此，在讨论诉讼指挥权时，加“刑事”“民事”等前缀予以区分，实有必要。

二是称为“刑事诉讼指挥权”符合习惯和逻辑。众所周知，诉讼分为刑事诉讼、民事诉讼以及行政诉讼，相应地，在法律责任方面，又细分为刑事责任、民事责任、行政责任，审判权也相应地划分为刑事审判权、民事审判权以及行政审判权。诉讼指挥权作为审判权的重要组成部分，系审判权的附属权力[①]，那么相对应地，在刑事诉讼中，将诉讼指挥权称为刑事诉讼指挥权是符合习惯和逻辑的。在我国现有理论研究成果中，“刑事诉讼指挥权”的用语已得到部分学者的采纳，如徐阳认为：“刑诉诉讼指挥权正是集中体现职业法官在刑事诉讼中控制程序全局的主导性和权威性的重要诉讼职权。”[②] 又如，姚磊、甄贞认为：“刑事诉讼指挥权是审判权的重要组成部分，其目的是保证审判权有序、公正和高效的运行。”[③]

三是诉讼指挥权前面不宜加“法官”“审判长”等主体限定词。一方面，诉讼指挥权的行使主体不应仅局限于法官。虽然，法院是一个抽象的审判权主体概念，所谓“法律因法官降临尘世”，法院作出的所有诉讼行为都是通过法官具体实施，但是，审判组织和单个法官个体存在较大差别。因为诸多诉讼行为须经集体合议，即经合议庭集体内部合议并形成法院外部的意思表示，最终以法院名义决定、裁定等形式送达至有关诉讼参与人。同时，庭审中人民陪审员经过审判长安排、授权，也享有一定的诉讼指挥权。[④] 在这种情况下，称为“法官诉讼指挥权”难免无法涵盖行使诉讼指挥权的全部主体。另一方面，在我国司法语境下，强调“法官诉讼指挥权”容易陷入“个人主义”的误区，给人一种诉讼指挥完全是法官个人说了算的印象。

四是诉讼指挥权的行使场域并非限于庭审。首先，刑事庭审，具有主体、客体、方式、时空等四个要素。[⑤] 庭前、庭后不属于一般意义上的庭审。其次，诉讼法学主流学者认为，诉讼指挥行为的辐射范围不仅包括庭内，还包括庭外。譬如，审理前的整理程序、审判期日的指定与延长、开庭前对出庭人员的安排与许可等，均是在庭前予以完成。[⑥] 很显然，若称为“庭审指挥权”难以涵盖庭前、庭后的诉讼指挥行为。因此，不宜将诉讼指挥权称为

---

① ［日］田口守一：《刑事诉讼法》，张凌、于秀峰译，法律出版社 2019 年版，第 291 页。

② 徐阳：《刑事审判权主体问题研究》，中国人民公安大学出版社 2004 年版，第 267 页。

③ 姚磊、甄贞：《刑事诉讼指挥权研究》，载《河南社会科学》2015 年第 4 期，第 42 页。

④ 如审判长存在疏忽、遗漏或者人民陪审员认为有必要时，可对法庭调查进行有关补充或者介入。需要指出的是，人民陪审员享有的诉讼指挥权极其有限，同时行使前须告知审判长。

⑤ 龙宗智：《刑事庭审制度研究》，中国政法大学出版社 2001 年版，第 1－4 页。

⑥ ［日］田口守一：《刑事诉讼法》，张凌、于秀峰译，法律出版社 2019 年版，第 373 页；龙宗智：《刑事庭审制度研究》，中国政法大学出版社 2001 年版，第 363 页。

"庭审指挥权"。

五是诉讼指挥不仅仅只涉及程序问题。不可否认，诉讼指挥常见的运行场域体现在程序方面，以致给人的印象为"诉讼指挥权就是诉讼程序指挥权"。事实上，在刑事诉讼中，诉讼指挥辐射范围涉及诸多实体领域。蔡墩铭教授认为，诉讼指挥权包括阐明权、禁止权、许可权、介入权等多个方面。① 德国罗科信教授也认为，诉讼指挥权的行使方式包含对案件之指挥以及对形式上诉讼程序之指挥，前者主要指事实调查方面的指挥，比如证据调查的方式、法官的指示义务等，后者主要指单纯的程序性事务。② 如上文言，"指挥"是有指引、引导、发令调度等含义，审判长对证据调查范围、方式、顺序等方面的安排与处理显然涉及实体问题；又如，辩护人发表辩护意见前后矛盾，在罪与非罪之间摇摆不定，审判长发动诉讼指挥要求辩护人亮明具体观点或者要求其解释、说明，等等，这些无疑也涉及实体问题。因此，将诉讼指挥权定义为诉讼程序指挥权是不全面的。

六是称为"刑事诉讼指挥权"更有利于研究的专门化、系统化。随着以审判为中心的司法改革的深入推进，法院的中心地位日益凸显。相应的，庭审实质化也日益落到实处，刑事庭审将从过去"走过场"转为"真刀真枪"的对抗与交锋。在这种背景下，法官的庭审指挥能力显得日益重要。毕竟，检察官、辩护人角色有异、立场有别，难免使得庭审或激烈，或无序，或拖沓，更不用说刑事诉讼是关乎财产、自由和生命的重大纠纷解决方式。因此，将刑事诉讼中的指挥权区别出来、凸显出来，有利于便捷交流，有利于研究的专门化、系统化。

综上，"法官（审判长）诉讼指挥权""庭审指挥权""诉讼程序指挥权"等称谓均难以准确反映刑事诉讼中的诉讼指挥权内涵，称为"刑事诉讼指挥权"更符合理论和实践的需要。

（三）刑事诉讼指挥权之内涵

对刑事诉讼指挥权内涵的清晰界定是理解和研究刑事诉讼指挥权的重要

---

① 蔡墩铭：《刑事审判程序》，五南图书出版公司1992年版，第45－46页。

② ［德］克劳思·罗科信：《刑事诉讼法》，吴丽琪译，法律出版社2003年版，第395－401页。

基础，否则要么难以锚定问题的核心而使得研究对象宽泛化，要么限于理论“死胡同”而难以从深度和广度进行拓展。本书认为，对刑事诉讼指挥权内涵的理解应当从以下几个方面把握。

1. 诉讼指挥之行为只能由法院（法官）作出

在日本诉讼法学家伊藤真教授看来，案件审理程序中的行为可分为两类：一类为裁判所判断起诉是否合法、诉讼请求是否适当而形成审判资料的行为，另一类系为实现前述目的而使上述行为能够连续进行的行为。后一类行为与程序进行密切相关，由法院行使诉讼指挥权处之。伊藤真教授进一步指出：诉讼指挥权是裁判推动程序进行而实施的全部行为的权力来源。[①] 学者的观点视角不同，划分各异，但不管如何划分，诉讼指挥本质是一种诉讼行为。在方法论上，分析一种诉讼行为，其遵循的逻辑思路是以诉讼行为及其规制为主线，分析诉讼行为作出的主体、程序、内容和后果。因此，将诉讼指挥视为一种诉讼行为，是理解诉讼指挥权理论体系的前提和基础。本书也将依托诉讼行为理论这一分析框架，全面、深入地对诉讼指挥权的基础理论、行使原则和规则、后果、保障等进行系统研究。

回到本节的核心问题，诉讼指挥之行为为什么只能由法院行使呢？考察当前国内的研究成果看，几乎没有给出明确、清晰的答案。在我国的正式法律规范中，“诉讼指挥”这一用语虽不常见，但在实务中却常有提及。在最高人民法院发布的《中华人民共和国人民法院法庭规则》（以下简称《法庭规则》）中，有“全体人员在庭审活动中应当服从审判长或独任审判员的指挥”这样的规定。[②] 考察我国裁判文书网公布的判决、裁定发现，法官在实务中已广泛使用“诉讼指挥权”这一专业术语，比如，多份判决认为中止审理、制止不当发言等描述为法院行使诉讼指挥权[③]，但是，理论上却没有回应为什么这个权力应当由法院行使。

---

① ［日］伊藤真：《民事诉讼法》，曹云吉译，北京大学出版社2019年版，第160页。

② 参见最高人民法院发布的《中华人民共和国人民法院法庭规则》第17条。

③ 参见湖南省长沙市中级人民法院（2017）湘01民终5997号判决书、广西壮族自治区桂林市中级人民法院（2017）桂03民终3091号判决书、重庆市第一中级人民法院（2017）渝01民终6974号判决书，等等。

不可否认的是，公安机关、检察机关在刑事诉讼活动中也存在“发令、调遣”等指挥性活动，但这些指挥性活动并不是诉讼指挥权的行使，而是自身相应职权的履行与安排。从根源上看，诉讼指挥权之所以只能由法院行使，其根本原因是法院行使审判权这一职能划分决定的。“从社会学的角度看，所谓诉讼案件实际上就是纠纷本身……纠纷当事者之间存在对立，具有中立性的第三者应一方当事人的要求针对这一对立作出某种权威的判断，这就是审判。”[①] 司法权核心领域之审判事项，有且只能由法院（法官）行使，此即为法官保留原则。[②] 履行审判职能，必然持中立之立场。法官中立作为审判独立的本质规律，是决定裁判法律效果、社会效果和政治效果统一的关键。

2. 行使诉讼指挥权的目的在于推进诉讼程序和促进真实发现

通常，审判长发动诉讼指挥，其目的在于推进诉讼程序顺利进行。要推动诉讼程序顺利进行，必然要求庭审有秩序、质证不混乱、辩论有先后。可以说，推进诉讼程序顺利进行是诉讼指挥的第一个目的，也是最为基本的出发点。学者已对此达成共识。林钰雄教授指出：“审判期日诉讼程序之进行，一般取决于审判长之调节与安排……这称为诉讼指挥权。”[③] 蔡墩铭教授认为：“为使当事人的诉讼活动合理化、有秩序化，达到迅速审判的目的，审判长享有的控制当事人诉讼行为、把控庭审进程、调查证据的权力。”[④] 黄东熊亦认为：“为求诉讼程序之顺畅及合目的……审判长得采诉讼指挥权之处分。”[⑤] 可见，虽然行使诉讼指挥权有多种目的，但推进诉讼程序顺利进行是首要目的，排在其他目的之前。这也是提高诉讼效率的必要手段。审判长作为法庭秩序的监管者、维护者，监督和维护程序的顺利进行是其权力，也是其义务。毋庸置疑，诉讼中若缺失主持者、指挥者，诉讼必然陷入无序和混乱，诉讼进行也就无从谈起，犹如在足球比赛中，没有裁判评判和指挥比赛，比赛可能沦为一场暴力冲突，公平比赛也就无从谈起。

---

① ［日］棚濑孝雄：《纠纷的解决与审判制度》，王亚新译，中国政法大学出版社 2004 版，第 1 页。

② 林钰雄：《刑事诉讼法》（上），新学林出版有限公司 2017 年版，第 98 页。

③ 林钰雄：《刑事诉讼法》（下），新学林出版有限公司 2017 年版，第 280 页。

④ 蔡墩铭：《刑事诉讼法论》，五南图书出版公司 1993 年版，第 342 页。

⑤ 黄东熊：《刑事诉讼法论》，新学林出版有限公司 2017 年版，第 603 页。

如果说推进诉讼程序进行是审判长行使诉讼指挥权的首要目的，促进发现案件真实则是发动诉讼指挥的核心目的。当然，无论如何强调刑事诉讼目的的多层性，亦不管“真实”具有多种类别，发现真实都是古今中外各国刑事诉讼共同的目的，大陆法系国家与普通法系国家同样看重案件事实真相的发现，西谚有云“诚实是最好的美德”，一定角度地反映了事实真相在人们心里的位置。德国联邦宪法法院认为，追求实体真实是刑事程序的中心任务。[①] 不枉不纵、开释无辜、惩罚犯罪，之所以发现真实是刑事程序的核心目的，是因为真实是法院定纷止争的根据，是让人民群众感受公平正义的基石。如果安分守己、实事求是者得不到尊重，法庭必将成为骗子的天堂。因此，抛弃法学理论层面的技术桎梏，回归常识，发现真实是任何诉讼必然的目标，因为真实就像山一样，岿然屹立。当然，发现真实不是随意探求真实，刑事诉讼法禁止不择手段、不问是非及不计代价地发现真实（林钰雄教授所称的“三不界限”）。

实践中，诉讼指挥的运行与促进发现案件真实息息相关。诉讼指挥是对审判的调控，包括实体方面的调控。比如，存在以下情况时，法官应发动诉讼指挥进行介入、调控：辩方态度消极，如辩护方不热忱、不积极，法官应发动诉讼指挥调动其积极性充分发表意见；被告方的意见不明确抑或辩护人意见模糊不清，法官要求其解释说明；在询问或者当事人陈述过程中，有不当或者过激、重复啰唆、偏离主题的情形时，法官应及时制止或者引导；在人数众多的案件中，法官根据具体情况确定证据调查的顺序、方式，以避免庭审拖沓或者偏离焦点而最终危及实体真实的尽早发现。又比如，公诉方的指控存在诸多疑点时，法官应主动要求公诉方对有关疑点进行澄清和解释，等等。很显然，法官作为履行审判职责的直接责任人，其不仅仅需要确保眼前的庭审秩序得以维持，让庭审有先后、有主次而不混乱，更关键的是得充分尊重和保障诉讼参与人的合法权益，尤其是被告人的人权。因此，当被告方明显处于弱势、表达不清、法律知识匮乏等情形时，法官应履行诉讼关照义务。

---

① ［日］田口守一：《刑事诉讼的目的》，张凌、于秀峰译，中国政法大学出版社2011年版，第31页。

此外，诉讼指挥着眼于真实发现符合我国的诉讼传统。众所周知，我国一直以来有“重实体、轻程序”的诉讼传统，“真相至上”成为包括法官在内的法律职业人和普通大众的共识。于民众而言，比起消极听审的法官，民众更倾向于期待和信任积极、主动的法官。可以说，民众对法官的期望，存在一种“为民做主”的诉讼心理，希望法官能明辨是非曲直从而达到为民做主的目的。在这种诉讼心理的影响下，一方面，法官更倾向于积极地介入诉讼试图了解案件真相。无论是古代简陋的刑事法庭或者是今天的高科技智慧法庭，法官沉默不语、不发表意见的现象是极其罕见的。因为，司法回应民众诉求才能体现正当性。“司法职能只有有效地回应社会的需要，才能存在和发展。”[①] 通过司法满足社会需求（当然包括心理需求）是司法为民的主要体现。另一方面，诉讼参与人从来不管什么“法官中立或者消极”的角色定位，其认为法官作为权威的第三方，就该积极调查、发现案件事实，而不是怠于行使职权而不作为。所以，在探寻案件事实面前，众人眼中的法官呈现为一种主动、积极的职业形象。

可见，行使诉讼指挥权的目的在于推进诉讼程序顺利进行和促进案件真实发现。推进诉讼程序顺利进行是发动诉讼指挥的初衷，促进案件真实发现是发动诉讼指挥的根本。不能因为仅仅追求进度、效率、案结事了而使得诉讼指挥成为凌驾法庭的方式，亦不能为了探寻所谓真实而使得案件久拖不决。发动诉讼指挥应当在效率与公正之间取得平衡，两者不可偏废。可以说，对诉讼指挥行使目的的全面认识是全面理解和准确把握诉讼指挥内容和价值的关键。

3. 刑事诉讼指挥的方式丰富多样

结合上文“指挥”的语义分析，刑事诉讼指挥行为的表现方式主要包括安排、指引、许可、制止、介入、责令、控制、分配、决定等行为。法官为适应诉讼需要，须更加积极地介入、引导和指挥诉讼，成为“管理型法官”（Managerial judges）。[②] 这种转变与法治环境的变化有关。随着社会经济的发

---

① 刘静坤：《法庭上的真相与正义：最高法院刑庭法官审判笔记》，法律出版社2014年版，第360页。

② Judith Resnik, Managerial Judges, 96 Harv. L. Rev. 374, 1982, p. 378.

展，人民群众对公平正义的需求日益强烈，生活纠纷法律化、法律纠纷诉讼化现象也日益常见。与此相呼应，司法权呈扩张趋势，法庭的功能和角色亦体现出多层次、多类型的特点，法院（法庭）越来越从一个消极的纠纷解决者向“多才多艺”的行动者转变。[①] 可以说，法庭是输出正义的主要场所，同时又是参与国家治理的重要角色之一。

在战场上，将领指挥作战体现为通过人员与资源的调配、时间节点的把控，实现战略战术的指挥。同样，在刑事司法实践中，刑事法官发动诉讼指挥也包括对诉讼参与人、诉讼资源的管理与调配，具体来说包括：通知，庭审事项安排，确认某种事项，口头指引、解释，介入、追问，许可某种行为[②]，制止不当行为，裁决异议，责令退出法庭，训诫，等等。总之，诉讼指挥绝不只是发令调遣。一项完整的诉讼指挥行为包括判断现状、自由裁量、作出行为、解释理由四个阶段。这四个阶段当然包括不同的诉讼指挥行为方式：对于判断现状，要求法官集中精力听审，方可关注到庭审进行的状况，若需进一步确认现状，法官还须积极对有关人员进行发问；对于自由裁量，法官可能宣布休庭进行合议考虑、磋商；对于作出行为，法官可以口头也可以书面，也可以动作示意，可以强势也可以温和，可以训诫也可以劝导，等等；对于解释理由，法官可以举例，也可以说明，可以告知，也可以安排其他人进行解释，等等。可见，刑事诉讼指挥的方式是丰富多样的，动态地反映了法官积极履行审判职责的过程性。

---

① 徐霄飞：《司法治理中的决策模型研究》，载《浙江社会科学》2018 年第 1 期，第 20 页。

② 当然，并非所有的“许可”都是诉讼指挥行为。在理论上，将法官决定诉讼参与人是否可以作出一定行为的权力称为诉讼许可权，比如，发言、发问、退庭、申请不出庭等许可。诉讼许可权是诉讼指挥权的内容之一。对此，笔者认为“诉讼许可权”这一概念存在进一步厘清的空间。众所周知，刑事诉讼中诉讼参与人享有充分的诉讼权利，但行使权利均应当遵循法庭的指引、许可。也就是说，诉讼参与人的大部分诉讼权利都需要告知法庭或者经由法院同意，比如申请发言与发问、申请新的证人出庭、排除非法证据、申请重新鉴定，等等，无一不是需要经过法庭许可，但这些许可一定是诉讼指挥吗？答案是否定的。比如，申请排除非法证据，虽然也须经过法庭同意是否启动程序，但这显然是一种程序性裁判活动，是法庭对侦查机关侦查行为的一种判断，是一种“诉中诉”。又如，申请重新鉴定、调取新的证据，这属于法官的事实查证权和当事人举证权的混合型权力（权利），而非诉讼指挥中对证据调查细节、方法的安排。此外，就“诉讼”一词的语义也过于宽泛，笼统地称为“诉讼许可权”含义过于模糊，让人以为诉讼中的所有许可都是行使诉讼许可权，是诉讼指挥的范围。这种定义不仅难以准确界分诉讼指挥权与其他法官权限之间的差异，亦不利于为实践提供统一的规范指引。因此，对于程序性指挥而言，经法庭许可的事项，不宜统一抽象为“诉讼许可权”。

4. 诉讼指挥权的内容随着时代发展而变化

纵观刑事审判史，诉讼指挥权的内容不是一成不变的，而是随着时代发展而变化的。法院审理案件的程序又是诉讼制度的重要组成部分，受社会经济文化的重要影响。“如果将法律理解为社会生活的方式，那么作为‘形式的法律’的程序法，则这是这种形式的形式，它如同桅杆顶尖，对船身轻微的运动也会作出强烈的摆动。在程序法的发展过程中，以极其清晰的对比反映出社会生活的变化。”① 刑事诉讼系国家追诉犯罪、执行刑罚的程序，其目的在于落实国家刑罚权和保障人权。同时，从国家治理角度观之，刑事诉讼制度是国家调控、管理社会的一种国家治理方式。在通过刑事诉讼治理社会问题的过程中，刑事审判权的行使方式决定诉讼指挥的方式，进而其内容也因诉讼制度的差异而存在区别。

为进一步说明中外刑事法官诉讼指挥权的大概发展历程，有必要对古代诉讼制度作一简要回顾。在我国古代，刑事诉讼制度有最大的三个特点：一是行政与司法不分，二是控审不分，三是刑讯合法化。虽然《商君书》就有关于“法官”的最早记载，但当时的法官并非从事审判业务的官员，而是主掌法令的官吏，其职责是让民众知晓法律而不敢触犯法律②，也即各级行政官员执掌审判权。这就意味着，法官有强大的行政权力并将其作用于审判权之上。众所周知的法官故事有包青天，作为一个法官，包青天简直是“豪华顶配”：级别高（官至二品）、权力大（集侦查、起诉、审判、执行等所有权力于一身）、助理多（博学多才的书记员公孙策、武艺高强的展昭团队等）。在法庭的组成上，大多数案件实行法官独审制，若不依法刑讯逼供去查明案件，法官还会被追究责任。③ 因此，这样的庭审现象就不足为奇了：法官亲自派人抓人，抓来即审，若不招供则“大刑伺候”。刑讯是古代审案中获取被告人口供的主要方法，在秦朝时就已经合法化了。④ 可以说，在我国古代的刑事法庭上，是一种超职权主义模式，亦可称为纠问主义，庭审完全由法

① ［德］拉德布鲁赫：《法学导论》，米健译，商务印书馆2013年版，第170页。

② 陈光中：《中国古代司法制度》，北京大学出版社2017年版，第277页。

③ 陈光中：《中国古代司法制度》，北京大学出版社2017年版，第280页。

④ 陈光中：《中国古代司法制度》，北京大学出版社2017年版，第297－298页。

官掌控，法官集多种权力于一身，法官开庭、调查、审讯等具有较大的随意性，法官诉讼指挥之行使漫无边际，其余诉讼参与人均没有参与权可言，全为诉讼客体，无丝毫防御的机会和能力，诉讼指挥完全是一个毫无讨论价值的概念。

在普通法系中，对抗制刑事审判产生之前，法官的诉讼指挥与现代对抗式模式下的庭审指挥存在显著区别，其中最重要的原因是，法庭禁止辩护律师参与刑事辩护。按照当时的理念，刑事辩护源于自力行为。法庭认为被告人是案件的亲历者，他们才是案件信息的可靠来源，而“饱学于法的出庭律师”常“闪烁其词、巧言文过”，不利于法庭查明真相。因此，在对抗制刑事审判生成之前，法庭审理呈现为一种“法庭上的争吵”的状态。① 由于被告人没有法律知识，又无律师来安排证据出示、询问、交叉询问证人和被告，因此法官通常积极主导审判程序。“在法庭上采纳和提出证据都由主审法官主导，他还询问证人和嫌疑犯，并对其作出的证言进行评论。”法官还随时监督和协调控辩双方的辩论，以保证双方的交锋聚焦于案情，同时防止恶意的质问。如果被告人毫无经验，法官还积极给予关照，如法官会如此引导被告：“如果有任何问题，你应当先向法庭提出；如果问题适当，法庭会要求证人回答。”当时，人们将这种情况描述为法官“充当被告的律师”。②

随着民众权利意识的觉醒，视被告人为客体的纠问式诉讼终被历史所摈弃，弹劾主义诉讼模式登上历史舞台。在弹劾主义诉讼模式下，控审开始分离，法院不告不理。诉讼关系分为三个方面，追诉者系原告，被追诉者为被告，由原告对被告起诉而实施攻击，被告对原告之追诉而进行防御，法院则立于超然之地位，居中而为裁判。③ 由于历史传统等原因，弹劾主义诉讼模式又可分为职权主义和当事人主义。虽然两种诉讼模式存在差异，但对法官诉讼指挥权而言，却有不少共同之处，法官的庭审把控能力较之于过去要求更高，需要在公正与效率之间作出平衡。一方面，法官必须发动诉讼指挥权

---

① ［美］兰博约：《对抗式刑事审判的起源》，王志强译，复旦大学出版社 2010 年版，第 10－15 页。

② ［美］兰博约：《对抗式刑事审判的起源》，王志强译，复旦大学出版社 2010 年版，第 12 页。

③ 蔡墩铭：《刑事诉讼法论》，五南图书出版公司 1993 年版，第 18－19 页。

以保障庭审秩序和庭审效率，另一方面，法官发动指挥权时不得侵犯诉讼参与人的合法权益。这就在客观上引起法院、法官的诉讼指挥必然在广度和深度上发生变化，以适应保障被告人、诉讼参与人权利的需要。

在我国当前推行的以审判为中心的司法改革中，日益强调保障被告人的辩护权，客观上影响了诉讼指挥权的行使。有学者指出，“以审判为中心的诉讼制度就是充分保障辩护权的制度”。[①] 辩护权的保障与扩张一定程度上压缩了法庭自由裁量的空间。实践中，辩护律师有时采取诸如“死磕程序”“表演性辩护”等非正常方式给法庭施加压力以达到法庭接受己方辩护意见的目的。如果法庭对此不加以引导和制约，一方面势必会导致诉讼拖延，增加诉讼成本，庭审资源的有限性将更加凸显；另一方面庭审若中断或失序，势必危及庭审集中性和连续性，从而最终危及实体公正的实现。因此，法庭需要行使诉讼指挥权对控辩双方的不当行为加以规制。此外，诉讼中的当事人对法律知识的了解与运用参差不齐，尤其是在我国律师辩护率偏低、律师辩护质量不高且大部分案件被告人文化水平偏低的情况下，基于诉讼两造武器平等原则，更需要法庭予以引导和释明，以体现审判公正。

此外，由于法庭科技与诉讼程序的结合，法庭诉讼指挥内容与方式也在改变。比如，传统手工录入使得书记员速度较慢，法官不得不时常提醒发言者放慢语速以便书记员能够完整记录，随着语言录入技术的进步，书记员可以用设备快速地记录庭审。又如，远程视频开庭方式的推广，在出示证据、维护法庭秩序上，完全异于传统的物理法庭审理，法官指挥庭审需要作出相应调整。

可见，刑事诉讼指挥权具有与时俱进性，随着法庭科技的进步、人们权利意识的觉醒以及诉讼理念的变化，刑事诉讼指挥权的内容也在变化，我们应当以发展的眼光看待诉讼指挥权。正如田口守一教授指出，诉讼指挥权的内容应同刑事司法改革的内容相呼应，为使改革措施不断完善和正常运转，应当保障诉讼指挥权的顺畅运行，在以前诉讼指挥权的基础上增加新的内容。[②]

综上所述，首先，诉讼指挥权的行使主体限于法院（法官）但不限于庭

---

① 顾永忠：《以审判为中心背景下的刑事辩护突出问题研究》，载《中国法学》2016 年第 2 期，第 65 页。

② 参见［日］田口守一：《刑事诉讼法》，张凌、于秀峰译，法律出版社 2019 年版，第 373 页。

审；本书的研究对象为刑事诉讼中的指挥权，即刑事诉讼指挥权，因此应限定在刑事审判活动中。其次，刑事诉讼指挥权有推进刑事程序顺利进行和探寻案件事实真相的双重使命，刑事诉讼指挥权就不得不辐射到与实体有关的内容。最后，诉讼指挥权的行使方式存在多样化，内容具有与时俱进性。因此，本书将刑事诉讼指挥权定义为：在刑事审判活动中，法院（法官）为推进诉讼进程、发现案件事实真相进而实现公正审判的目的，对诉讼程序进行安排、促进和控制，并对法庭调查活动进行引导、介入和规制，同时对诉讼参与人以及其他在庭人员的行为进行引导与处置的权力。刑事诉讼指挥权的权力表现形态包括以下内容（见表2－1）。

表2－1　刑事诉讼指挥权的主要表现形态

类型	对事之诉讼指挥	对人之诉讼指挥
1	审理程序进程控制	审核、确认辩护人资格
2	决定庭审方式、地点	制止、处置不当行为人
3	安排证据调查顺序、方式	释明引导诉讼参与人
4	法庭辩论之安排、引导	有关人员的在庭、退庭许可

（四）刑事诉讼指挥权之类型划分

类型化，是一种重要的思维方式。类型划分最直接的意义在于，提炼复杂事物的共性问题，总结其规律，从而为理论研究、交流和实务操作提供指引。对刑事诉讼指挥行为进行类型划分，要考量的类型要素有：行为主体、行为方式、行为运行环境、对诉讼结果的直接影响等。根据重要类型要素的差异，可以对刑事诉讼指挥权作如下划分。

第一种划分，程序性诉讼指挥权与实体性诉讼指挥权。将刑事诉讼指挥权分为程序性诉讼指挥权与实体性诉讼指挥权，虽然在表述上存在一定差异，但总体而言在学界已达成一定共识。比如，有观点将此称为事实查明型与程序指引型。[①] 黄翰义认为，无审判程序则无诉讼指挥之空间，从审理程序切

① 黄琪：《刑事诉讼中法官诉讼指挥权研究》，西南政法大学2019年博士论文，第13、16页。

入，可将诉讼指挥权分为形式审判程序之诉讼指挥权和实体审判程序之诉讼指挥权。形式审判程序之诉讼指挥指纯程序进行事项的主导与安排，先完成形式审判程序后，即进入实体审判程序（事实认定与法律适用）。[①]

在德国，罗科信认为，诉讼指挥权包括两种行使方式：对案件之指挥以及对形式上诉讼程序之指挥。前者主要指事实调查、案件有关方面的指示命令等指挥，如命令朗读笔录、对发问权的控制、对被告人的关照义务等；后者主要指单纯的程序性事务，如令证人鉴定人退庭、休庭、闭庭等。[②] 在德国法中，区分案件之指挥以及对形式上诉讼程序之指挥的直接意义在于，形式上诉讼程序之指挥在法律上无法加以审核，故不能成为上诉第三审的理由。然而，在德国刑事诉讼实践中，对案件的指挥和对形式上诉讼程序之指挥亦存在模糊之处。罗科信曾举了 2 个例子加以说明：如审判程序进行到很晚，这只是一种程序性指挥，但被告人认为法院的这种开庭安排使其受到的是疲劳审判，则法院可以将其视为对案件之指挥，被告人有权申请救济；允许证人退庭，是一种程序性指挥，但若其在辩护方对其有关问题进行充分发问前就离开法庭，则可以成为上诉第三审的理由。德国法中对案件的诉讼指挥即对案件事实、证据进行调查的指挥，区别于单纯的程序性安排，即形式上诉讼程序指挥。同时，形式上诉讼程序指挥与对案件之指挥并非完全隔离，特定条件下可以交织。在日本，有学者将确定审判期日，对异议进行裁决，限制当事人提出重复性问题，审判长确定调查证据的范围、顺序、方法等权限，称为“形式之诉讼指挥权”。[③]

程序性诉讼指挥权与实体性诉讼指挥权的划分依据何在？这种类型划分的依据在于两个类型要素：一为诉讼指挥的内容，二为诉讼指挥行为与诉讼结果的关联程度。具体而言，如果诉讼指挥行为是单纯的关于诉讼步骤、方式方法问题，与案件事实认定和诉讼结果没有直接关系，则是行使程序性诉讼指挥权；如果诉讼指挥行为涉及案件事实认定、对案件结果有直接的影响，与定罪量刑相关，则是行使实体性诉讼指挥权。

---

① 黄翰义：《程序正义之理念》（三），元照出版有限公司 2010 年版，第 236 页。
② ［德］克劳思·罗科信：《刑事诉讼法》，吴丽琪译，法律出版社 2003 年版，第 395－397 页。
③ ［日］白取祐司：《刑事诉讼法》，日本评论社 2004 年版，第 273 页。

第二种划分，根据审判对象的差异，可分为刑事诉讼中的诉讼指挥权、民事诉讼中的诉讼指挥权。客观而言，诉讼指挥权在不同诉讼中的表现形态确有一定差别。在民事诉讼中，由于民事法律关系是平等主体之间的财产关系和人身关系，当事人意思自治在民事诉讼中占据极其重要的地位，可以对实体和程序等各方面权利进行各种处分、变更，这也是民事之诉与刑事之诉的最大差别。在刑事诉讼中，通常经侦查、审查起诉、审判三个阶段，形成控诉、辩护、审判三方组成的诉讼结构。由于整个诉讼过程是落实国家刑罚权的过程，维系着公共利益，刑事诉讼的目的、结构、基本原则必然与其他两大诉讼形态存在显著区别。相应地，法官在不同诉讼中的诉讼指挥权也存在相当区别，主要体现在：民事诉讼中，法官诉讼指挥权的行使严重受制于诉讼当事人的限制，这种限制直接影响诉讼指挥权的内容、范围和方式；刑事诉讼中，法官行使诉讼指挥权更为强势，较少受当事人意志影响。

第三种划分，以诉讼指挥对象为依据，可划分为对事之诉讼指挥权和对人之诉讼指挥权。蔡墩铭教授以诉讼指挥对象的差异为依据，把审判长诉讼指挥权分为对事之诉讼指挥权和对人之诉讼指挥权。所谓对人之诉讼指挥权，指审判长对控辩双方个体的诉讼行为进行引导、许可、制止、排除等权限。对事之诉讼指挥权，指审判长为注重案件事实发现而依职权积极寻找合适方法推进程序、调查证据等的权限。对人之诉讼指挥，是指因控辩双方由于立场、职责、法律知识之差异，难免在提供证据的范围和积极性方面存在差异，审判长可依职权对法庭诉讼参与人行为进行调整。对事之诉讼指挥，是因审判者有感于证据之不充分，通过行使阐明权、许可权等方式积极调查证据。大部分诉讼指挥的目的在于发现事实真相，故对事之诉讼是诉讼指挥权的主要内容。①

第四种划分，以诉讼指挥权行使主体为划分依据，可划分为个体诉讼指挥权和组织诉讼指挥权。前者指审判长个人即可作出的诉讼指挥，后者指须经合议庭合议，审判委员会、法院作出的诉讼指挥。比如，对于重大的程序性安排和控制，为更好地维护当事人合法权益及诉讼程序的安定性，有必要

① 蔡墩铭：《刑事审判程序》，五南图书出版公司 1992 年版，第 48－50 页。

对诉讼指挥权的主体作出限制，进而使诉讼指挥权的主体范围呈现多样性。

此外，还可以作出诉讼指挥决定方式为标准划分出书面形式的诉讼指挥权和口头形式的诉讼指挥权。这种划分的意义在于，对于重大的诉讼指挥行为，采取哪种形式表现指挥内容，关系到诉讼指挥行为的规范程度，为解决诉讼指挥行为争议提供依据。

需要进一步说明的是，刑事诉讼指挥权的划分类型并非全部具有实际意义，同时也并非每种类型都是完全相互排斥、非此即彼的关系。在本书中，笔者采纳对人之指挥和对事之指挥这种类型划分方式。笔者认为，诉讼指挥也好，其他指挥也罢，本质上都是对人的调遣、调配和对物（事）的安排、协调、处理。区分对人、对事之诉讼指挥，意义在于这两种运行方式存在显著区别，对人之诉讼指挥，落脚点在于“人”，因此法官应更加注重司法礼仪和诉讼关照。对事之指挥则包括案件审理之进程控制、决定刑事庭审方式与地点、证据调查顺序与方式之安排、法庭辩论程序之引导等方面，对事之指挥，落脚点在于“事”，法官应着重体现效率与公正。

二、刑事诉讼指挥权之特征

刑事诉讼指挥权的特征是由其内涵决定的。刑事诉讼指挥权是一个内涵极其丰富、外延相当广阔的抽象的权力集合体。分析刑事诉讼指挥权的特征有利于深化刑事诉讼指挥权的理论认识，在实践上也具有重要的指导意义。本节从权力属性、主体、行使方式、赋权形态四个方面对刑事诉讼指挥权的特征展开论述。

（一）权力属性：职权抑或义务

刑事诉讼指挥权的权力属性即权力性质。刑事诉讼指挥权在性质上，到底是一项体现义务的职权还是体现利益的权利？抑或两者兼而有之？答案需要从诉讼指挥权与审判权的关系中寻找。

审判或者审判程序，在广义上是指从提起公诉到终局裁判结果确定的整个诉讼程序。在狭义上，审判程序仅指审判期间在法庭上进行的诉讼程序。[①]不管基于何种意义上的审判程序，无审判则无诉讼指挥，审判程序的启动是发动诉讼指挥的前提。要启动审判程序，法院就必须对相关诉讼纠纷享有审判权。[②] 在英语中，与审判权最为接近的词是“Jurisdiction”，《布莱克法律辞典》将其解释为“法院裁决案件、下达判决的权力”。[③] 法院一旦对具体案件享有审判权，法院就必须履行审判职能，不得拒绝裁判，也即裁判是法院的职权，也是法院的义务。法院要正确履行审判职能，依法行使审判权，就不得不赋予法院相应权力。“为达成审理裁判之必要，不能不赋予其他权，故与审理裁判权附随之庭审指挥权、法庭警察权、强制权及认证权等均可包括于刑事裁判权之内。”[④] 田口守一教授也指出：“裁判权，是指对法律争讼具有审理和裁判的权限以及附属权限的诉讼指挥权、法庭警察权、强制处分权等权限。”[⑤] 可见，诉讼指挥权被认为是审判权的附属权限。也就是说，“审判权”是主权力，诉讼指挥权是附属权力。不难理解，主权力的性质当然决定附属权力的性质。因此，诉讼指挥权也是法院的职权（Power）。

此外，从公正审判权角度考虑，也可判断出诉讼指挥权是法院的义务。随着尊重和保障人权理念的增强，公正审判理念除包括法官中立、审判公开、直接言词审理等内涵外，如今更加强调诉讼效率和个人权利的保障。法谚“迟到的正义非正义”，即是对效率的要求。同时，现代法院也更加注重控辩平等而不是仅关注被告人权利。在刑事审判活动中，若诉讼参与人拖延诉讼、辩护人辩护履职笨劣、当事人对法律之理解一片混沌……这些情况的出现，无疑有损公正审判权的实现，法官对此不能坐视不管，否则就是渎职。因此，为实现公正审判，使诉讼有秩序且合乎目的，法官有义务适时发动诉讼指挥权。

---

① ［日］田口守一：《刑事诉讼法》，张凌、于秀峰译，法律出版社 2019 年版，第 289 页。

② 需要指出的是，审判权与管辖权不是一个概念。法院先对具体案件有审判权，而后才产生管辖权问题。无审判权之刑事案件，由于确定无具体刑罚权，不该发动刑事追诉，因此检察官不该发动起诉，若错误起诉，法院应不受理判决。参见林钰雄：《刑事诉讼法》（上），新学林出版有限公司 2017 年版，第 111 页。

③ 原文为 A court’s power to decide a case or to issue a decree，参见 Black Law Dictionary，10th ed，Thosmson Reuters，2014，p. 980.

④ 蔡墩铭：《刑事诉讼法论》，五南图书出版公司 1993 年版，第 43 页。

⑤ ［日］田口守一：《刑事诉讼法》，张凌、于秀峰译，法律出版社 2019 年版，第 291 页。

综上，诉讼指挥权属于审判权的附属权力，从属于审判权。没有审判活动，就没有诉讼指挥权的行使。法院不能拒绝裁判，不能拒绝发动诉讼指挥。在审判程序中，发动诉讼指挥是法院、法官的权力，也是其义务。为保障程序顺利进行、实现公正审判，法院、法官必须及时、妥帖地行使诉讼指挥权。

（二）权力主体：个体抑或组织

刑事诉讼指挥权的主体，即刑事诉讼指挥权的行使者。由于刑事诉讼指挥涉及程序和实体，涉及对象也很广泛，同时在履行审判职能的主体上亦存在多样性问题，如审判个体（法官个人）、审判组织（合议庭、审判委员会）以及非职业法官（如陪审员），因此，厘清刑事诉讼指挥权的主体特征对于更好发挥诉讼指挥权的功能、进一步保障当事人诉讼权利具有直接的现实意义。

诉讼指挥权是法院职权的一种，在具体行使上须视情况而定。特别是在大陆法系国家，人们不像普通法系国家那样关注法官赞成或者反对的意见（实际上大陆法系国家的判决也不会具体公布此信息），而是“把法院看成一个不露面的整体”①。因此，大陆法系国家观念上把“法院”这个整体的组织视为诉讼指挥的行使主体。但是，对于所有在庭人员而言，行使诉讼指挥权的不是抽象的组织，而是审判长、合议庭人员。

实践中，审判过程中的诉讼指挥，需要根据庭审的实际情况灵活、快速地作出应对，故一般由审判长行使。在独任制审理中，当然没有其他选择，诉讼指挥权由独任法官行使。在域外很多国家和地区，都将审判长行使诉讼指挥权明确规定在成文法典里，区别在于有的规定在刑事诉讼法典，而有的规定在法院组织法当中。② 但是，重要的诉讼指挥权依然应当在主体上进行

---

① ［美］约翰·亨利·梅利曼：《大陆法系》，顾培东、禄正平译，法律出版社2004年版，第37页。

② 比如：《日本刑事诉讼法》（2014）第294条：审判日的诉讼，由审判长指挥；《德国刑事诉讼法》第238条第1项：审判长负责主持法庭审理、询问被告人和调查证据；《朝鲜刑事诉讼法》第275条：审判长在审判中应当指挥参加庭审的有关人员揭露犯罪事实，并维持法庭秩序；《韩国刑事诉讼法》第279条：公审日期进行的诉讼指挥，由裁判长作出，《法院组织法》第88条：审判长于法庭之开闭及审理诉讼，有指挥之权；等等。以上法律条文来源于《世界各国刑事诉讼法》，中国检察出版社2016年版。

必要的限制。重要的诉讼指挥决定关系到诉讼各方的重大利益，若由审判长独自决定，难免失之偏颇。为在程序上形成一定规制，重大诉讼指挥权由法院行使更有利于保障客观公正，同时也可避免独自作出决定导致责任过大进而阻碍诉讼指挥权的正常发挥。此外，审判长权限与法院权限存在一定差异。审判长权限限于法律没有明文规定的庭审指挥，若通过合议庭内部评议才可形成法院外部意思决定的，则属于法院的权限。① 在日本，重大的诉讼指挥事项不是经审判长而是由法院作出，这就意味着审判长不能当场作出指挥行为，主要有：变更庭审期日，许可被告人审理时不到场（缺席审判），对简易程序的适用，改变认证的调查方式，对证据调查异议的裁定，对起诉书变更进行裁定，法庭辩论的分离、合并与开始，审理程序的停止，等等。② 又如，在德国，对于对诉讼程序有重大意义的诉讼指挥，审判长也不得独自作出，须由合议庭合议共同处理。比如对申请回避的裁决、中止中断审理、责令被告人到庭、案件合并审理、向更高级别的法院移送管辖，等等。③ 当然，因各国诉讼文化及制度上的差异，每个国家在诉讼指挥的行使主体上，法律赋权存在差异，但其中的精神是一致的，即重大程序性、实体性诉讼指挥行为应当吸收集体智慧而不是审判长个人决定。这种对诉讼指挥主体进行规制的做法具有重大借鉴意义。本书将在第三、第四章结合具体的诉讼指挥行为，进一步讨论主体限制问题，在此不再赘述。

此外，值得一提的是，合议庭成员、陪审员亦享有诉讼指挥权，只不过，合议庭成员、陪审员行使诉讼指挥权的方式不同于审判长的行使方式：一是经审判长安排或者分配行使部分诉讼指挥权；二是通过合议庭合议的方式参与行使诉讼指挥权；三是经告知审判长后行使部分诉讼指挥权。这种告知并非许可，而是一种尊重或者避免行使时发生冲突。比如，若陪席法官于合议审判时，一时疏忽未告知审判长，即行讯问，所践行之审判程序亦难认定为违法。

总之，刑事诉讼指挥权的主体是多样性的，一般情况下由审判长行使；

---

① 林钰雄：《刑事诉讼法》（下），新学林出版有限公司 2017 年版，第 280 页。

② ［日］田口守一：《刑事诉讼法》，张凌、于秀峰译，法律出版社 2019 年版，第 372 页。

③ ［德］克劳思·罗科信：《刑事诉讼法》，吴丽琪译，法律出版社 2003 年版，第 395 页。

重大、复杂之诉讼指挥，由合议庭、法院行使；至于陪审员、陪审法官可在告知审判长的情况下，履行一定诉讼指挥职责或者参与合议庭履行诉讼指挥职责。也就是说，诉讼指挥权的主体存在个体、组织两个层面。同样，在英语中，Court 一词有多层含义，有法院、法庭、坐在法庭上的法官等释义①，这种多层语义也说明审判权行使主体的多样性。

（三）行使方式：口头抑或书面

刑事诉讼指挥权的行使方式，即用哪种途径表达诉讼指挥的意思表示。大多数情况下，诉讼指挥通过口头方式传达指挥意思表示。众所周知，直接言词原则是现代刑事审判的基本原则之一。按照德国学者的观点，直接言词原则要求法院亲自、直接获得对案件的印象，只有法官直接采证的证据才能成为定案的根据，原始的证据材料不能以替代品代替。因此，特别是在法庭审理中对证人的询问，也就不能直接通过宣读侦查程序中的书面笔录予以代替。正如《德国刑事诉讼法》第 250 条之规定："对事实的证明如果是建立在个人的认识上的，在法庭审理中应当对其询问。询问不允许以宣读以前的询问笔录或者书面证言而代替。"② 直接言词原则的普遍适用，决定了审判长进行诉讼指挥时大多以口头方式进行。口头方式具有快速、灵活、高效的特点，与庭审需要及时、灵活地作出各种处置方式的实际情况相适应。然而，并非所有的诉讼指挥行为都适合口头方式表达。口头传达虽具有高效率、低成本的优点，但同时也具有如下缺点：载体不固定、过程未留痕，不利于传达、沟通、评估，有时候陷入"空口无凭"的尴尬。在日常生活中，交接财物，需要签收有关送达回执、凭证，其意义也就在于若发生争议便于有据可查。同理，对于重大的诉讼指挥行为，不宜仅通过口头方式传达诉讼指挥的意思表示，应当以口头和书面相结合的方式传达法院、审判长的诉讼指挥之意思表示。

诉讼指挥行为主要通过三种方式作出：一为决定。比如：决定开庭日期，

---

① Black Law Dictionary，Thomson Reuters，2014，p. 430.

② ［德］科罗斯·纽地曼：《德国刑事诉讼法导论》，见《德国刑事诉讼法典》，宗玉琨译，知识产权出版社 2013 年版，第 19 页。

决定庭审方式，决定开庭与闭庭，决定证据调查的范围、方式、顺序，决定合议庭的组成方式，等等。二为命令。比如：禁止被告人擅自与辩护人交流、责令辩护人退出法庭、制止不当发问，等等。三为裁定，如裁定中止审理、合并审理、另案处理，等等。实践中，法院还会以“通知”的方式行使诉讼指挥权。比如，法院以通知形式告知律师不再具有某案的辩护人资格。不管诉讼指挥行为是以“决定”“命令”“裁定”或者是“通知”等方式作出，在本质上都没有区别，都是法院、审判长控制诉讼程序、安排法庭调查的诉讼行为。这种诉讼行为在外在表达方式上，是通过口头、书面或者是口头与书面相结合的方式，传达至指挥对象处，但各国的法律规定不尽相同，总体而言，其基本遵循以下两个规律：第一，重大的程序性指挥通常以书面形式作出。书面方式最大功能在于办案留痕、有据可查。第二，重大的实体性诉讼指挥以“口头＋书面”相结合。实体性诉讼指挥与案件事实密切相关，因此需要法官进一步解释、说明、引导，单纯的书面形式无法消解当事人、辩护人对诉讼指挥处置的理解与接受。至于何为“重大”，很难有一个明确的标准，可结合案件的复杂程度、当事人的个体情况等因素综合权衡。

需要说明的是，采用书面形式传达诉讼指挥意思表示，在我国现阶段具有特殊意义。是采用口头或是书面的形式传达诉讼指挥的意思表示，在我国的做法较为混乱，“不给说法、不给文书”的现象在很多地方法院屡见不鲜。法院的重大诉讼指挥行为不以书面形式作出的情况也不鲜见。比如，法院认为辩护人擅自退庭的，法院可剥夺特定案件的辩护人资格，然而，法院在作出剥夺决定的方式上，要么是口头告知，要么通过发布公告告知。这种不以书面文书的方式作出重大诉讼指挥的行为，不仅有损法律的权威性，也给辩护人权利救济造成障碍。简言之，法院、审判长在行使诉讼指挥权时，应当根据实际情况和法律的有关规定，决定是采取或口头，或书面，或两种相结合的方式，向指挥对象传达诉讼指挥之意思表示。

（四）赋权形态：法定抑或意定

刑事诉讼指挥权的赋权形态，即刑事诉讼指挥权是法律明确赋予才可行使还是不需要法律明确赋予，审判长只要符合公正审判之要求就可行使？换句话说，刑事诉讼指挥权的行使依据是法律的明确规定（法定）或是审判长凭经验和实际需要就可作出（意定），抑或两者兼而有之？在理论上，对此问题的回答与法院固有权理论息息相关。

虽然法庭在对庭审的把控和对有关存在失范行为的法庭参与人员进行处置以及对证据调查范围的控制等方面经常使用固有权（Inherent power of court or inherent judicial power）这一术语描述其职责，但对固有权却没有一个统一的定义，对固有权的范围亦没有明确的界定。[①] 尽管如此，对固有权作如下理解却不存在异议：固有权因法院组织的性质所诞生，是法院存在并保障司法权能够正常运转所不可或缺的必要条件。在法律没有明确规定的情况下，我们也不能否定固有权的存在，更不能阻止法院行使该权力。[②] 同时，固有权也是维护法院之尊严（Dignity）的必要手段。[③] “自古以来，某些特定权力就被赋予法院。法院之所以享有这种权力，是因为没有它们，法院既不能维护其尊严，也不能处理其事务，也不能实现其存在的目的。这些权力被称为固有权力。”[④] 诉讼指挥权被视为审判长（法官）的一项固有权力，法官有权对法庭的不服从、不尊重以及其他任何妨害行为进行制止，甚至惩戒。[⑤] 基于法庭的固有权，法庭完全可对蔑视法庭的行为进行各种处置，亦应当对诉讼进程进行控制和引导，在法庭调查中也有权且应当对证据调查的范围、顺序进行合理控制。[⑥] 显然，作为法院之固有权，不需要去指明，其当然、天生地享有一系列权力，这些权力通过诉讼指挥的形式得以发挥作用。简言之，诉讼指挥权是法院天生就该拥有的权力，并非一律需要法律明确授权，法院、

---

① Dowling, H. M., The inherent power of the judiciary, Indiana Law Journal, 1935, 11 (2), pp. 119 – 120. Martin, M. M., Inherent judicial power: Flexibility congress did not write into the federal rules of evidence, Texas Law Review, 1979, 57 (2), p. 202.

② ［日］伊藤正己：《关于法院的固有权》，载《法曹时报》第1卷9号，第66页。

③ Control of the unauthorized practice of law: Scope of inherent judicial power, University of Chicago Law Review, 1960, 28, pp. 171 – 173.

④ State v. Cannon, 196 Wis. 534, 536, 221 N. W. 603, 603 (1928).

⑤ Ronald Goldfarb, The History of the Contempt Power, 1961 Wash. U. L. Q. 8, 1961, pp. 1 – 2.

⑥ 《美国联邦证据法》第610条a规定：The court shall exercise reasonable control over the mode and order of interrogating witness and presenting evidence.

法官可以依其裁判者的地位而获得指挥诉讼的权力。

在日本，诉讼指挥之固有权理论亦不存在争议。平场安治教授认为："诉讼指挥权是司法权固有之机能。亦即，使法院有秩序、合乎目的地审理刑事案件。即使法律未作规定，根据实现正义之内在机能，使司法权之行使可以无条件发挥。"铃木茂雄教授亦认为："诉讼指挥为法院行使司法权之内容，是法院本身所固有之权利，并非根据诉讼法始赋予法院之后天权限……如果对于诉讼指挥，制定像法律条文那般一条一条具体之规范时，反而会让审判有窒息而死之危险。"对此，松尾浩也教授也有类似的论述："在审判程序中，法院负有恰当地控制程序进行，以及根据证据调查和辩论结果作出正确的终局裁决的双重任务。完成第一方面的任务，最终取决于对检察官、被告人以及其他关系人诉讼活动的规制，这可统称为诉讼指挥。"① 也就是说，只要法院履行审判职责，审理案件，法院就可以行使诉讼指挥权，不需要等待法律的明确规定。诉讼指挥不仅是法院的权力，更是法院的义务，有审理案件之行为，就必然要发动诉讼指挥。

在我国，虽不曾使用"固有权"这样的概念，但理论表达的内涵几乎与固有权之内涵一致。龙宗智教授认为，法官在庭审中有两项职能：一为听证，二为裁决。前者是基础，后者为结果。为了"防止偏听、无证可听、蒙蔽听证，法官必须进行诉讼指挥。为保障法官职能的实现，在庭审中法官必须享有三项权力：一是诉讼指挥权；二是事实查证权；三是实体裁决权"②。蔡墩铭教授也指出："为达成审理裁判之必要，不能不赋予其他权，故与审理裁判权附随之庭审指挥权、法庭警察权、强制权及认证权等均可包括于刑事裁判权之内。"③ 可见，诉讼指挥权是法院当然享有的权力，是履行审判职责的必要手段之一。

从以上固有权理论可以看出，诉讼指挥权之所以是法院的"固有权"，其根本原因在于法院、法官在诉讼中的中心地位。不管在哪种诉讼模式下，

---

① ［日］松尾浩也：《日本刑事诉讼法》（上卷），丁相顺译，中国人民大学出版社2005年版，第308页。

② 龙宗智：《刑事庭审制度研究》，中国政法大学出版社2001年版，第361页。

③ 蔡墩铭：《刑事诉讼法论》，五南图书出版公司1993年版，第43页。

也不管是民事还是刑事审判活动，法官都不是消极的裁判者，也不是好进的积极参与者，而是审判程序的主持者。在审判过程中，法官充当控辩双方的中立的裁判（The neutral referee），审判过程中控辩双方提出的诉请和异议，法官都必须予以裁决和控制。法官有责任确保控辩双方的诉讼行为在已有的规则和程序内进行。[①] 诉讼指挥权作为法院的固有权限，意味着法官独享此权力，不可予以干涉和剥夺。从这个角度看，法院完全可以根据案件审理需要，发动有助于案件审理、查明案件事实的诉讼指挥。

固有权属性并不排除其法律规范性。事实上，世界上很多国家的刑事诉讼法都明确了法官重大诉讼指挥行为的依据、程序和救济手段，目的在于对法官的诉讼指挥行为进行规范，以免权力行使恣意妄为。在行使诉讼指挥不当、影响公正审判时，其规范还将成为程序性制裁的理由。换句话说，刑事诉讼指挥权存在法定性和意定性兼具的特征。

综上，对于诉讼指挥权的赋权形态这一特征而言，可归结为：一方面，法院、法官可从其审判的组织者、主持者角度，对诉讼程序和法庭调查进行诉讼指挥，其发动依据具有一定程度的“意定性”。另一方面，对于重大的诉讼指挥行为，应当通过明文规定予以明确，具有法定性。法定性为诉讼指挥行为提供规范框架，意定性为弥补成文规定之不足，便于发挥法官主观能动性，更好地推进审理程序、实现公正审判。

三、刑事诉讼指挥权与相关职权之比较

刑事诉讼指挥权辐射面太宽，可能导致法官权力恣意，对当事人实现权利造成妨碍，但若过窄又可能导致诉讼无序，真相可能被掩埋。因此，通过比较诉讼指挥权与相关职权的差异与共同点，对于进一步厘清诉讼指挥权的边界和加深对诉讼指挥权内涵的认识，进而确立刑事诉讼指挥权的行使原则和规则，具有重要的理论和实践意义。

---

① G. Larry Mays, AmericanCourtsand the Judicial Process, Oxford University Press, 2017, p. 68.

（一）刑事诉讼指挥权与法庭警察权

与刑事诉讼指挥权“血缘关系”最为接近的是法庭警察权。法庭警察权，又称法庭秩序维护权，是法院为推进庭审顺利进行、保障诉讼各方合法权益，维持法庭秩序、排除妨碍诉讼行为的权力。法庭警察权存在三种运行样态：作为程序性制裁手段的法庭警察权（如驱逐出庭、禁止发言等）、作为行政制裁手段的法庭警察权（如拘留、罚款等）、作为刑事制裁手段的法庭警察权（如蔑视法庭罪的直判）。① 在理论上，诉讼指挥权与法庭警察权的区别颇为混淆，对其认识存在重大分歧，观点针锋相对：一方认为法庭警察权属于诉讼指挥权的内容之一，是诉讼指挥权的下位概念；另一方认为诉讼指挥权与法庭警察权属于不同的权力类别，两者存在质的差异。具体来说，学界的主流观点有如下两个立场。

一是关于法庭警察权属于诉讼指挥权的观点。持此观点的代表性学者有田口守一、池田雅英、罗科信、黄翰义、李春福、龙宗智等。田口守一教授认为，法庭警察权是指法院排除妨碍诉讼行为，维护法庭秩序的权限。法庭警察属于广义的诉讼指挥权范畴。法庭警察权需要适当、快速应对法庭活动中的失范情况，其行使方式包括使用退庭命令，禁止发言命令，限制在法庭内拍照、摄影、旁听人员做笔记等，此外，对于不服从法院维护庭审秩序的命令和措施的，可给予行政制裁、刑罚制裁。法庭警察权是为了排除诉讼妨碍、推动诉讼进行而最终达到公正审判的目的，因此法庭警察权是诉讼指挥权的一种形态。② 日本学者池田雅英也认为，诉讼指挥权包含着控制庭审进程、维持庭审秩序之意，法庭警察权理应属于诉讼指挥的范畴。③ 在德国，罗科信教授在其著作《刑事诉讼法》指挥权（Leitung）部分，指出审判程序及证据调查原则上由审理法院之审判长指挥，为维持法庭秩序，审判长有义务及职责命令司法警察为必要之措施。④ 学者黄翰义认为，诉讼指挥权源于

---

① 蔡元培：《论法庭警察权的形态及其界限》，载《法商研究》2017 年第 5 期，第 74－78 页。

② ［日］田口守一：《刑事诉讼法》，张凌、于秀峰译，法律出版社 2019 年版，第 373－374 页。

③ ［日］前田雅英：《刑事诉讼法讲义》，东京大学出版会 2014 年版，第 282 页。

④ ［德］克劳思·罗科信：《刑事诉讼法》，吴丽琪译，法律出版社 2003 年版，第 395 页。

听审权，法官在听审过程中为查明真相，不得不实质听审，同时，为保障“有证可听”和避免“混淆视听”，法官又不得不发动诉讼指挥权对诉讼参与人及其行为进行引导、控制和管理。基于最核心的听审权，由内及外行使诉讼指挥权具有三个层次：第一层核心为听审权，第二层为阐明权、程序介入权以及制止权，第三层则向外延伸为扩及期日指定权和法庭警察权。[①] 李春福教授认为，法庭警察权为诉讼指挥权内容之一，此项权力之行使虽与案件内容无关，然因在审判公开原则之下，为避免审判程序受无谓干扰、维持庭审秩序，审判长有权进行各种处置，主要具体包括秩序维护与处置、禁止律师代理与辩护、禁止公开审判等。[②] 龙宗智教授指出，法庭空间神圣不可侵犯，法庭警察权的行使有助于维护庭审秩序、保障庭审规则之遵守，与诉讼指挥权之功能一致，可将法庭警察权视为诉讼指挥权之内容。[③] 以上学者均认为法庭警察权属于诉讼指挥权的内容之一，其与诉讼指挥权具有共同的理论基础，发动法庭警察权、诉讼指挥权的意义均在于保障诉讼程序顺利进行，从而达到公正审判的目的。

二是关于法庭警察权不属于诉讼指挥权的观点。持此观点的代表性学者有松尾浩也、蔡墩铭、林永谋、伊藤真等。在松尾浩也教授看来，诉讼指挥权不包括法庭警察权，因为法庭警察权是“维持法庭秩序作出必要的处分”的权力，内容包括：责令入庭退庭、禁止发言交流、劝说、警告、罚款、限制人身自由等，虽然行使诉讼指挥权也能间接地起到维持秩序的作用，但行使法庭警察权是直接以维持法庭秩序、保障程序顺利进行为目的的，与案件本身无关，属于法院独立于诉讼指挥权的权限。[④] 蔡墩铭教授是主张法庭警察权区别于诉讼指挥权的代表性学者。蔡墩铭认为，诉讼指挥权、法庭警察权等都是审判权的附属权力，是审判权的组成部分，但法庭警察权不同于诉讼指挥权，法庭警察权在于维护法庭秩序的安定。法庭警察权的内容有：警

① 黄翰义：《程序正义之理念》（三），元照出版有限公司 2010 年版，第 242 - 243 页。

② 李春福：《刑事诉讼法论》，新学林出版股份有限公司 2017 年版，第 602 - 603 页。

③ 龙宗智：《刑事庭审制度研究》，中国政法大学出版社 2001 年版，第 362 - 363 页。

④ [日] 松尾浩也：《日本刑事诉讼法》（上卷），丁相顺译，中国人民大学出版社 2005 年版，第 313 - 314 页。

告、罚金、责令退出法庭、看管、拘役、有期徒刑，法庭警察权的手段在于处罚，是否行使法庭警察权与审判长的处罚性格（Punitive character）有关。[①] 虽然，审判长时时发动诉讼指挥权，但不轻易发动法庭警察权，诉讼关系人不服从审判长诉讼指挥，不构成扰乱法庭秩序，不得行使法庭警察权以迫使诉讼关系人服从诉讼指挥。[②] 此外，林永谋亦主张法庭警察权不属于诉讼指挥权，因诉讼指挥在于通过程序进行之控制以谋求审理之圆满进行，法庭警察权与案件本身及程序进行无关，故不属于同一课题。[③]

梳理上述观点发现，赞同法庭警察权属于诉讼指挥权范畴的观点，其理由主要为法庭警察权的功能与诉讼指挥权具有一致性；认为两者系不同权限的观点，其主要理由是法庭警察权与案件及程序本身无关联。

事实上，刑事诉讼指挥权与法庭警察权的确存在差异，主要表现在：

第一，行使场所有差异。诉讼指挥权行使场所广于法庭警察权的行使场所。诉讼指挥可发生在法庭内外，甚至可发生在数字空间——云法庭；法庭警察权的行使仅限于法庭以及与法庭紧密相连的法院的有关场所。

第二，行使时间有差异。行使诉讼指挥权的时间包括庭审前的准备阶段、庭审阶段以及庭审后的评议阶段，可以贯穿审判活动的始终；法庭警察权仅发生在开庭至闭庭阶段。若闭庭之后，在法院闹事的，则以一般警察权予以规制，与法庭警察权无关。

第三，行使对象有差异。诉讼指挥权的行使对象一般限于与案件密切相关的诉讼参与人，而法庭警察权的行使对象涉及所有扰乱法庭秩序、妨碍诉讼进行的人。也就是说，法庭警察权的行使对象比诉讼指挥权的行使对象要广。

第四，行使后果有差异。诉讼指挥权的行使一般不涉及对行使对象的否定性评价，而法庭警察权的行使是对行使对象的处罚，是一种否定性评价，较多体现为一种制裁、排除妨碍的手段。

第五，行使方式有差异。诉讼指挥权由法院、审判长本人独立行使，法

---

① 蔡墩铭：《刑事审判程序》，五南图书出版公司1992年版，第46－50页。

② 蔡墩铭：《刑事审判程序》，五南图书出版公司1992年版，第54页。

③ 林永谋：《刑事诉讼法释论》（中），三民书局2007年版，第422－424页。

庭警察权经审判长发令，由司法警察具体执行。法庭警察权的顺利行使需要司法警察（有时还需普通警察）协助，此外，重要的法庭警察权行使需要院长审批同意，如拘留、罚款等。

第六，两者行使原则存在差异。刑事诉讼指挥权的行使主要考虑审判中立和无罪推定问题，但法庭警察权主要考虑比例原则问题。

虽然法庭警察权与诉讼指挥权存在上述差异，但这些差异都不是实质性的。从这两种权力属性的功能、内在联系以及与审判权的关系三个方面看，法庭警察权属于诉讼指挥权的范畴，不能将法庭警察权从诉讼指挥权范畴里剥离出来，宜将法庭警察权视为诉讼指挥权的下位概念。理由如下：

第一，在性质上同源。法庭警察权与诉讼指挥权均是刑事审判权的附属权力，均从属于刑事审判权并为审判权服务。没有案件审理，就没有诉讼指挥权的适用空间，也没有法庭警察权的适用空间。同时，法庭警察权与诉讼指挥权既具有职权属性，也具有义务属性，当特定情形出现时，法官都不能怠于行使或者不行使。

第二，行使目的一致。法庭警察权大多体现为通过排除妨碍、维持庭审秩序进而保障诉讼顺利进行，诉讼指挥权同样在保障诉讼顺利进行方面发挥关键作用。两者的行使主体、行使目的均具有高度的重合性，甚至，在法官发动诉讼指挥时，如制止不当发言、控制不当诉讼行为等，诉讼指挥行为与法庭警察行为难以明显区分，存在交叉、耦合情形。

第三，内在逻辑上相连。发动诉讼指挥是为了法庭活动合理化、有秩序化，并促进公正审判。若诉讼关系人可以不服从诉讼指挥，遑论实现发动诉讼指挥的目的？同时，诉讼指挥权若没有强制力作后盾，就没有刚性，谁又会服从指挥？很多辩护律师被处分时，“不服从诉讼指挥”均是视为违法事实部分。可以说，法庭警察权之强制力是法官诉讼指挥的手段和保障。当诉讼指挥受阻，法庭警察权的运用就产生了，正如英国法谚云：“警察是法庭的仆人。”法庭警察权理应从属于诉讼指挥权。

第四，法庭警察权之行使并非与案件本身、程序无关。实践中，审判长发动法庭警察权的场合，大多是诉讼有关人员对案件不满意，或是想通过非正常手段干扰诉讼顺利进行，与案件存在利害关系。此外，还存在恶意对抗审判长诉讼指挥，导致庭审难以继续，从而审判长不得不发动法庭警察权以排除妨碍。这些情形岂与案件无关？事实上，法官发动法庭警察权的根据往往是行为人不服从诉讼指挥权的结果。当然，也存在行为人对案件审理不满而故意扰乱法庭秩序，法庭不得不发动法庭警察权加以干预的情况。

第五，在语义上，“指挥”已包含法庭警察权之“命令、责令”之意，也就是说，调动法庭警察本是诉讼指挥的手段之一。犹如，军队作战中的指挥官，通过调兵遣将排除敌方所设置的通行障碍或者直接让某些士兵退出作战计划，这些行为显然也是军事指挥的应有之义。同样，在通常情况下，在法庭审理过程中，司法警察若无审判长诉讼指挥，其岂有擅自作出行动之理?①

综上，法庭警察权与刑事诉讼指挥权彼此并非独立，而是相辅相成的。在广义上，法庭警察权中的强制行为是一种诉讼指挥的方式，体现诉讼指挥意蕴，属于诉讼指挥权的下位概念。需要说明的是，若诉讼指挥顺畅进行而并未受阻，法庭警察权则处于休眠状态，但当诉讼指挥一旦受阻，审判长则发动法庭警察权予以排除妨碍或者进行某种处置。也是基于此理，本书在第三、第四章讨论诉讼指挥运行样态中并未讨论法庭警察权，因为第三、第四章是讨论诉讼指挥的应然状态，应然状态并不包括诉讼指挥受阻，但在诉讼指挥失灵一章中，讨论的是实然状态，故在此章中对法庭警察权加以讨论。

（二）刑事诉讼指挥权与当事人程序选择权

在民事诉讼中，当事人程序选择权主要根基在于当事人意思自治。当事人程序选择权具有充分的法理基础，体现在当事人程序主体性、诉讼程序的一般性与当事人需求的特殊性之间的平衡、程序的差异性与当事人利益差别

---

① 当然，不排除紧急情况下，司法警察主动排除妨碍、作出某种处置。比如，庭审中出现重大恶意伤人、破坏法庭设施等违法犯罪行为，司法警察完全可以立即进行相应处置，并不需要等到审判长指挥之后才采取有关行动。2020 年 6 月，最高人民法院发布《关于人民法院司法警察依法履行职权的规定》。该规定第 2 条规定：“出现危及法庭内人员人身安全，严重扰乱法庭秩序，被告人、罪犯、被羁押或者正在服刑的当事人自杀、自伤、脱逃等紧急情况时，人民法院司法警察可以直接采取必要的处置措施。”

性之间的影响关系。[①] 赋予当事人程序选择权凸显了当事人的主体地位，使得诉讼程序更加友好、人性化，有利于促进司法裁判结果的可接受性。当事人程序选择权的确立与兑现是审判管理理念的一大进步。[②]

在刑事诉讼中，当事人程序选择权指“犯罪嫌疑人或被告人在刑事诉讼过程中选择相关程序和与程序推进相关事项的权利”[③]。通常，犯罪嫌疑人、被告人会在律师的帮助下，经过综合权衡，从众多诉讼审理程序和与推进程序有关的诉讼权利中，选择最有利于自己的诉讼程序，比如选择认罪认罚从宽程序、简易程序、普通程序等。若犯罪嫌疑人、被告人在法律框架范围内，基于其真实意思表示，选择相关诉讼程序，选择结果即产生法律拘束力，无特殊情况，司法机关无权作出变更。可以说，刑事诉讼中当事人的程序选择权对于落实控辩平等、促进程序正义、强化案件分流都具有重要意义。[④] 以我国速裁程序为例，在此程序的适用上，几乎没有太多法院行使诉讼指挥的空间。根据我国《刑事诉讼法》第 222 条之规定：“基层人民法院管辖的可能判处三年有期徒刑以下刑罚的案件，案件事实清楚，证据确实、充分，被告人认罪认罚并同意适用速裁程序的，可以适用速裁程序，由审判员一人独任审判。”可见，一旦符合条件的当事人选择速裁程序，法院就必须适用，且还必须在较短的时间内审结案件。虽然因为刑事诉讼的公法属性，当事人的程序选择权受到一些限制，不如民事诉讼中当事人选择空间、范围那么广，但只要符合法律的前置条件，法院就应当充分尊重当事人的自主选择。

从以上分析不难看出，刑事诉讼指挥权与当事人程序选择权差异明显，主要表现在三个方面：（1）体现意志不同。前者之行使不以当事人意志为转移，是法院的职权，也是义务；而后者集中体现被告人、犯罪嫌疑人的主观意志，属于权利，是私权，是被告人、嫌疑人辩护权的重要组成部分。

---

① 李浩：《民事程序选择权：法理分析与制度完善》，载《中国法学》2007 年第 6 期，第 80－81 页。

② 傅郁林：《新民事诉讼法中的程序性合意机制》，载《比较法研究》2015 年第 5 期，第 62 页。

③ 姚莉、詹建红：《刑事程序选择权论要——从犯罪嫌疑人、被告人的角度》，载《法学家》2007 年第 1 期，第 62 页。

④ 刘政：《刑事被告人程序选择权的缺失分析与制度构建》，载《法学杂志》2010 年第 4 期，第 136 页。

(2) 制约因素不同。刑事诉讼指挥权主要是法院、审判长基于审判实际需要而积极主动作出的行为，几乎很少受外界因素制约（至少应然角度如此）；而后者除当事人本人的意志选择外，辩护人、检察机关也可影响当事人程序的选择。(3) 行使后果不同。刑事诉讼指挥权的行使具有强制性，指挥对象应当服从；程序选择权的行使是一种处分，后果由本人承担。

综上，当事人程序选择权不属于刑事诉讼指挥权。犯罪嫌疑人、被告人的程序选择权集中体现当事人的主体性地位和意思自治。从某种意义上说，犯罪嫌疑人、被告人选择某种诉讼程序以及对其选择的程序又进行“撤回、反悔”，实质上是犯罪嫌疑人、被告人行使辩护权的体现，是私权利对公权力的制约方式之一。[①] 随着刑事诉讼协商性司法的兴起，当事人在诉讼中的参与度、自主性将越来越被凸显，也将极大压缩法院的相关权限。

（三）刑事诉讼指挥权与审判管理权

在我国的审判理论与实践中，存在刑事诉讼指挥与审判管理权并存的议题。诉讼指挥权与审判管理权到底有何区别与联系，当前的理论和实务中存在认识不清、操作混乱等问题，从而导致审判权运行不畅、偏离法治轨道的现象。比如，有学者指出，“审判管理权与审判权混同，导致审判权行政化，以审判管理之名侵入审判权”，审判管理权已造成审判权的损害，影响公正审判。[②]

什么是审判管理权？“审判管理”的提出，在法院系统由来已久。2010年被称为全国法院的“审判管理年”。最高人民法院在2010年初即提出“面对繁重的审判任务，要更加注重加强审判管理，向管理要质量、要效率、要形象”。[③] 2013年10月，最高人民法院发布《关于切实践行司法为民大力加强公正司法不断提高司法公信力的若干意见》，对全面提高审判质量效率等

---

① 孔令勇：《刑事速裁程序救济机制的反思与重构》，载《安徽大学学报》（哲学社会科学版）2019年第2期，第113页。

② 孙海龙：《深化审判管理》，人民法院出版社2013年版，第40－41页。

③ 王胜俊：《要努力提高办案质量办案效率办案效果》，载中华人民共和国中央人民政府网，http://www.gov.cn/jrzg/2010－01/06/content_1504739.html。

问题作出部署。2013 年 12 月，最高人民法院在重庆市高级人民法院设立中国审判理论研究会审判管理理论专业委员会。

审判管理权，有学者认为是“围绕案件审判展开的、以审判决策、程序控制、质量督查、行为激励等为主要内容的管理权限。审判管理是与案件审判相伴而生的，有案件审判就必然有审判管理。人民法院工作大体上可以划分为司法审判和司法管理。在此基础上，司法审判可以划分为案件审判和审判管理，司法管理可以划分为审判管理、人事管理和政务管理”①。张军检察长认为，审判管理就是人民法院最具特点的管理工作。围绕审判管理，司法人事管理、司法政务管理共同构成人民法院管理工作的全部。审判管理，是人民法院为履行宪法、法律赋予的审判职能，确保公正高效廉洁司法而对审判工作进行的必要管理活动。司法人事管理、司法政务管理都应当服从和服务于审判管理。② 孙海龙教授认为：“审判管理是指人民法院负有审判管理职责的机构和人员以审判活动及与审判活动相关的事务为对象，按照司法规律或原则的要求，通过对审判权及审判权运行方式的监督和制约，实现对审判公正、高效、廉洁保障的一系列活动的总称。”③

从上述审判管理的典型概念看，审判管理包含对人的管理和对案件的管理。对人的管理包括对法院工作人员的考核、奖惩、晋升、岗位练兵等；对案件的管理包括案件的受案、分配、流程跟踪、监控、评估等。其中审判管理范畴的审判流程管理，是将案件的审理（执行）按时间先后划分为若干环节并规定各环节完成的时限，根据司法公正和审判效率的要求，由“法院各职能部门综合运用计划、人事、组织、监督、控制和奖惩等手段”，对案件的运行情况进行严格的跟踪、监督和管理的制度。④

从管理理论角度看，管理行为包括管理者负责规划、组织、激励、指挥和控制行为。⑤ 按照马克思的说法，“一切规模较大的直接社会劳动或共同劳

---

① 公丕祥：《当代中国的审判管理：以江苏法院为视域的思考与探索》，法律出版社 2012 年版，第 2 页。

② 最高人民法院办公厅：《大法官论审判管理》，法律出版社 2011 年版，第 22 页。

③ 孙海龙：《深化审判管理》，人民法院出版社 2013 年版，第 2 页。

④ 王晨：《审判管理体制机制创新研究》，知识产权出版社 2013 年版，第 135 页。

⑤ ［加］亨利·明茨伯格：《管理工作的本质》，方海萍译，中国人民大学出版社 2007 年版，第 2 页。

动，都或多或少地需要指挥，以协调个人的活动，并执行生产总体的运动”。[①] 可见，审判管理有一种“指挥”的成分。就具体内容看，审判管理中含有诉讼指挥的内容，比如，审判长根据个案对诉讼进程的调整与控制，这属于诉讼指挥范畴，但同时，这又属于审判管理中审判流程管理的问题。因此，笔者认为，审判管理活动中对案件办理方面的安排、调控、控制等，属于诉讼指挥范畴，所以审判管理与诉讼指挥有重叠之处。

四、刑事诉讼指挥权之功能

刑事诉讼指挥权的功能，即诉讼指挥权在刑事审判中所发挥的有利作用。对刑事诉讼指挥权的功能进行全面剖析，可加深对刑事诉讼指挥权的认识，从而在实践中更加注重、优化诉讼指挥权的行使。刑事诉讼指挥权主要有四大功能，分别如下。

（一）促进诉讼进程

如果把刑事诉讼比作一辆运行的列车，那么为这辆列车提供直接动力的则是诉讼指挥权。诉讼指挥权犹如刑事诉讼之车的引擎，不发动诉讼指挥，案件将停滞不前。要推进诉讼进程，须使案件在法定的程序内，应当尽量避免程序倒流，按照办案节点稳步推进。要达此要求，审判长须悉心准备、用心调度、尽心指挥。

推进诉讼进程集中体现在提高诉讼效率上。通常，当检察官将案件移送至法院后，法院案管部门审查立案并通过一定方式再分配到具体的承办法官。承办法官接到案件后，不能久拖不决，必须在审限内办结案件并力求达到定纷止争。要实现案件进程之推动，在开庭前、开庭中、开庭后都必须发动适当、及时、多样的诉讼指挥权，以推动诉讼程序顺利、圆满进行。虽然，这种诉讼指挥情况在两大法系国家有程度之别，但无本质之异。事实上，普通法系国家通过标准化的案件管理，行使诉讼指挥权，有力推进诉讼进程。如

① 《马克思恩格斯选集（第二卷）》，人民出版社2012版，第208页。

在英国的诉讼实践中，因公诉方、辩护方、法院等一方或者多方不适当的作为或者不作为，导致案件不能在预先的审判日程开庭审理而需要重新安排开庭时间的情形会被记录为无效审判（Ineffective trial）。这种“戛然而止”的庭审导致诉讼拖延、庭审成本增加。并且，在治安法院有62%被记录为“无效审判”的案件是由于控方没有在庭前准备好而造成的。[①] 因此，作为审理法官必须考虑到诉讼各方的情况，时时对诉讼进程作出提示、安排和控制，以推动案件顺利进行。在英国的刑事诉讼规则中，专章规定法官以案件管理的形式积极发动诉讼指挥权，从而推动诉讼进行，避免诉讼拖延。“办案法官最重要的职责之一就是始终负责积极地管理审判活动。具体而言，刑事司法要实现正义必须严格控制预先的审理日程，避免不必要的拖延。”[②] 毕竟，在现代社会的任何一个刑事司法系统中，由于需要证据收集、开示、组织诉讼各方到场参与庭审，不守时、滥用程序权利，诉讼拖延都是普遍的、难以克服的问题。[③] 对于被告人而言，“程序就是惩罚”，诉讼停滞、拖延危害极大。可以说，法院通过及时、适当的指挥，发动诉讼指挥，最直接、最本源的效果就是使案件得以推进，这也是法官能动性的体现。

（二）维持庭审秩序

法庭也是一种社会场所。虽然这种社会场所不是永久、持续的，但也有相当之时间持续，即从开庭到闭庭。案件审理须在一个安宁、有序的环境中进行，因此需要审判发动维持法庭秩序之权。[④] 法庭秩序是社会秩序中的一种，那么何为社会秩序？社会秩序是指“在社会进程中存在着某种程度的一致性、连续性和确定性”[⑤]。据此，法庭秩序就是指法庭活动的一致性、连续

---

① ［英］麦高伟、［英］路加·马什：《英国的刑事法官：正当性、法院与国家诱导的认罪答辩》，付欣译，商务印书馆2018版，第182－183页。

② HH Judge Roderick Demyer QC，Case Management In Criminal Trials，Hart Publishing，2012，p. 3.

③ David Young，Mark Summers QC，Abuse of Process in Criminal Proceedings，Bloomsbury Professional Ltd，2014，p. 1

④ 蔡墩铭：《刑事审判程序》，五南图书出版公司1992年版，第54页。

⑤ ［美］E. 博登海默：《法理学：法律哲学与法律方法》，邓正来译，中国政法大学出版社2017年版，第234页。

性和确定性。具体而言，法庭秩序的内涵体现在两个方面：一是法庭审理有条理、不混乱；二是庭审进程有先后、不颠倒。有学者进一步指出，美国的律师们对法律秩序的热爱和尊重，某种程度上保障了法庭审判文明而理性。①毕竟，庭审秩序是审判活动顺利进行的前提。审判活动具有的权威性，是一个国家法治化程度的标尺。②

庭审进行是众多人员参与、配合的产物。“无论如何，在所有法系，诉讼的程序是原告、被告及法官三方的互动结果。”③ 然而，由于诉讼各方诉求、知识储备、心理特征、情绪控制等方面存在差异，庭审中难免有时会出现庭审秩序荡然无存的情况，因此，需要审判长及时、果断地发动诉讼指挥权进行引导、制止，对不当或者失范行为作出合理、有效的处置，从而保障和维持庭审秩序。

（三）实现公正审判

如果说推进诉讼进程是诉讼指挥权的最原始的功能的话，实现公正审判则是诉讼指挥权的最核心功能。若只顾推进诉讼进程，最高效的办法莫如电影《特警判官》的做法，一个集侦查、起诉、审判的官员，一旦发现犯罪行为，处决案件以秒计算，这在现实中是不可想象的。太注重推动诉讼程序、唯效率论，会导致认为诉讼过程、程序是一种烦琐的手续，无法保证公正审判的实现。因此，推动诉讼程序进行是以实现公正审判为价值依归的。

公正审判与诉讼指挥密切相关，公正审判离不开法官的“作为”。公正审判不仅要客观中立，还应体现为积极关照弱势方。“人权法院的公正观念在本质上紧紧地与被告人的权利捆绑在一起，永远不可能是程序上中立的。”④ 在刑事审判活动中，需要控方、辩护方以及其他法庭团队成员相互协

---

① ［美］迈克尔·舒特：《执业伦理与美国法律的新生》，赵雪纲、牛玥译，当代中国出版社2014年版，第34页。

② 赵秉志主编：《妨害司法罪疑难问题司法对策》，吉林人民出版社2000版，第14页。

③ Geoffrey C. Hazard，Angelo Dondi：《比较法律伦理学》，李礼仲译，新学林出版有限公司2011年版，第76页。

④ ［瑞士］萨拉·J. 萨默斯：《公正审判：欧洲刑事诉讼传统与欧洲人权法院》，朱奎彬、谢进杰译，中国政法大学出版社2012版，第159页。

作，但是，由于各方立场和诉求不一致，且各自的专业素养也存在差别，控辩双方以及其他人员难免失之偏颇，需要法官发动诉讼指挥及时指引、制止、介入。诉讼过程是控辩双方对抗、合作的过程，然而，过度的对抗犹如市场经济中的过度竞争，会导致低效率和资源浪费；过度合作，又会削弱司法的严肃性、法律秩序的稳定性。两种极端都会影响公正审判，犹如市场经济存在缺陷，需要政府宏观调控，刑事审判活动的不完善同样需要法官积极介入、调控。[①] 比如，控辩双方不适当的询问、拙劣的诉讼行为、消极的举证，法官都有必要主动介入或引导，尤其是，对于不同类型的证人，对其询问方式、范围，都需要法官发动诉讼指挥权，以确保证言可靠性和保护特殊证人的合法权益。从这个角度看，法官充当了诉讼程序监护人的角色。

（四）彰显司法权威

法官发动诉讼指挥权还有一项附加功能——彰显司法权威。诉讼指挥是一个生动、完整的司法生态，法官在庭审活动中，通过介入、引导、处置、安排、控制等具体诉讼行为，生动、形象地展现审理程序和审理方法，从而将法律的威严、仪式一览无余地呈现在庭审人员面前，司法的权威性得到体现。“在普通法中，法官是文化上的国王。”[②] 大法官的偏好、修辞都会被人研究、解读，从而成为权威或者司法的代名词。在我国传统文化中，法官被视为“正义的化身”，老百姓希望法官都是“青天大老爷”，这种“为民做主”的司法观念具有很深的群众基础，无不呼唤法官在庭审中“有所作为”。要知道，刑事诉讼过程，也是一个公民与国家直接对话的过程。[③] 在这种“对话过程”中，诉讼参与人、旁听人员等会从心理上直观感受法官是否公正。刑事法的核心目的是让每一个公民在日常生活中免受人身伤害和财产危险。刑事犯罪行为是否得到高效的调查和指控，关乎我们每一个人的利益，

---

① 王海军：《刑事审判模式的经济分析：以当事人主义为中心》，中国政法大学出版社2013年版，第89页。

② Lawrence M. Friedman，Judging the Judges：Some Remarks on the Way Judges Think and the Way Judges Act，from：John N. Drobak，Norms and the Law，Cambridge University Press，2006，p. 139.

③ 汪建成、孙远：《论司法的权威和权威的司法》，载《法学评论》2001年第4期，第30页。

因此，法院（法官）必须视公正为第一中心目的，从被告人、被害人以及社会公众多角度平衡利益。[①] 人们都期待法官是“主持公道者”，希望法官能为自己主持正义[②]，相反，如果一个法官只是法庭上的消极听审者，“坐山观虎斗”，很难满足当事人的预期，也与我国诉讼传统文化不符。更何况，我国法官还承担法庭教化功能，需要通过法庭审判让当事人明法理、知利害。比如，清代法官在判决时还会向当事人阐述支撑裁判结果的伦理根据，法官花费诸多口舌对当事人进行伦理说服教育，使当事人认识到自己所犯的伦理错误，自愿接受处罚。显然，这既是司法官的本职责任，也是为了提高诉讼效率，避免当事人长期缠讼或上诉不止，从而维护司法权威。[③]

不可否认，由于诉讼模式的差异，各国法官在刑事庭审中的角色和职责有别，但法官对诉讼程序的监管和把控均表现出积极的姿态。即使是在证据调查领域，世界各国的法官也同样会主动介入，发挥其指挥庭审的职责。“比较而言，在庭审中，法官的证据调查职责存在很大差别，有的国家法官承担主要的证据调查职责，而另一些国家的法官在证据调查中则只是起辅助作用。但是，没有哪个国家的法官被视为一个消极的仲裁者而对审判中所发生的一切或者案件结果不负责任。”[④] 可以说，法官通过频频发动诉讼指挥权，动态地、形象地展示了案件审理的过程，彰显法官主持正义、司法为民的风范。司法的权威感、仪式感通过法官有张有弛的诉讼指挥得以生动呈现。

---

① Kiage, Patrick, Kanjama, Charles, Essentials of Criminal Procedure in Kenya, African Books Collective, 2010, p. 1.

② 蔡杰、冯亚景：《我国刑事法官庭审指挥权之探讨》，载《法学研究》2006 年第 6 期，第 117 页。

③ 李文玲：《中国古代刑事诉讼法史》，法律出版社 2011 年版，第 523 页。

④ William T. Pizzi, Trials Without Truth, New York University Press, 1999, p. 117.

第三章

刑事诉讼指挥权之行使原则

法律原则是法中的精灵，它以其伦理性证成法律的正当性，又以其抽象性而涵摄着具体的规范与概念。

——胡玉鸿

“法律永远是部分原则加部分权力。”① 埃尔曼教授此论断揭示了法律、原则、权力之间的内在关系。法律要实现其预定的目标，必须有国家权力（强制力）为保障，然而权力容易恣意，而成文的法律规则又难以适应现实之复杂变化。“国家确立的实在法制度存在不完整、支离破碎的情况，法律规则亦模糊不清，法院通过诉诸理念、原则和有关标准以克服实在法的不足。”② 同时，每条原则都是对理想和价值的一种表达。③ 法律原则的重要性凸显，那么刑事诉讼指挥权又有何行使原则？本章将围绕此问题展开论述。

一、刑事诉讼指挥权行使原则之基本理论

我国《辞海》将原则解释为“观察问题、处理问题的准绳”④。法律的基

---

① ［美］埃尔曼：《比较法律文化》，贺卫方等译，生活·读书·新知三联书店1990年版，第93页。

② Edgar Bodenheimer, Juriprudence: The Philosophy and Method of the Law, Harvard University Press, 1981, p. 349.

③ ［瑞典］亚历山大·佩策尼克：《论法律与理性》，陈曦译，中国政法大学出版社2015年版，第69页。

④ 《辞海》，上海辞书出版社1979年版，第151页。

本原则经“法官在个案规则的基础上或者法律学者的著作基础上运用归纳总结而成”[①]。在本书中，刑事诉讼指挥权的行使原则指法院（法官）在审理刑事案件过程中，行使诉讼指挥权时应当遵循的基本行为准则，是贯穿整个诉讼指挥过程、具有普遍意义的指导性思想准则。

（一）刑事诉讼基本原则与行使原则之关系

刑事诉讼基本原则，指“反映刑事诉讼理念与目的之要求，而作为刑事诉讼具体制度、规则、程序之基础和依据并对刑事诉讼具有指导或者规范作用的，在刑事诉讼立法和司法过程中应当遵循的准则”[②]。有学者认为：“各种形态之刑事诉讼亦各有其得以存在之正当理由。而且，各种形态之刑事诉讼，乃以其据以存在之理由为基础，而构筑作为其形态之架构之若干原则或主义。此等原则和主义，则称为刑事诉讼之诸原则。”[③] 对于刑事诉讼基本原则的定义，学者之观点存在少许差异，但其内涵大致相同。刑事诉讼基本原则主要有以下几层含义：第一，刑事诉讼原则反映现代刑事诉讼的一般规律，是对刑事诉讼立法和司法具有普遍指导意义的准则。第二，刑事诉讼原则是刑事诉讼具体规则的基础和依据。第三，刑事诉讼原则反映刑事诉讼文化、背景，与一国诉讼文化传统紧密相关。

刑事诉讼基本原则应贯穿适用整个诉讼过程，具有基础性地位，一般包括以下几个原则：无罪推定原则、控辩平等原则、不得强迫自证其罪原则、诉讼经济原则等。刑事诉讼基本原则具有宏观性、高度抽象性和普遍指导性，对刑事诉讼各个阶段均具有普遍约束力。因此，刑事诉讼基本原则对诉讼指挥权的行使同样具有指导意义，因为诉讼指挥权是刑事审判权的重要组成部分，理应受基本原则的约束与指引。同时，诉讼指挥权的行使毕竟属于整个刑事诉讼行为中的一环，并不覆盖刑事诉讼的全过程，诉讼指挥权有其本身的特点和运行规律。是故，刑事诉讼指挥权的行使原则应是在刑事诉讼基本原则之基础上深化而发展的，其内容、侧重点有所不同。结合实际，笔者认

---

① 《元照英美法词典》，北京大学出版社 2017 年版，第 1001 页。

② 宋英辉：《刑事诉讼原理》，法律出版社 2003 年版，第 56 页。

③ 黄东熊、吴景芳：《刑事诉讼法论》（上），三民书局股份有限公司 2010 年版，第 4－5 页。

为，刑事诉讼指挥权的行使原则包括：无罪推定原则、平等对待控辩双方原则、及时性原则。

（二）刑事诉讼指挥权行使原则之体系

刑事诉讼指挥权行使原则之体系，即刑事诉讼指挥权行使原则之间的相互关系。刑事诉讼指挥权的每一项行使原则并非彼此孤立存在，各行使原则之间具有内在的逻辑性、关联性和互动性，彼此相互影响、相互作用，共同组成刑事诉讼指挥权的原则体系。

首先，发动诉讼指挥应当将无罪推定原则作为首要原则，这是其他行使原则的前提和基础。只有坚持无罪推定原则，才能确保刑事审判在公正的轨道内，才能真正确保法官诉讼行为符合法官“形象公正”之要求，这是一个大前提。若缺乏无罪推定原则之指导和约束，其他原则将失去意义，诉讼指挥要么成为法院操控庭审的绝佳借口，要么导致庭审虚化，让庭审沦为一种披着合法外衣的手续，最终有损程序和实体的双重公正。

其次，在无罪推定的基础上，应当坚持及时性原则和平等对待控辩双方原则。在战争中，战略指挥最关键的是及时传达、及时处理，否则会贻误战机。在刑事审判中，及时性原则的落实无可或缺。法谚有云“迟来的正义非正义”，即是此理。在刑事诉讼中，进行诉讼分流的主要目的之一也是基于能够及时处理案件、提高案件效率。我们很难想象，法庭上面对律师的异议，审判长犹豫不决、交头接耳，这种情形岂能给人以司法信任感？诉讼指挥作为推动诉讼进程的“引擎”，注重及时性是其最为关键的出发点，犹如，之所以改进交通工具而不是采取步行，其出发点就是节省路途时间，及时到达目的地。

最后，在及时性原则的基础上，须落实平等对待控辩双方原则。刑事诉讼的两造为控辩双方，及时性原则不是针对诉讼任何一方，而是适用于所有诉讼参与人。如果说及时性原则是通过效率体现公正，那么平等对待控辩双方原则是通过形式体现公正。平等对待控辩双方，意味着诉讼指挥者不偏不倚、居中指挥，给予双方同等机会，本身就是形式公正的核心。

综上，行使刑事诉讼指挥权之无罪推定原则、及时性原则、平等对待控辩双方原则之间各自发挥作用，但又相互联系、相互影响，成为有机的原则统一体。同时应该注意到，在刑事审判活动中，根据法庭审理阶段及内容的不同，刑事诉讼指挥权各行使原则发挥作用的侧重点和方式亦有差异。

（三）刑事诉讼指挥权行使原则的价值

“法律原则是法中的精灵，它以其伦理性证成法律的正当性，又以其抽象性而涵摄着具体的规范与概念。”[①] “坚持法律原则是法律人共同体的至上美德。”[②] 法律原则在学者眼中享有如此“美誉”，原因无外乎其具有重要价值。具体而言，诉讼指挥权行使原则之价值体现在以下三个方面：

第一，指引、规范、优化法院（法官）的诉讼指挥行为。诉讼指挥作为法院（法官）的一项重要诉讼行为，关系被追诉人切身利益，须在有关原则指引下妥善行使。一方面，法律的明文规定往往存在众多抽象的规则，法官行使诉讼指挥权时需要对有关明文规定进行解释，若无行使原则指引，必导致法官扩大或者限缩解释。另一方面，若法院诉讼指挥行为违背行使原则，可能导致诉讼指挥行为无效，进而导致程序倒流。比如，法官擅自剥夺被告人的律师帮助权，可能影响公正审判，那么上级法院有发回重审的可能。诉讼指挥权行使原则就像一个矫正器，时刻指引、规范法官的诉讼行为，使其处在合法、适当的诉讼轨道内。此外，有的法院（法官）办理案件时容易受政策的影响，“在某些情况下，法院必须处理社会政策问题，不是因为其特别可取，而是因为往往没有可行的替代办法”[③]。因此，在面临刑事政策的压力时，法官应当从刑事诉讼原则中寻求裁判依据的支撑力量以增强其行为决定的说服力。

第二，弥补明文规范之漏洞和平衡价值冲突。“法条是灰色的，而实践

---

① 胡玉鸿教授语，摘自其主持的“法律原则如何适用”笔谈之“主持人语”，载《苏州大学学报》（哲学社会科学版）2004年第6期，第18页。

② 张国清：《在原则与政策之间：罗纳德·德沃金和理想法律人的建构》，载《浙江大学学报》（人文社会科学版）2005年第2期，第136页。

③ Henry J. Friendly, The Courts and Social Policy: Substance and Procedure, 33 U. Miami L. Rev, 1978, p. 21.

之树长青。”在日新月异、变幻莫测的社会现实面前，刑事诉讼法律法规无论如何完备，都只是相对的，难以覆盖司法实践中的新情况、新形势、新问题。制定法不能也不可以事无巨细地明确某些具体内容，因为它须适合于各样无穷尽的案件，也即“制定法是为未来而开放的”①。因此，为克服制定法的不足、漏洞及不明确的缺陷，需要通过原则予以指引。比如，我国澳门地区《刑事诉讼法典》第4条之规定：“如出现未有规定之情况，而本法典之规定亦不能类推适用，则遵守与刑事诉讼程序相协调之民事诉讼程序规定；如无此等规定，则适用刑事诉讼程序之一般原则。”又如，在重大疫情防控期间，法院既要做好自身防控，做到守土有责、守土负责，同时还得依法履行审判职能、推进案件审理进程。这种时空限制必然导致价值冲突，需要在诸多价值之间作出取舍、权衡，如处理刑诉法并未规定远程视频开庭但现实又迫切需要解决的问题。在这种情况下，法官可以发动诉讼指挥决定开庭方式。若采取远程视频方式开庭，则可能丧失一定亲历性，被告人家属旁听权也可能得不到满足，但是，远程视频从根本上阻断了疫情在庭审人员之间扩散的风险，法官可以通过给予被告人表达自由的路径，充分听取其自白，避免远程听证之不足。

第三，体现法官形象公正。在官方文本中，提出“形象公正”这一说法的是最高人民法院2005年制定的《法官行为规范》。《法官行为规范》第2条规定：“公正司法。坚持以事实为根据、以法律为准绳，平等对待各方当事人，确保实体公正、程序公正和形象公正。”何为形象公正？形象公正指法官的形态、姿态、语态呈现给当事人、社会公众时所体现出的公正感、信赖感。法官形象公正至少包含中立、专业、高效、威严等内涵。② 在庭审中，法官的形象公正最直观地体现在法官的一言一行上。一次法槌的敲响、一次及时的制止、一次击中要害的追问、一句贴心的人文关怀，等等，无不是法官行使诉讼指挥权的体现。法官通过这些行为展现其专业、高效、公正。我们很难想象，一个在法庭上拖泥带水、犹豫不决的法官，能给人公正的形象，

① ［德］考夫曼：《法律哲学》，刘幸义等译，法律出版社2004年版，第142页。
② 高憬宏：《法官的形象公正及其实现路径》，载《法律适用》2016年第6期，第3页。

一场优秀的庭审应当是快慢有度，行云流水的，这很大程度上取决于法官的庭审指挥能力。“庭审质量的有效提升，涉及庭前、庭审和庭后诸多环节，离不开当事人有效参与，更是对法官庭审驾驭能力的考验。一个优秀的庭审不但要实现实体公正，还要体现程序公正；不但要以群众可接受、可感知的方式来实现公正，还要以法官公正、文明、中立的形象来体现公正。”① 可以说，法官通过发动诉讼指挥权，不仅推动诉讼进程、有利于发现案件真实，同时还有附加价值：体现法官形象公正，从而有助于提升司法公信力。

卡多佐大法官曾指出，法官虽然具有自由裁量权，但不是绝对自由的。他不能顺其心意地开拓创新；他也不能像个自由的骑士一样，去自由追寻自认为的美和善。他只能从神圣的法律原则中获取裁决的灵感。法官不能受制于自己的情绪波动，也不可受模糊不清、毫无规则的同情心所左右……他应当服从社会生活中秩序是必需品这一基本目标（The primordial necessity of order in the social life）。② 这无疑强调了原则的力量。简言之，刑事诉讼指挥权之行使原则是诉讼指挥行为之“矫正器”，是“指南针”，是“黄金线”，具有重要的实践指导价值，正如德沃金指出：“假如我们对原则如此漠不关心，以至于每当政策符合我们的意愿时，我们就对政策涂脂抹粉，那么我们就既欺骗了原则，也消解了原则的权威。”③ 我们不仅要研究、辨析诉讼指挥的行使原则问题，最关键的是，作为法院、审判长应该在刑事审判工作中落实这样的原则。

二、刑事诉讼指挥权行使之无罪推定原则

曾做过法官、律师的英国上议院议员约翰·绅奇勋爵曾言：“无罪推定原则是贯穿英国刑事法的黄金线（Golden thread）。”④ 若审判活动中，坚持无罪推定的反面——有罪推定，刑事审判将沦为“形式审判”。在新的形势下，

---

① 耿宝建：《裁判的方法》，人民法院出版社 2016 年版，第 42 页。

② Cardozo Benjamin，The Nature of the Judicial Process，Yale University Press，1921. p，141.

③ Rolronald Dworkin，A Matter of Principle，Harvard University Press，1985，p. 6.

④ Woolmington v. DPP（1935）AC 462（HL）481 – 482（Viscount Sankey LC）.

法院发动诉讼指挥审理案件，“无罪推定”这一历史厚重、充满人道主义精神的原则，具有新的时代内涵和意义。

（一）诉讼指挥视角下无罪推定原则之含义

关于无罪推定，最为著名的应为贝卡利亚的论述：“在法官作出判决之前，任何人都不可被当作罪犯；在社会还未判定他是否违反给予他保护的公共契约之前，社会就不能撤销对他的保护。”① 较早深入讨论无罪推定原则的文献散见于英国的刑事证据理论著作中。② 按照《布莱克法律词典》的解释，无罪推定原则（Presumption of innocence），指在政府证明某人有罪达到排除合理怀疑之前，任何人都不能被认为是犯罪人，且其本人无责任证明自己清白的基本原则。③“无罪推定原则”中的“推定”，指根据一定基础事实（Basic fact）判断、认定出另一推定的事实（Presumed fact）。推定事实是从已被证据充分证明了的事实中通过合理推导出来的事实。推定分为两种类型：结论性推定（Conclusive presumption）和可反驳性推定（Rebuttable presumption）。前者指无法被额外的证据或者观点推翻的推定，这种推定形成的事实已被不可反驳的证据予以证明，不存在争议；后者与之相反，指从一定事实推导出新的事实，且该事实可能被相反证据的引入而被推翻、证明不成立的推定方式。④ 很显然，无罪推定就是可反驳性的推定。

据英国学者的理论共识，无罪推定具有两个方面的含义：第一，这是一条审判阶段的应用规则，表明指控方具有举证证明他人犯罪的责任；第二，在整个刑事程序、法院判决前的过程中，被追诉人应当视为无辜者。⑤ 在美国，无罪推定原则被视为根植于正当程序条款（Grounded in the Due Process Clause），该原则禁止法官对被追诉人作有罪推定的预判，以防止法官在审前

---

① Cesare beccaria, On Crimes and Punishments and Other Writings, Cambridge University Press, 1995, p. 39.

② 陈瑞华：《刑事审判原理论》，北京大学出版社 1997 年版，第 146 页。

③ Black Law Dictionary, 10th ed, p. 1378.

④ Black Law Dictionary, 10th ed, pp. 1377 – 1378.

⑤ Andrew Stumer, The Presumption of Innocence: Evidential and Human Rights Perspectives, Hart Publishing Limited, 2010, p. 38.

程序中就判定被追诉人实施了罪行，从而可确保被追诉人“自由人”的身份。同时，无罪推定原则还要求检察官负有证明被追诉人有罪的义务，且须证明到排除合理怀疑的程度，否则被追诉人应该视为无罪。[①] 黄朝义教授认为无罪推定原则具有三层含义：第一层次为宪法层次，基于公平裁判之理念，将其上升为被追诉人的一种宪法性基本权利予以保障；第二层次为诉讼法层次，将其与举证责任合并论述，在证据法范围内作为适用规则及界限；第三层次为教条式宣告，即将无罪推定原则中对被追诉人自由、人格的尊重仅作为一种对侦查程序、审判程序的宣告，不具强制约束力。[②] 总的说来，无罪推定原则可表述为：任何人在未经法院判决之前，均应推定为无罪。

在诉讼指挥视角下，无罪推定原则的侧重点与一般意义上的无罪推定有所差别。在一般意义上，无罪推定主要是两个方面的含义：一为对被追诉人加以定罪的程序性条件。若要对被追诉人定罪，须经公诉机关充分举证，审判机关依法审理、查明犯罪事实并作出生效判决；二为被追诉人在有罪判决作出前的刑事诉讼中，应被视为清白之人，享有一般公民的一切权利。但是，在诉讼指挥视角下，因为主要是法官行使诉讼行为，指引、把控诉讼程序和法庭调查，所以，在诉讼指挥视角下，无罪推定原则的含义应为：基于公正审判理念，法院（法官）在行使诉讼指挥权过程中，应当不带偏见地将被追诉人视为清白之人。具体而言，其主要体现在以下几个方面：第一，法院（法官）不得通过语言、行为等体现出对被追诉人的有罪倾向性态度。第二，法院（法官）在审判过程中应为被追诉人行使诉权提供必要的程序保障。第三，法院（法官）在审判过程中应当营造公平法院的审判氛围。对此，欧洲人权法院认为，在对被追诉人定罪之前，法院作出的决定中透露或者反映出被追诉人具有罪行的倾向性，都属于违反无罪推定原则的情形，比如，拒绝保释、随意没收财产，甚至在定罪前向媒体公布被追诉人的姓名。[③] 可以说，

---

① Shima Baradaran Baughman, Restoring the Presumption of Innocence, Ohio St. L. J. 724, Vol 72: 4, 2011.

② 黄朝义：《无罪推定——论刑事诉讼程序之运作》，五南图书出版有限公司 2001 年版，第 12 页。

③ Caballero v. UK (App No 32819/96) (2000) 30 EHRR 643. 43.

无罪推定在许多国家被认为是人的基本权利，也是刑事法的一项基本原则[①]。

当然，在我国要落实彻底的无罪推定原则，面临诉讼文化和传统的障碍。“欠债还钱，杀人偿命”在老百姓意识里依然根深蒂固，同时，“实事求是”“以事实为依据，以法律为准绳”等原则与这种未经法院判决就推定为无罪的原则似乎有所冲突。这种误解实际上是把刑事审判活动仅仅视为一种认识活动造成的。无罪推定原则不是指导认识活动的原则，而是对被追诉人给予人格尊重和主体地位的价值选择，是对国家权力的一种制约方式。[②] 因此，我们应当转变观念，重新认识无罪推定原则的积极价值和时代意义。

（二）无罪推定原则的时代意义

无罪推定原则当前已被诸多国际性人权保障公约肯定，世界上很多国家亦将其写入宪法或者刑事诉讼法。无罪推定原则作为公正审判权的重要组成部分，在国际人权法中均有体现。比如，联合国《公民权利与政治权利国际公约》第 14 条规定了公正审判权，第 2 项即规定无罪推定原则。《欧洲人权公约》第 6 条规定公正审判权，亦将无罪推定规定其中。欧洲人权法院通过一系列案例指出，沉默权、不得强迫自证其罪特权均与无罪推定原则紧密相连。[③] 无罪推定原则被视为确保被追诉人得到公正审判的所有法律规则的基石（Underpin the whole range of rules intended to ensure fairness to defendants）。[④] 在当事人主义国家，无罪推定原则是宪法送给刑事诉讼法的礼物，被视为被追诉人获得公正审判的前提。在刑事诉讼从“以权力为中心”向“以权利为中心”的转变过程中，落实无罪推定原则具有新的时代意义。

第一，有助于促进主观程序正义。在法官发动诉讼指挥过程中，坚持无罪推定原则最为直接的意义在于促进主观程序正义的实现。主观程序正义关注的是人们对诉讼程序是否公平的主观感觉，如果程序能增强当事人的公平

---

① 刘少军、雷苗苗：《论无罪推定原则对刑事审判权的制约》，《人民司法（应用）》2016 年第 34 期，第 70－75 页。

② 陈瑞华：《刑事审判原理论》，北京大学出版社 1997 年版，第 161 页。

③ Saunders v. UK（App No 19187/91）（1997）23 EHRR 313. 68；Heaney and McGuinness v Ireland（App No 34720/97）（2001）33 EHRR 12. 40. 59；Weh v. Austria（App No 38544/97）（2005）40EHRR 37. 39.

④ WS LAUFER，The Rhetoric of Innocence Washington Law Review，1995，70，p. 329.

感，则符合主观程序正义的要求。[①] 有学者通过实验研究表明，行为人的表达机会和参与度强烈影响着其对程序及其结果公平性的感受。当赋予行为人更多表达机会和更深的参与程度时，行为人觉得程序更为公正；反之，往往认为不公正。“公平性的增强来自纯粹的表达”，重要的因素在于“作出判决的人看上去充分考虑了当事人所表达的观点，哪怕他或者她最终并没有受这些观点影响”。[②] 另外，泰勒教授认为，在法官的指引之下，让当事人更多地参与诉讼过程，当事人也能更多地感受到被公正地对待。产生这种现象就在于诉讼程序能发挥“利益表达”的功能。要使程序发挥利益表达的功能，就必须让法官坚持公正无私、诚实信用和充分考量各方的意见。[③]

相反，法官发动诉讼指挥，若坚持有罪推定，必然认为庭审就是“过场和形式”，而难以耐心听取各方意见，当事人的陈述将被视为“狡辩”，甚至会出现说服被告人认罪的情况，必然使人难以感受到客观公正。这种情况也必然使审判程序失去自治性——审判程序成为为侦查、起诉背书的“工具”。因此，只有在无罪推定理念之指引下，法官对庭审的指挥才能体现公正之感，被告人在审判过程中才可能被公平、公正地对待。2013 年 2 月 23 日，习近平总书记在主持中共中央政治局全面推进依法治国第四次集体学习时强调，“要努力让人民群众在每一个司法案件中都感受到公平正义，所有司法机关都要紧紧围绕这个目标来改进工作”[④]。自此，习近平总书记这句经典表述成为全国各级法院的“座右铭”，标示在各级法院最醒目的位置。“感受公平正义”之所以如此重要，其中一个重要原因是司法公信力很大程度上取决于民众对司法的主观体验，而民众的主观体验又是连接司法公信力和程序正义之间的桥梁。[⑤] 此外，无罪推定原则促进主观程序正义的另一个表现在于，无

① ［美］艾伦·林德、汤姆·泰勒：《程序正义的社会心理学》，冯健鹏译，法律出版社 2017 年版，第 3－4 页。

② ［美］詹姆斯·J. 汤姆科维兹：《美国宪法上的律师帮助权》，李伟译，中国政法大学出版社 2016 年版，第 94—96 页。

③ ［美］汤姆·R. 泰勒：《人们为什么遵守法律》，黄永译，中国法制出版社 2015 年版，第 205 页。

④ 人民网：《中央政治局就全面推进依法治国进行第四次集体学习、习近平主持》，http：//politics. people. com. cn/n/2013/0224/c1024－20581427. html，2018 年 12 月 28 日访问。

⑤ 冯健鹏：《主观程序正义研究及其启示》，载《环球法律评论》2018 年第 6 期，第 127 页。

罪推定可作为公民名誉保障之基础。简言之，无罪推定还是一个名誉关联方面的问题（Reputation - related aspect）。①

第二，有助于保障案件结果公正。无论哪一种诉讼模式，发现案件真实、实现案件结果公正都极具重要性。我们很难想象人们会接受这样的场景：大部分案件都体现了程序公正、维护了正当程序，但案件事实却依然扑朔迷离，“真凶”依然逍遥法外。可以说，案件结果公正是法的社会秩序的基石。“通过创造法的社会秩序来解决刑事案件，才是刑事诉讼的目的。”② 因此，保障案件结果公正，实现实体正义，在刑事诉讼中具有不可撼动的重要地位。

无罪推定原则最主要的目的在于防止法院对任何公民作出无根据、根据不充分的错误判决，从而最大限度地避免将一个清白无辜之人变成有罪之人。③ 美国学者也认为，无罪推定原则的理论基础在于其可保护无辜及提升法治水平（Protecting the innocent and promoting the rule of law）。④ 具体而言，无罪推定原则通过两个方面的要求保障案件结果公正：首先，无罪推定原则设置的法律推定是被追诉人无罪这一“事实”，这就要求公诉机关必须用最高的证明标准推翻被追诉人“无罪”这一推定“事实”。在无罪推定原则下，公诉方若未达到较高的证明标准将承担败诉——被告人无罪的风险。这就使公诉机关不会轻易发动公诉权，应当最大限度尽职收集证据，从而更接近查清事实。其次，无罪推定原则给予被告方程序保障以抗衡公诉方的指控，从而使法官在控辩交锋中更容易发现案件事实。在英格兰及苏格兰历史上，无罪推定被视为对抗处罚的盾牌（A shield against punishment）。⑤ 在无罪推定原则约束下，被告人被赋予与控诉方同样的机会重组指控事实

① Stefan Trechsei, Human Rights in Criminal Proceedings, Oxfrod University Press, 2005, p. 164.

② ［日］田口守一：《刑事诉讼的目的》，张凌、于秀峰译，中国政法大学出版社 2011 版，第 44 页。

③ 陈瑞华：《刑事审判原理论》，北京大学出版社 1997 年版，第 154 页。

④ Andrew Stumer, The Presumption of Innocence: Evidential and Human Rights Perspectives, Hart Publishing Limited, 2010, p. 28.

⑤ Francois Quintard - Morenas, The Presumption of Innocence in the French and Anglo - Ameirican Legal Tradition, 58 AM, JCOMP. L107, 125 - 131 (2010).

(Reconstruciotn of fact)，更有利于还原事实真相。①

落实无罪推定原则要求在案件事实存在疑问难以查清的情况下，法院应当作出有利于被告人的判决。由于无罪推定原则的“反证”责任在公诉方，证明标准又须达到排除合理怀疑或者证据确实、充分，一旦没有达到这样的标准，使得案件存在疑义，那么法官就得作出有利于被告人的判决，也就是“疑罪从无”，至少也是“疑罪从轻”。在无罪推定原则下，要求法官保持一个开放的心态（Open mind），尽力营造一个无偏私的审判环境。法官应指引法庭团队成员不应当对被告人心存偏见而使人们作出有罪推定的预判。②

第三，有助于提高刑事诉讼效益。当前，因为法官行使诉讼指挥未能坚持无罪推定，导致被告人认为自己受到了不公正对待而上诉、申诉的案件绝非少数。近几年的司法实践中，对法官诉讼指挥不满，认为其受到不公正待遇，投诉案例就有数百件，对法官行使诉讼指挥不当而投诉法官的案例也时常见诸报端。③ 法官持有罪推定而开庭审理案件，必无耐心倾听而频频打断当事人发言，为诉讼程序倒流埋下伏笔，进而降低诉讼效率。

如上文言，诉讼指挥中坚持无罪推定原则，不仅可以让被告人感受到被司法机关予以尊重，自己接受的是公正的审判，同时尽可能多地使法官了解事实真相。因此，在这个基础上，法院判决的可接受性必然增强，被告人上诉、上访的可能性将大为降低，从而提高诉讼效益，降低司法成本。同时，值得进一步重视的是，在无罪推定原则的约束下，对于那些存在合理疑问、疑问又不能合理解释的案件，法院可以直接作出无罪判决。于此，法院通过无罪判决终结自己启动的刑事程序，避免了审判活动无休止地纠缠下去。无疑，这种处置方式对于节省司法资源和诉讼参与人的人力物力都极具重要意义。

---

① Stefano Ruggeri, Human Rights in European Criminal Law, Springer International Publishing Switzerland, 2015, p. 242.

② Stefan Trechsei, Human Rights in Criminal Proceedings, Oxfrod University Press, 2005, pp. 164 – 165.

③ 湖南省长沙市中级人民法院（2017）湘01民终5997号判决书。

（三）无罪推定原则在刑事诉讼指挥中的适用

早在1989年，最高人民法院在有关规范性文件中明确了无罪推定原则的有关精神。《关于一审判决宣告无罪的公诉案件如何适用法律问题的批复》中指出："对于主要事实不清、证据不足，经多次退查后，检察院仍未查清犯罪事实，法院自己调查也无法查证清楚，不能认定被告人有罪的，可在判决书中说明情况后，直接宣告无罪。"[①] 1990年，全国人民代表大会通过的《中华人民共和国香港特别行政区基本法》第87条规定："任何人在被合法拘捕后，享有尽早接受司法机关公正审判的权利，未经司法机关判罪之前均假定无罪。"随后的《中华人民共和国澳门特别行政区基本法》也明确了无罪推定原则。1996年，第八届全国人民代表大会修改1979年版《刑事诉讼法》，在修正后的《刑事诉讼法》第12条中规定："未经人民法院依法判决，对任何人都不得确定有罪。"此后，在2013年、2018年的《刑事诉讼法》修正案对此未作修改。除上述宏观立法外，我国最高人民法院亦通过发布司法解释、规则、通知等形式表明无罪推定的精神理念。具体而言，无罪推定原则在诉讼指挥中的适用主要体现在以下几个方面：

第一，采取措施避免被告人被贴上犯罪标签。在判决确定之前给被告人贴上犯罪标签，实质上也是一种偏见，应当避免这种现象的发生。如果每个人都密切关注那些使他带有偏见的情感，并密切注意这些情感产生的影响和起作用的条件的话，我们就可以预见它们的出现，并可以在一定程度上中止这种情绪过程和冲动。[②] 我国《法庭规则》第13条规定："刑事在押被告人或上诉人出庭受审时，着正装或便装，不着监管机构的识别服。人民法院在庭审活动中不得对被告人或上诉人使用戒具，但认为其人身危险性大，可能危害法庭安全的除外。"最新的司法解释也采纳了此做法。因此，在被告人出席法庭审判前，审判长应当告知被告人出庭着装的选择并应提供必要的便

---

① 《最高人民法院关于一审判决宣告无罪的公诉案件如何适用法律问题的批复》，http://www.110.com/fagui/law_20997.html，2022年10月3日访问。

② ［美］杰罗姆·弗兰克：《初审法院：美国司法中的神话与现实》，赵承寿译，中国政法大学出版社2007年版，第257页。

利，避免被告人着“囚服”出庭。法官只有在不偏不倚、保持中立的前提下，尽量避免有罪预判，才能确保实体公正、程序公正和形象公正等三个公正的实现。在允许媒体报道的情况下，法官也应引导媒体的报道方式，避免其具体信息被外界知悉，最大限度保障其“无罪形象”。“审判长始终对案件管理负有首要责任。为了履行好此责任、达到公正审判的目的，他必须考虑诉讼参与人，尤其是被告人的有关合理需求。”①

第二，保障被告人行使辩护权。在刑事案件律师辩护全覆盖背景下，被告人的辩护权主要是由辩护人行使，因此，审判长若秉持无罪推定之理念，必然尊重和保障被告人及其辩护人辩护权的实现，否则认为辩护权可有可无。根据最高人民法院、司法部《关于依法保障律师诉讼权利和规范律师参与庭审活动的通知》第1条规定：“对于律师在法庭上就案件事实认定和法律适用的正常发问、质证和发表的辩护代理意见，法官不随意打断或者制止。”法官对律师发言的尊重与介入，属于诉讼指挥权范畴。充分听取被告人陈述和律师发言、意见，是落实无罪推定原则的应有之义。法官应妥切发挥诉讼指挥权，如给予被告方充分的表达时间和表达机会，尽可能地听取被告人及其律师的内心的声音，不轻易打断、干涉，必然能进一步保障被告人权利的实现。此外，在被告人存在特定困难时，还应当发动诉讼指挥予以关照。

第三，介入讯问保持客观中立。在法庭调查过程中，法官对被告人补充发问较为常见，对此，法官应当坚持无罪推定的理念，保持内心的独立判断，从心理、语言、行为等角度体现客观中立，而不应该以被告人有罪提前预判而充当第二公诉人。当法官的判断明显有了偏差，被告人也将毫无防备地成为法官的被害人。②

第四，给予被告人适当关照。一方面，法官应当耐心听取被告人之陈述，另一方面，若被告人自主性辩护存在缺陷，法官应当主动加以释明，并给予其适当关照。法官不能对明显的辩护缺陷视而不见，否则有违公正审判之理

---

① HH Judge Roderick Demyer QC, Case Management In Criminal Trials, Hart Publishing Limited, 2012, p. 3.

② ［德］汤玛斯·达恩史戴特：《法官的被害人：德国冤案事件簿》，郑惠芬译，卫城出版有限公司2018年版，第12页。

念。道理很浅显：一个裁判员在一只小鸡与老鹰的决斗比赛中，其“中立、消极”的裁判无异于是杀死小鸡的“帮凶”行为。

第五，在远程视频开庭方式上尊重被告人意见。事实上，若法官在开庭前就认为被告人有罪事实清楚，一切审理都不过是“形式审判”，那么审判长就不会尊重被告人的意见。根据《最高人民法院关于进一步推进案件繁简分流优化司法资源配置的若干意见》第 10 条：“对于适用简易程序审理的民事、刑事案件，经当事人同意，可以采用远程视频方式开庭。证人、鉴定人、被害人可以使用视听传输技术或者同步视频作证室等作证。”虽然“经当事人同意”的做法有待商榷，但体现出法律规定对被告人意见的重视。[①]

诚然，无罪推定原则的彻底落实任重而道远。当前需要做的是审判人员消除偏见。未来的法官应当在最低限度内保持思路的开阔、善于接纳新的观念、富有耐心和专心致志，总而言之，法官不应当轻信直觉。法科生在求学期间就应该在心理学家的指导下进行严格的自我反省（Self - exploration），使他们能够意识到对各色人等的许多偏见和反感，然后才能控制他的偏见。[②]于此，法官才有可能在诉讼指挥中，深谙无罪推定之精神，进而将其贯穿于每一个想法、每一次决定之中。

三、刑事诉讼指挥权行使之平等对待控辩双方原则

“以审判为中心的诉讼制度要求审判者应当‘努力让人民群众在每一个司法案件中都感受到公平正义’。”[③] 很显然，在刑事庭审上，要让当事人能感受到审判的公正，最为直接的是让他感受到自己得到了与公诉方同等的对待。然而，由于公诉人代表国家公权力，难免在“出身”上与法官有天然的“近亲关系”。“无论如何美化法官，他们都是国家强权的执行者和代理人。”[④]

---

① 当然，笔者并不赞成远程视频开庭非得征求被告人同意的做法，后文将有详细论述。

② ［美］杰罗姆·弗兰克：《初审法院：美国司法中的神话与现实》，赵承寿译，中国政法大学出版社 2007 年版，第 227 页。

③ 王敏远等：《重构诉讼体质——以审判为中心的诉讼制度改革》，中国政法大学出版社 2016 年版，第 178 页。

④ 宋远升：《法官论》，法律出版社 2012 年版，第 189 页。

因此，在法庭审理过程中，研究和强调法官平等对待控辩双方，具有重要的现实意义。

（一）诉讼指挥中平等对待控辩双方原则之含义

诉讼指挥中的平等对待控辩双方原则，指法院（法官）在行使诉讼指挥权时，把控辩双方当作平等的诉讼两方，不偏向任何一方。平等对待控辩双方原则来源于刑事诉讼基本原则之控辩平等原则。在刑事诉讼中，一方为检察官、自诉人，另一方为被追诉人。“当事人之间进行诉讼上的攻击防御，彼此的机会与地位应当平等，才能期待审判的公平。”① 在国际法和大多数国家的法律中，控辩平等不仅是一种原则，还是一种权利。享有公正审判权必然享有被平等对待的权利。② 控辩平等原则在美国被视为公正审判权的重要组成部分，是被告人的一项宪法性权利。③

1. “平等”的双层含义

要全面理解平等对待控辩双方原则，就须理解平等的双层含义。对此，我们可以从美国法学家德沃金关于平等权利的观点中得到启示。德沃金认为，人的权利可分为两种：第一种为获得平等对待的权利（The right to equal treatment），即获得同等的机会、资源以及分担同等义务；第二种为当作平等个体而予以对待的权利（The right to treatment as an equal），在这种情形中，即不能确保个体能承担相同负担或获得相同的利益分配，但是可得到与其他人相同的尊重和关注。被当作平等个体而对待的权利是根本性的，获得平等对待的权利是派生性的。④ 实际上，德沃金对上述平等权的类型划分依据在于平等结果的获得，也即，第一种是指获得平等对待的结果，第二种是作为平等的个体而予以对待。不管是在日常生活中还是在刑事诉讼中，平等对待的结果受各种因素的制约，客观上实现平等的结果不是时常都能满足，但是

---

① 张丽卿：《刑事诉讼法理论与运用》，五南图书出版股份有限公司 2018 年版，第 33 页。

② Stefania Negri, Equality of Arms – Guiding Light or Empty Shell, In International criminal justice: a critical analysis of institutions and procedures, Chapter · January 2007, p. 13.

③ Jay Sterling Silver, Equality of Arms and the Adversarial Process: A New Constitutional Right, Wis. L. Rev. 1007, 1990, p. 1007.

④ Ronald Dworkin, Taking Rights Seriously, Harvard University Press, 1978, p. 227.

作为平等的个体而予以对待却是可以满足的。所以，德沃金将第一种称为派生性的（Derivative），第二种是根本性的（Fundamental）。同样，从德沃金的观点中还可看出，平等权是一项程序性权利而不是实质性权利，平等权的核心在于地位平等而给予同样的尊重和关注。同理，平等对待控辩双方并非让控辩双方得到同等的结果，而是将双方视为地位平等的主体，给予同样尊重和关注。

2. 平等对待控辩双方的两个方面

控辩平等又称武器平等（Equality of arms），一个合理解释就是在远古神明裁判时代，通过司法决斗定分止争。为了显示公平，纠纷主持者赋予双方所持武器杀伤力等同。冀祥德教授认为，控辩平等原则的时代内涵包括四个方面，即平等武装、平等保护、平等对抗和平等合作。平等武装指为控辩双方提供同等的攻防手段，地位与权利对等、责任与义务衡平；平等保护指平等关照，在机会、态度、条件、标准等四个方面一视同仁；平等对抗指双方进行平等的攻击与防御；平等合作指控辩双方应在自愿、诚信的基础上进行诉讼合作。[①] 控辩平等原则是平等对待控辩双方原则的母原则，其含义广于后者。由于两者发生场域不同，两者之间既有联系，又有差别。前者可以贯穿整个刑事诉讼，后者仅仅指诉讼指挥中法官应当坚持的原则、理念。

张丽卿教授认为，平等对待控辩双方原则的内容体现在两个方面：一为机会平等，提出控告的一方与被告方享有同等的机会参与法庭审判；二为地位平等，控辩双方具有同等的法律地位。[②] 欧洲人权法院通过多则案例指出，平等对待双方原则主要有两层含义：法官应给予控辩双方同等的尊重和关照；法官应给予控辩双方同等的机会表达诉求、意见。[③]

---

① 冀祥德：《控辩平等论》，法律出版社 2018 年版，第 41 – 65 页。

② 张丽卿：《刑事诉讼法理论与运用》，五南图书出版股份有限公司 2018 年版，第 33 – 34 页。

③ ECHR，Kress v. France，Judgement of 7/6/2001（Application no. 39594/98），§56；ECHR，Bobek v. Poland，Judgement of 12/10/2007（Application no. 68761/01，§56；Nideröst – Huber v. Switzerland，judgment of 18 /2/1997，pp. 107 – 08，§ 23；GÖÇ v. TURKEY，Judgement of 11/7/2002（Application no. 36590/97）§55；KUGLER v. AUSTRIA，Judgement of 14/10/2010（Application no. 65631/01），§57.

3. 平等对待控辩双方的落脚点

须注意的是，实践中控辩平等原则的落脚点更应该是被告方而不是公诉方。在对抗制诉讼中，同样强调控辩平等对公正审判的重要保障作用。譬如，美国斯特里克兰案中判决曾指出，第六修正案获得律师有效帮助的目的不在于提高律师辩护质量，而在于保障公正审判。若辩护质量未能得到保障，对抗双方力量悬殊，那么公平和正义永远也不会实现。①

结合上述讨论，诉讼指挥中的平等对待控辩双方原则之含义并无太多分歧，大多聚焦在控辩双方地位平等以及给予同等机会两个方面。笔者认为，对于平等对待控辩双方原则，从正面讨论的意义没有从反面讨论的意义大，因为是什么的问题，"每个人都可以自圆其说"，难以达成共识，而"不是什么的问题"却显而易见，且无法回避。但在实践中，平等对待控辩双方原则的实行存在如下问题：第一，时间上不平等。比如，在法庭辩论过程中，给辩护人限制时间，而公诉人却可畅所欲言，不受时间限制，有的甚至给辩护人平均限定发言不超过多少时间。第二，法官介入程序方式不平等。比如，对于辩护人的发言，有的法官认为稍有不当则中途打断，而对公诉人的长篇大论却置若罔闻。第三，形式上不平等。比如，被告人作为诉讼主体，其席位却配于整个法庭的中间，成为法庭的"众矢之的"，不能与其辩护人坐在一起进行及时交流、沟通，但控诉方的被害人却可与公诉人坐在一起进行沟通；开庭前被告人临时羁押在法院时，检察官可以随时提讯、讯问被告人，辩护人却不被允许与之沟通，等等。

"在现代民主社会中，司法机关的独立性是司法权良好运转的盾牌，它为司法系统提供了保护，使其免受外部影响，也保护了诉诸法院以解决争端的个人。"② 平等对待控辩双方原则的前提是法院、法官保持独立性、中立性。司法的独立性的一个重要目标就是保障个案司法过程的程序公正

---

① 吴宏耀、周媛媛：《美国死刑案件的无效辩护标准》，中国政法大学出版社2014年版，第119页。

② Péter Paczolay, The Notion of Judicial Independence: Impartiality and Effectiveness of Judges, in Judicial Power in a Globalized World, Liber Amicorum Vincent De Gaetano, Springer Nature Switzerland AG, 2019.

(Guarantee procedural fairness in the individual judicial process)。[①] “平衡是公正的基础。平衡这个词意味着不会倾向于任何一方。”[②] 不管控辩平等原则是一项原则或是一项权利，最为核心的要素就是法官在对待控辩双方时保持客观中立，赋予同等机会，彰显同等尊重。

（二）平等对待控辩双方原则之意义

法谚有云：恰当的平衡永葆公正（A just balance preserves justice）。[③] 平等对待控辩双方对公正的实现具有保障作用。当前，我国很多地区已实行刑事案件律师辩护全覆盖，被告人的辩护权主要由辩护律师行使，表面看来，被告人辩护权得到很大增强，似乎有机会与检察机关形成对抗，然而，由于律师执业环境并不友好，长期以来律师辩护权的“兑现”依旧困难重重。在推进庭审实质化背景下，法官树立和落实控辩平等原则，具有重要的实践意义，主要体现在如下四个方面。

第一，有助于增强诉讼公正。法官通过听审，在于通过控辩双方的交锋获取信息，从而为认定事实提供重要依据。“要全面了解真相，我们首先要质疑它，然后通过争论找到它（To become properly acquainted with a truth, we must first have disbelieved it, and disputed against it.）”[④]，“通过交叉询问是发现真相的最好办法”[⑤]，可以说，真理越辩越明。法官给予控辩双方同等发表意见、质证意见的机会，对于帮助法官查明真相、实现公正审判具有重要的现实意义。正如学者指出，“控辩平等对抗是公平审判结果不可或缺的条件，公平审判则是确保控辩平等对抗实现的根据”。[⑥]

第二，有助于优化诉讼结构。诉讼结构，又称为诉讼构造，指控辩审三

---

① Aharon Barak, The Judge in a Democracy, Princeton University Press, 2006, p. 77.

② The Australian Broadcasting Corporation, Elemnents of Equality, ABC Editorial Policies, July, 2007, p. 5.

③ W. Gurney Benham, A Book of Quotations, Cassell & Company, Limited, 1914, p. 577.

④ W. Gurney Benham, Novalis Quotes, A Book of Quotations, Cassell & Company, Limited, 1914, p. 456.

⑤ United Stated v. Cronic, 466 US. 648, 655 (1984).

⑥ 冀祥德：《控辩平等论》，法律出版社 2018 年版，第 57 页。

者之间的地位及相互关系。“通过赋予控辩双方平等的诉讼权利和设立有关的诉讼规则，以确保控辩双方的平等关系，是审判程序构造的核心问题。”① 可以说，科学合理的诉讼结构是国家司法权正常运转的必要条件。在审判程序中，均衡的诉讼结构应该是一个“等腰三角形”的结构，控辩平等是题中应有之义。② 从刑事诉讼立法的目的看，一方面，要打击犯罪、维护公共利益，这就要求刑事程序发挥找到案件真相的功能；另一方面，刑事诉讼又不能不计后果、不计手段、不计代价地发现案件真实，需要保障人权、避免追诉无辜，因此又需要限制国家权力、保护当事人的合法权益。在这种目的下，科学的诉讼结构必须是：控辩双方平等对抗，法官居中裁判。在控辩平等原则下，才能形成司法程序正义结构。③ 正如学者指出的，“法院存在的理论基础，并不是法官比检察官、辩护人更能发现真实，而是法官比检察官、辩护人更为中立。没有中立、超然的裁判者，人民就失去了权利的最后一道防线，人民与政府间的纠纷也永无休止”④。

理想的诉讼结构还体现为法官对弱势一方的关照。这是一个很简单的道理，比如一个彪形大汉与一个老弱病残人员打擂台，无论法官如何保持中立，也难说比赛是公正的。同理，法官应为被告人提供相应关照，给予一定的诉讼权利保障。“司法机关不仅要抛弃那种‘强强联合、对付弱者’的霸权心态，还要树立一种‘天平倒向弱者’的理念，为被追诉人与控诉机关进行理性的诉讼抗争，确立一个最基本的诉讼空间。”⑤ 如此才能在真正意义上实现控辩平等，优化诉讼结构。

第三，有利于保障有效辩护。当前，被追诉人律师帮助权正从有律师帮助到有律师的有效帮助转变。被追诉人委托律师的目的就在于希望律师能够实现其权益的维护，而不仅仅是履职的过程。在我国语境下，有效辩护更应该是“有效果辩护”，强调律师履职尽职的同时，更侧重让被追诉人的合法

① 李心鉴：《刑事诉讼构造论》，中国政法大学出版社 1997 年版，第 260 页。
② 龙宗智：《刑事庭审制度研究》，中国政法大学出版社 2001 年版，第 40 页。
③ 马贵翔：《刑事司法程序正义论》，中国检察出版社 2002 年版，第 22 页。
④ 王兆鹏：《辩护权与诘问权》，华中科技大学出版社 2010 年版，第 2 页。
⑤ 陈瑞华：《看得见的正义》，法律出版社 2019 年版，第 144 页。

权益得到切实维护。[①] 同时，被追诉人的合法权益体现在实体性权益和程序性权益两个方面，要确保被追诉人实体性权益和程序性权益均得到维护，平等对待控辩双方必不可少。

法官在诉讼指挥中，若坚持平等对待控辩双方之原则，则必然保障辩护人与被告人之间的充分沟通交流，必要时赋予律师在临时羁押室内的交流机会，保障被告人能够随着诉讼的进行及时地与辩护人充分沟通，进而促进有效辩护。若无自由交流，则无辩护，毋庸置疑，被追诉人与辩护律师之间的交流权在刑事辩护中具有举足轻重的地位。一方面，这种交流权使信赖关系在被追诉人与辩护律师之间得以建立和增强，从而为获取更多线索、证据以实现有效辩护、弥补司法机关之疏忽创造可能。另一方面，这种交流权使被追诉人能够理解辩护策略、获得心理安慰、知晓家属近况。因此，在整个刑事诉讼程序中，为达实质有效辩护之目的，原则上必须保障被追诉人与辩护人之间不受监听、干扰、阻碍。[②] 实现这一切的前提则是法官落实控辩平等原则。

第四，有利于提高诉讼效率。实践中，“这个批条子、那个打招呼，使司法人员左右为难，犹豫不决，成为影响办案效率的一个重要原因”[③]。这种现象实质上是法官未能坚持客观中立进而不能平等对待控辩双方所造成的，是导致案件久拖不决、效率低下的重要原因之一。相反，若法官平等对待控辩双方，则使控辩双方具有同等的机会参与诉讼，在控辩双方意见上给予同等关注，更能保障辩护方能够有机会和能力收集与呈现对自身有利的证据材料，从而尽可能地避免错误的发生，法院作出的最终判决的可接受性也能得到增强，被告人、被害人等主观上更能感觉到被公正地对待，就越能在心理上接受法院的判决，进而减少上诉、申诉、上访的可能性，相应地提高了诉讼效率。[④]

---

① 左卫民：《有效辩护还是有效果辩护?》，载《法学评论》2019 年第 6 期，第 90－91 页。
② 林钰雄：《刑事诉讼法》（上册），新学林出版有限公司 2017 年版，第 237 页。
③ 李步云：《中国法治之路》，中国社会科学文献出版社 2013 年版，第 257 页。
④ 刘晓东：《刑事审判程序的经济分析》，中国检察出版社 2014 年版，第 62 页。

（三）平等对待控辩双方原则在刑事诉讼指挥中的适用

在语义上不管是称为“控辩平等”或是“武器平等”，抑或“当事人平等原则”，其在本质上都强调控辩双方地位和机会对等。[①] 作为公正审判权的基本要素，平等武装除了要求控辩双方在形式上进行平等对抗之外，还具有控辩双方实质对等的含义。[②] 实质上的对等强调法官给予被追诉人一定的诉讼关照，避免司法成为“丛林正义”。形式上的对等，集中体现为程序的平等形态，比如，控辩双方法庭席位的布局与设置、审判人员对待控辩双方所表现出来的态度、方式等。在我国刑事司法的发展历程中，平等对待控辩双方原则是逐渐确立的，其中，最主要的特点是控诉机关一直以来力量和资源都较为强大，我国的控辩平等原则主要是通过限制公诉方权力、扩大辩护方权利予以保障和兑现的。具体而言，平等对待控辩双方原则在诉讼指挥中的适用，主要体现在以下两个方面：

第一，法官平均分配庭审资源。安排一场庭审是需要各种成本的。通常，一场庭审顺利开展，至少需要满足下列条件：法庭提前排期确定未被占用→合议庭成员（人民陪审员）、检察官、辩护人等无开庭冲突能够就位→司法警察、庭审技术装备维护人员就位→作为单位的法院当天没有其他重大事项安排，等等。随着社会一些矛盾的激化以及人民权利意识的觉醒，诉讼案件数量剧增，案多人少的矛盾突出，因此，庭审资源变得相当稀缺。法官在庭审过程中平均分配庭审资源是落实平等对待控辩双方原则的重要体现，也是法官庭审驾驭能力的体现。实践来看，美国的法官在“不偏不倚”上可为示范，绝大多数法官都能平等地对待诉讼双方（Deal fairly with the litigants）。如果意识到存在利益冲突，法官们都会自行回避（Recuse themselves）。[③]

具体而言，法官可通过三个方面平均分配庭审资源。首先，平等听取控

---

① Vito Breda, The grammar of bias: judicial impartiality in European legal systems, International Journal for the Semiotics of Law, 30 (2), pp. 245 - 260.

② 陈瑞华：《看得见的正义》，法律出版社 2019 年版，第 131 页。

③ Lawrence M. Friedman, Judging the Judges: Some Remarks on the Way Judges Think and the Way Judges Act, in Norms and the Law, John N. Drobak, Cambridge University Press, 2006. p. 156.

辩双方的意见。这就要求法官耐心听取被告方的意见，而不是对公诉方的喋喋不休不闻不问，辩护人稍有不当则出言制止。根据最高人民法院、司法部《关于依法保障律师诉讼权利和规范律师参与庭审活动的通知》第1条规定："各级人民法院及其工作人员要尊重和保障律师诉讼权利，严格执行法定程序，平等对待诉讼各方，合理分配各方发问、质证、陈述和辩论、辩护的时间，充分听取律师意见。"因此，在庭审资源尤其是庭审时间分配上，法官应当根据案件的复杂程度，合理地、平等地分配时间。其次，适时休庭应对突发情况。比如，在辩护方内部出现分歧时，应当休庭给予辩护方沟通协商的机会，至少，不要出现法官、公诉人在庭上看辩护人与被告人、辩护人与其他辩护人直接"互撕"的局面。最后，给予双方平等机会发表意见。在质证、法庭辩护环节，应当给予控辩双方同等的机会发表质证、辩护意见。欧洲人权法院通过案例表明，若法官未给予被告人相应机会对某些事实、证据发表质证意见，是违反平等武装原则的。有司法人员亦认为，若法院拒绝辩护人阅览案件有关材料，则无法保障被告人之防御权，属于违反控辩平等原则。

第二，采取措施维护控辩双方的形式平等。虽然，形式上的对等并不必然导致被告人权利的实现，如欧洲人权法院在审理 Dirioz v. Turkey 一案中，当事人称检察官的席位高于被告人的位置并不妨害被告人行使辩护权，故不构成违反平等武装原则①，然而，笔者认为，法庭审理不仅是为了定分止争，更是输出正义的场所。法庭物理空间的设置体现司法理念，体现诉讼文明；同时，法官的态度、神情等外在的形态也影响着人民对法官的看法。也就是说，形式上的平等虽然不直接影响诉讼权利的行使，但与当事人的主观体验息息相关。

在我国语境下，可以说，平等对待控辩双方原则最为直观的体现是法官应该敢于在适当的时候对国家公诉人说不。北京一位常姓律师曾提到自己经历的一次庭审：在北京某法院审理的一个关于徇私枉法的案件中，法官的庭审指挥就比较中立。每次公诉人举完证了，辩护人做答辩意见，公诉人总要

① ECHR, Dirioz v. Turkey, Judgement of 31/05/2012 (no. 38560/04).

再答辩。法官提醒公诉人："公诉人，我们建议你不要这样一质一证，你的意见发表一次完毕就可以了，在法庭辩论时可以充分辩论。"公诉人仍然我行我素，法官很无奈，后来实在忍无可忍："公诉人再这么进行下去，在法庭辩论时，我将限制你的发言时间。"所以，法官并不是完全站在公诉人一方。[①] 可见，法官客观对待公诉人的"直言不讳"，不仅能树立较好的形象，更是摆正法官角色的应有之义。

因此，法官应当维护当事人之间形式上的平等。法官在对待控辩双方的态度上，需要像对待公诉人一样，不可动辄呵斥、挖苦。对此，根据最高人民法院、司法部《关于依法保障律师诉讼权利和规范律师参与庭审活动的通知》第 3 条规定："法庭审理过程中，法官应当尊重律师，不得侮辱、嘲讽律师。"也就是法官要从态度上体现平等对待控辩双方原则。

此外，平等对待诉讼各方在我国是法官行为道德规范的内容。2010 年，最高人民法院颁布《法官行为规范》第一部分"一般规定"之第 2 条明确："公正司法。坚持以事实为根据、以法律为准绳，平等对待各方当事人。"从该条规定可知，平等对待控辩双方是公正司法的应有之义，是法官行为规范的基本原则之一。在《中华人民共和国法官职业道德基本准则》第 13 条中也规定："自觉遵守司法回避制度，审理案件保持中立公正的立场，平等对待当事人和其他诉讼参与人，不偏袒或歧视任何一方当事人，不私自单独会见当事人及其代理人、辩护人。"可见，平等对待各方当事人上升为法官的职业道德要求，对法官提出了较高的伦理要求。

四、刑事诉讼指挥权行使之及时性原则

法院（法官）行使诉讼指挥权之目的，在于推动案件进程，避免案件积压、久拖不决。与此同时，法院（法官）行使诉讼指挥权又不得以驾驭庭审之名"火速审判"，而使庭审沦为一个过场。正确理解刑事审判中的及时性原则并遵循该原则，及时作出安排、处置，对于提高诉讼效率、实现公正审

---

① 谢佑平主编：《司法评论》（第五卷），中国检察出版社 2014 年版，第 335 页。

判，具有重要意义。因此，结合实际，研究刑事诉讼指挥中及时性原则的多层含义，阐明其时代意义，进而分析及时性原则在诉讼指挥中的适用，具有紧迫性和必要性。

（一）诉讼指挥视角下的及时性原则

关于及时性原则，最为著名的是贝卡利亚刑罚及时性理论。贝卡利亚认为，当处罚行为与犯罪行为之间的间隔时间越短，在人们心目中犯罪与刑法的联系（Association）就越紧密，人们会感觉到犯罪的必然结果就是受到不可避免的处罚（Inexorable effect）。犯罪与处罚之间的紧密衔接性能威慑犯罪分子，进而达到预防犯罪的目的。然而，如果与之相反——推迟刑罚，那么（执行）刑罚相当于一场形式上的表演（Spectacle）。[①] 贝卡利亚关于犯罪应当及时（Prompt）处罚的理论在我国被很多刑事法学者引用。刑罚越快速、越及时，犯罪人对犯罪后果的预测性就越大，从而预防犯罪的效果越好。[②] 若对犯罪行为快速处理，罪犯或者潜在罪犯才会形成和强化“犯罪即会被处罚”的意识和认识。也即，刑罚越及时，刑罚效益越大。[③]

从上述对刑罚及时性的论述可知，犯罪行为发生后要从快处罚。正如源自英国的法律格言所云，迟来的正义非正义（Justice delayed is justice denied）。[④] 在贝卡利亚《犯罪刑罚》的英文版中，及时性的对应单词为Prompt以及Swift，两者的意思都是快速、迅速之意。在汉语中，及时一词指的是“正赶上时候；适合需要”[⑤]。可以说，从语义角度，快速处理、从快处理与及时处理是存在一定差别的，这种差别在程序法领域，意义极其重大，

① Cesare Beccaria, Beccaria, On Crimes and Punishments and Other Writings, Cambridge University Press, 1995, pp. 48 – 49.

② 马荣春:《刑法司法公信力：从基础到进退》，载《现代法学》2013年第2期，第120页。

③ 文立君:《刑罚效益与及时性探析》，载《西南民族大学学报》（人文社会科学版）2003年第10期，第96页。

④ British statesman William E. Gladstone (1809 – 1898), speech in House of Commons, 16 Mar. 1868, See Fred R. Shapiro, The Yale Book of Quotations, Yale University Press, 2006, p. 312.

⑤ 《现代汉语词典》，商务印书馆2019年版，第607页。

必须予以进一步澄清。

在我国的刑事审判实践中，单就审判进程的快慢而言，存在两种极端的表现形态：第一种为火速审判型，第二种为久拖不决型。所谓火速审判型，指法院收到检察院移交的案件后，以最快的速度立案、开庭和宣判。在这种类型的法庭审理中，证据调查、法庭辩护都极其粗糙、简陋，没有证人出庭，更谈不上交锋激烈的辩论与交叉询问，法官只求早日结案。可以说，这种法庭审理不是查明案件事实，而是赋予判决以正当性，这是一种流于形式的法庭审理方式。这种法庭审理跟上述贝卡利亚所说的“及时性”在内涵上是大相径庭的。第二种为久拖不决型。在这类案件的法庭审理中，主要体现为法官迟迟不开庭、迟迟不结案，甚至让案件在公检法之间倒来倒去，成为“程序倒流”的重灾区。

很显然，无论是火速审判或是久拖不决型审判，就程序正义的要求而言，都是非正义的。火速审判的确简便快捷，但以牺牲庭审实质化、被告人各项权利为代价，庭审程序沦为一种“手续、过程”，法官早已对案件有了定论和预判，听不进庭审“不和谐的声音”，当然也听不进辩护人的“异见”，只想尽快结束庭审、草草收场。这种“从快从严”的审理方式是迅速的，却是非正义的。同样，久拖不决型审判也是严重违背程序正义要求的。尤其是在被告人处于被羁押的情况下，案件在无尽的程序倒流中，法院的办案期限也就成了被告人的羁押期限。长期的未决羁押不仅严重侵害被告人的自由、健康和财产，同样也让被害人及其家属身心疲惫，“凶手”不能得到及时处罚，受伤的心灵又何以得到安慰？被告人不能尽快收到确定性的处罚、被害人不能尽快得到“复仇”满足，都会让他们产生挫败感，觉得自己被法庭忽视、抛弃。

在刑事诉讼领域，更应准确理解“及时性”的含义。诉讼及时性原则要求正当、迅速审结刑事案件：既反对拖延，也反对草率。[①] 美国学者贝勒斯论及及时性原则时指出，诉讼程序应当提供及时的裁决。及时是处于仓促和

---

① 谢佑平、万毅：《法理视野中的刑事诉讼效率和期间：及时性原则研究》，载《法律科学》2003 年第 2 期，第 48 页。

拖延中间的一种状态（Timeliness is a mean between the extremes of haste and dilatoriness）。[①] 陈瑞华教授亦指出，“司法裁判的及时性”讲究的是一种中庸之道，是在过于迟缓和过于急速之间的一种中间状态，“司法裁判活动不应过于迟缓，否则，‘迟来的正义为非正义’。裁判也不应过于急速，否则，‘急速而来的正义’会走向正义的反面”[②]。可见，刑事审判中的及时性原则的含义不止是“迅速、快速”之意，还应包括“妥当、适宜”之意，是既反对过于急速，也反对过于迟缓。

同理，在诉讼指挥视角下，理解及时性原则应当包含以下几层含义：第一，及时性原则首先含有迅速、不拖延之意。迅速作出处置、不故意拖延诉讼是基本要求。不超出法律规定的期日期间，是法官最下限的要求。第二，及时性原则建立在程序正义的基础之上。西方法谚：正义先于真实（Justice before truth），程序先于权利（Process before rights），无不表明注重程序的重要性。程序正义的基本构成要素包括程序的参与性、裁判者的中立性、程序的对等性、程序的合理性、程序的及时性、程序的终结性六大要素。[③] 若不符合程序正义的底线要求，庭审只能沦为一个过场而已，司法裁判的及时性也就失去了价值依归。第三，及时性下的诉讼指挥体现为指挥若定、张弛有道。所谓指挥若定，即指挥从容不迫，稳操胜券。[④] 一场完美的庭审应当是快慢适当而富有节奏的，其中最为核心的是对时间的分配与管理，犹如歌曲中的“时值”，决定着歌曲节奏的快慢。

总之，及时性原则是诉讼经济原则的应有之义。诉讼经济原则要求在达成诉讼目的的前提下，迅速审判，讲究程序之简化、合并与维持，避免程序浪费或重复。[⑤] 落实诉讼指挥中的及时性原则，是对审判长综合能力的考验。在法官办案压力日益加大的情况下，进一步落实及时性原则更具紧迫性、必要性。

---

① Michael D. Bayles, Principles of Law: A Normative Analysis, Springer Netherlands, 1987, p. 36.
② 陈瑞华：《看得见的正义》，法律出版社 2019 年版，第 92－95 页。
③ 陈瑞华：《刑事诉讼的前沿问题》（上），中国人民大学出版社 2016 年版，第 234－238 页。
④ 《成语大词典》，商务印书馆 2018 年版，第 1424 页。
⑤ 林俊益：《程序正义与诉讼经济》，元照出版公司 2000 年版，第 91 页。

（二）遵循及时性原则之意义

诉讼指挥之及时性原则，集中体现法官管理时间的艺术。“在任何法律当中，‘时间’都始终是一个极其关键而居于核心地位的实质性构成要素。正是‘时间’创造、构成并维系着‘法律’之作为‘时间’的真实存在。”[①] 通过法律程序时间要素的科学设计和合理运用，能够维护诉讼程序的安定性和促进当事人权利。[②] 由于法官发动诉讼指挥是根据庭审现场变化之需要，及时安排、及时处置，在诉讼指挥中遵循和坚持及时性原则，具有以下重要意义：

第一，及时性原则是避免诉讼当事人受到二次伤害的重要保障。当前，检察院的逮捕率非常高，“逮捕为原则、不捕为另外”的情况非常常见。案件流转到法院后，法院也通常不会变更羁押措施，羁押期限也随着办案期限而顺延，“逮捕绑架审判”的现象普遍。[③] 所谓“程序本身就是一种惩罚”，拖沓的程序会给当事人造成二次伤害。[④] 若承办法官不积极发动诉讼指挥推进案件审理，漫长的司法程序对被害人是一种煎熬和折磨。[⑤] 因此，法官在及时性原则的指引下，积极发动诉讼指挥，保障案件妥实进行，能够避免诉讼当事人因为程序本身的烦琐所导致的二次伤害。从这个角度观之，诉讼指挥中的及时性原则具有人权保障功能。

第二，及时性原则有助于提高诉讼效率。诉讼程序一旦启动，就不可避免支出诉讼成本。评价一个诉讼程序的优劣，考量其成本高低是重要的参考指标。对于程序法而言，全面的诉讼成本包括经济成本（Economic cost，直接的物质支出）、道德成本（Moral costs，错案导致的诉讼错误成本）。[⑥] 一方

---

① 姚建宗：《法治的生态环境》，山东人民出版社 2003 年版，第 197 页。

② 于兵：《法律视野中的时间范畴》，载《法制与社会发展》2004 年第 5 期，第 130 页。

③ 陈瑞华：《刑事诉讼的前沿问题》（下），中国人民大学出版社 2016 年版，第 238 页。

④ Malcolm M. Feeley, The Process is the Punishment: Handing Cases in a Lower Criminal Court, Russell Sage Foundation, 1992, p. 243.

⑤ Tyrone Kirchengast, The Victim in Criminal Law and Justice, Palgrave Macmillan, 2006, p. 13.

⑥ Michael D. Bayles, Principles of Law: A Normative Analysis, Springer Netherlands, 1987, pp. 20 – 24.

面，及时性原则在相对较少的时间内，审结案件，单位案件内减少了时间支出。另一方面，及时性原则激励和促使法官提高庭审指挥能力，从而最终促进诉讼效率的提升。

第三，及时性原则为案件纠错提供可能。很多时候，由于案件久拖不决，但同时被告人又长期羁押，此时纠错不仅面临公诉方的各种压力，关键是时过境迁，已失去再次补救证据的机会。要知道，一个被定罪的清白之人通向自由的道路上面临太多困难。一场审判发生，多年以后对冷冰冰的庭审记录进行审查是不容易的，证人比较分散，记忆也比较模糊，想要发现刑事调查早期的证据是否受到污染或者缺乏可信性很可能为时已晚。① 比如，在迪克诉佛罗里达（Dickey v. Florida）案中，迪克于 1968 年被控其于 1960 年犯有各种罪行。他提出动议，要求立即进行审判，但出于各种原因，他的审判被推迟到 1968 年。在 1960 年至 1968 年，一些证人死亡，而另一些证人出于各种原因无法出庭，此外，一些有关的警察记录被销毁或放错地方。在被定罪后，他提出上诉，辩称他的迅速审判权利受到侵犯。美国联邦最高法院推翻了下级法院对他的定罪，称迅速调查是被告人的一项基本权利，起诉当局有义务提供迅速审判，以确保各种记录、证人证言回忆能够准确、及时地用于庭审。② 倘若确保了及时调查与迅速审判，一切都还有“来得及”的可能性。

第四，提高司法公信力。诉讼指挥遵循及时性原则，必然要求及时回应诉讼当事人的关切，对诉讼争议问题及时作出处置。如此，当事人必然能感受到自身被司法机关重视，而不是被司法机关当作完成工作的工具。及时回应、及时处置、及时反馈，可以说是保持法院与诉讼当事人之间良性互动的关键之一。

综上，刑事诉讼指挥及时性原则意义重大。有学者明确提出，为彰显及时性原则在刑事诉讼中的重要价值，提醒、警示司法人员在诉讼中避免案件久拖不决或者火速走过场，应当将及时性原则作为一项基本原则在我国刑事

---

① ［美］布兰登·L. 加勒特：《误判：刑事指控错在哪了》，李奋飞等译，中国政法大学出版社 2015 年版，第 180 页。

② Dickey v. Florida，398 U. S. 30（1970）.

诉讼法中予以明确规定。①

（三）及时性原则在刑事诉讼指挥中的适用

社会大众需要什么样的正义？答案很简单，就是更快、更好、更便宜的正义。② 刑事庭审既不能为了追求从严从快，过于急速审判，更不能为了推卸责任或者其他原因而久拖不决。由于法官发动诉讼指挥是根据庭审的实时变化情况而作出，需要及时作出处置、介入，因此及时性原则在诉讼指挥中具有广阔的适用空间。

第一，法官办案时限的约束。按照《中华人民共和国法官职业道德基本准则》第 11 条规定，法官应“严格遵守法定办案时限，提高审判执行效率，及时化解纠纷，注重节约司法资源，杜绝玩忽职守、拖延办案等行为”。2017 年发布的《最高人民法院司法责任制实施意见（试行）》第 67 条规定：“案件出现应当扣除、延长、中止、重新计算审限的情形时，承办法官应当及时提出申请，由院长及其他院领导、庭长根据审判管理权审批决定。”此外，在《法官行为规范》第 3 条中，明确法官应“高效办案。树立效率意识，科学合理安排工作，在法定期限内及时履行职责，努力提高办案效率，不得无故拖延、贻误工作、浪费司法资源”。也就是说，在当前我国现有的成文规范性文件中，要求法官及时办案、及时推进诉讼。

第二，及时处置异议、争议。法庭审理犹如竞技体育比赛，庭审情况随时会发生变化。若审判长介入、处置不及时，庭审则可能陷入混乱，庭审效果将大打折扣。在美国“淘金时代”曾有这样一个案例：斯蒂芬·菲尔德大法官宣判完一起采矿权纠纷，被告人败诉了，被告人的律师建议当事人拿着刀来抵制这个判决，法庭顿时陷入喧闹。斯蒂芬·菲尔德大法官拿出刀用牙齿叼着，然后拔出一把手枪指着被告律师：该死的家伙，收回你刚才的话，

---

① 瓮怡洁：《论刑事程序中的诉讼及时原则》，载《中国刑事法杂志》2001 年第 6 期，第 61 页。

② Robert N. Wilentz, Opening Remarks - Bench/Bar Conference, 49 Rutgers L. REV, 1997, p. 1001.

否则我就送你下地狱！律师吓得打哆嗦：我收回。法庭很快恢复平静。[①] 当然，当代不可能发生如此“彪悍”的事件，但这个案例的确说明法官把控庭审所需要的机智与果断。对于事实清楚、明了的事项，应当果断、迅速作出处置。比如，对法庭秩序的维护、对诉讼当事人的不当行为的阻止、对诉讼方异议权的回应等，审判长应当及时果断进行处置。我国《法官行为规范》第33条和第34条规定了部分突发情况的处置规则，但实际情况要比规定复杂很多。[②]

第三，及时介入。审判长是庭审的组织者和主持者，是整个庭审空间范围的“第一责任人”，或者说，在审判程序中，审判长是程序的监护人。在我国，审判长的及时介入体现在如下内容：把握庭审的方向，及时介入引导控辩双方围绕争议焦点推进庭审，避免在细枝末节的问题上纠缠不清；控辩双方没有问清楚的，法官及时补充讯问、询问；有关诉讼参与人没有向法庭说清楚的，及时要求其解释、说明；诉讼当事人对法庭规则不熟悉的，法官及时予以解释；对于人民陪审员的有关参与审判行为，及时予以指引，等等。以上领域都是法官发动诉讼指挥，主动、及时介入法庭审理程序的诉讼指挥行为。

第四，及时决定。诉讼指挥中，有很大一部分诉讼行为需要通过决定的形式作出。比如，决定剥夺律师辩护人参与特定案件的辩护人资格，决定庭审方式是否直播、可否采取远程视频方式进行，何时开庭闭庭，何时通知有关当事人的诉讼进程事项，等等。审判长对控辩双方所提出的异议，应当立即作出处分。同时，行为人不得就审判长对异议的处分再次声明异议。当然，在重大诉讼指挥事项中，审判长个人无法直接作出决定，须经合议庭合议，然后报院长决定。这种程序规制增加了决定的科学性和谦抑性，但同样增加

---

① ［美］桑德拉·奥康纳：《谁塑造了美国：大法官眼中的自由与正义》，柳青等译，浙江人民出版社2016年版，第171－172页。

② 《法官行为规范》第33条规定：“当事人情绪激动，在法庭上喊冤或者鸣不平（一）重申当事人必须遵守法庭纪律，法庭将会依法给其陈述时间；（二）当事人不听劝阻的，应当及时制止；（三）制止无效的，依照有关规定作出适当处置。第34条规定：诉讼各方发生争执或者进行人身攻击（一）及时制止，并对各方进行批评教育，不得偏袒一方；（二）告诫各方必须围绕案件依序陈述；（三）对不听劝阻的，依照有关规定作出适当处置。”

了时间成本，因此，作为承办法官，应当及时按照有关时间节点报送、签批，为决策者思考、判断留出时间。总之，对于诉讼指挥中的决定事项，遵循及时性原则考量的因素，须在依据充分、理由扎实的基础上，做到时间迅速，否则出现“武器未到，仗已打完”的尴尬局面，将造成对诉讼资源的浪费。

除上述几个原则外，法院（法官）发动法庭警察权时，应当坚持比例原则。如本书第二章所述，诉讼指挥行为包含采取决定和处置，对诉讼当事人形成强制力，直接影响当事人的切身利益，特别是法官发动法庭警察维持秩序时，更应该坚持比例原则，在诉讼指挥的“锐度”和“温度”之间谋求某种平衡。当然，通常情况下，法院（法官）发动诉讼指挥时，一般不启动法庭警察权。因此，比例原则的适用具有阶段性，并不适用于诉讼指挥的所有场域，故比例原则不宜作为涵盖刑事诉讼指挥权的一般行使原则。

第四章

刑事诉讼指挥权之行使规则：对人之指挥

程序是一种角色分配的体系。程序参加者在角色就位之后，各司其职，互相之间既配合又牵制。

——季卫东

刑事诉讼指挥权之行使，无外乎对诉讼中的“人”和“事”的安排、协调与控制。大体而言，对人之指挥包括审核、确认辩护人资格，介入诉讼参与人言词表达（如制止不当发言、引导陈述、裁决其异议等），在庭与退庭许可等方面。对人之诉讼指挥重心在于尊重行为人的合法权益及其他诉讼权利，避免引发庭审冲突。若对人之诉讼指挥运行得当，不仅可以提高庭审效率，更有利于调动行为人的参与积极性，进而有助于法庭查明案件真实，同时促进当事人的“公平正义感”。因此，有必要系统阐释对人之诉讼指挥的具体行使规则。

一、审核、确认辩护人资格

近年来，在法院审核辩护人资格过程中，时有发生法院取消律师辩护人资格的案例。法院取消律师辩护人资格问题不仅危及被追诉人与辩护律师之间的委托关系、影响被追诉人辩护权的实现，更可能恶化辩审关系。因此，为避免法院肆意以审核辩护资格之名剥夺律师辩护人资格，有必要对法院审核、确认辩护人资格这一行为进行深入研究。①

---

① 关于因律师存在行为失范、扰乱法庭秩序等事由而导致法院对其剥夺辩护人资格的问题，鉴于该情况属于诉讼指挥失灵、受阻导致的处置措施，故将该内容在本书第六章详细论述。

（一）审核、确认辩护人资格之行为性质

2017年11月16日，江西省赣州市中级人民法院（以下简称“赣州中院”）开庭审理明某某故意杀人一案中，当日上午9时，迟某生律师持有关委托文书临近开庭要求参加庭审。赣州中院认为，该律师未阅卷、会见，为保障被告人辩护权，其不具备辩护人资格，无权参加庭审。[①] 该则新闻一经发布，在理论界和实务界引起广泛、强烈的争议。其中，最具代表性的意见如北京尚权律师事务所毛某某律师指出，辩护律师是否尽职以及尽职的方式，是法院无权审核也没法考核的。律师如何阅卷是律师分内的事情，仅仅因为律师临开庭前递交委托手续而判断其未曾阅卷而取消辩护人资格显得过于武断。试想，在两名辩护律师参与同一被告人辩护的场合，他们完全可以通过分工协作参与辩护，如一人阅卷，另一人实地调查。难道这种情况法院就可剥夺负责实地调查律师的辩护人资格？答案是否定的。[②]

法院介入委托关系、取消辩护人资格的观点具有一定合理性，然而，该起案例所折射的诸多实质性问题依然未被正视，主要体现在：第一，对于法院而言，审查、确认辩护人资格的理论基础仅仅是保障辩护权吗？第二，迟律师的委托暂且只能是代为委托合同，还未经被告人确认、同意，该观点是否忽视了法院诉讼指挥权与律师辩护权之间的互动关系，未能全面认识律师成为辩护人的程序性要件，具有片面性？

本质上而言，法院审核确认或者取消律师辩护人资格，是法院行使诉讼指挥权的行为方式之一，是法院“对人之安排、调配”，属于对人之指挥。犹如球场上的主裁判有权按照比赛相关规则，确认、取消某些不合格球员的参赛资格，这是主裁判指挥、安排、引导比赛顺利进行的职权行为。同理，作为履行裁判职责的审判长，为保障庭审合法、顺利进行，有权依法对诉讼参与人进行指引、安排或者调配。这样的职权行为当然是诉讼指挥权的组成

---

① 赣州市中级人民法院官网：《关于未准许迟某生参加明某某案辩护的情况说明》，http：//gzzy. chinacourt. gov. cn/article/detail/2017/11/id/3081025. shtml，2019年5月10日访问。

② 谭君：《拒绝律师“突袭”辩护，江西赣州中院此举是否妥当》，澎湃新闻网，载 https：//www. thepaper. cn/newsDetail_forward_1870719，2019年6月21日访问。

部分，是推动案件顺利进行、实现案件公正审判的必要手段。事实上，在整个审判阶段，法院都可以通过发动诉讼指挥权对辩护权及律师行为进行某些干预。首先，法院具有审查辩护人资格的职责。2021 年 1 月公布的《最高人民法院关于适用〈中华人民共和国刑事诉讼法〉的解释》（以下简称《刑事诉讼法解释》）第 42 条规定："对接受委托担任辩护人的，人民法院应当核实其身份证明和授权委托书。"其次，法院有权取消特定人的辩护人资格。我国法律中规定了辩护人资格的禁止性条件、人数条件，对于违反该禁止性规定的，当然不能取得资格，法院当然有权进行宣布其无资格参加庭审。此外，对于严重扰乱法庭秩序的行为人，犹如严重违反比赛规则的球员，裁判当然可以取消其比赛资格。最后，法院具有保障被告人辩护权的义务。也是因为此理，上级法院有权对辩护律师怠于行使辩护权的行为进行程序性制裁，宣告律师在庭审期间未尽职尽责辩护而作出的判决无效，抑或直接取消失职律师的辩护人资格。①

行为人是否具备辩护人资格关系到行为人参与庭审的合法性、正当性以及被告人辩护权的保障。同时，若在庭审后才发现行为人不具备辩护人资格，可能导致审判程序受阻，诉讼拖延，有损庭审效率。基于这些原因，法院应当履行审判职责，依法发动诉讼指挥，审核、确认行为人是否具备辩护人资格，确保审判程序的顺利进行。

（二）取得辩护人资格之程序检视

通常，人们总认为律师辩护权只是来源于当事人的委托。这种观点失之偏颇，未能正确认识律师取得辩护人资格的程序要件。律师要成为刑事诉讼法庭审理阶段的辩护人，需要经历成立委托关系→告知委托情况→核实委托材料→确认辩护关系四个阶段。也就是说，行为人要成为审判程序中的辩护人，缺失以上四个阶段，可能导致行为人不具备辩护人资格。

首先，成立委托关系。通常情况下，辩护律师进入刑事诉讼之门的"钥

---

① 如：2012 年，北京市某中级人民法院审理的被告人谢某强奸、抢劫案中，法庭发现该案法律援助律师既没有会见被告人，也没有阅卷，认为存在违反诉讼程序可能影响公正审判的情形，后作出撤销原判、发回重审的决定。见陈瑞华：《刑事辩护的艺术》，北京大学出版社 2018 年版，第 327－328 页。

匙”在于确立委托关系。就委托关系而言，分为两个阶段：第一阶段，即被追诉人或者被追诉人的近亲属与律师签订委托协议；第二阶段，在近亲属委托辩护的情况下，律师凭借第一阶段签订的代为委托合同及相关文件材料，会见被追诉人并经被追诉人本人授权同意，正式建立委托辩护关系。[①] 据此，律师与被告人之间的合同是委托代理合同，是一种平等主体之间的契约关系。在成立委托关系阶段，主要由《律师法》和《民法典》调整。实践中，执业律师只需要持律师执业证、授权委托书、律师事务所证明等材料即可会见被追诉人，依法开展有关辩护工作。在此阶段，律师处于办案机关不知晓的状态，也就是说，除非办案机关与羁押机关事前经过沟通，办案机关均不过问委托关系及辩护人办理案件的情况。[②] 在委托关系阶段，法院不应过多干涉，应当尊重当事人的主体意志。

其次，告知委托情况。在成立委托关系之后，虽然律师随即以辩护人身份开展工作，但严格说来此时律师还未成为审判阶段真正意义上的辩护人。理由是，办案机关并未知晓被追诉人的律师聘请情况。试想，按照法律规定，一名被追诉人只能聘请 1 名至 2 名律师作为辩护人，如果被追诉人的众多近亲属出于各自的不同考虑，分别给被追诉人聘请了若干名辩护人，那么显然其中有一些人不能取得辩护人资格。因此，律师接受委托后应及时与办案机关联系并递交有关手续。我国《刑事诉讼法》第 34 条第 4 款规定：“辩护人接受犯罪嫌疑人、被告人委托后，应当及时告知办理案件的机关。”中华全国律师协会常务理事会于 2017 年通过的《律师办理刑事案件规范》第 11 条也有规定：“律师接受委托或者指派后，应当及时与办案机关联系，出示律师执业证书，提交委托书和律师事务所证明或者法律援助公函。”事实上，

---

① 至于法律援助指派的辩护律师，与经委托进入刑事诉讼的律师，并没有本质差异，其区别在于出资方式的不同，前者为国家财政拨付，后者为委托人、被追诉人支付。

② 需要说明的是，实践中有的办案机关主张律师接受委托后应当告知办案机关才能会见被追诉人，其理由是法律规定律师接受委托后应当及时告知办理案件的机关。笔者认为，这种做法违背立法本意且与法理相悖。如上文所述，委托分为两个阶段，第一个阶段只是被追诉人监护人、近亲属代为委托，第二个阶段经被追诉人同意、确认后才真正建立委托关系。更何况，若被追诉人本人不同意其家属聘请的律师，委托合同即宣告失效，告知办案机关有何意义呢？因此，应当是律师会见被追诉人并经其同意确认后，再将委托情况告知办案机关。

律师接受委托后告知委托情况不仅是一个手续问题，还具有两个方面的意义：一方面，基于诉讼进程的考虑，让办案机关及时知晓被告人的辩护权是否得到依法保障，以便法院作出相应处理。另一方面，律师告知的信息及递交的材料是办案机关对辩护活动进行一定监督与管理的依据。我国《刑事诉讼法》第 14 条规定："人民法院、人民检察院和公安机关应当保障犯罪嫌疑人、被告人和其他诉讼参与人依法享有的辩护权和其他诉讼权利。"可见，在诉讼的各阶段，各办案机关均负有保障犯罪嫌疑人、被告人辩护权的义务。很显然，办案机关若连被追诉人是否聘请律师都不清楚，又何谈推动诉讼顺利进行、保障被追诉人的辩护权呢？

再次，核实委托材料。最高人民法院《刑事诉讼法解释》第 42 条规定："对接受委托担任辩护人的，人民法院应当核实其身份证明和授权委托书。"可见，各级法院具有核实、审查各律师事务所提交的相关辩护手续材料的职责。实践中，公安司法机关（特别是侦查机关和检察机关）在接到律师递交的有关参与诉讼的材料后，一般只是检查律师执业证是否年检，是否出具律师事务所函件，授权委托书是否经由委托人签字、按手印、盖律师事务所印章，等等。法院核实材料的重点应当是行为人不违反法律的禁止性规定，而不是委托过程的自治性细节内容或者履职情况。

最后，确认辩护关系。法院对辩护人资格、身份进行核实、审查后，对辩护关系进行最后的确认。一般而言，法院经审核后，除律师具有法律禁止性情形外，均会认可律师的辩护人资格。到此，辩护律师真正取得辩护人地位。此时，辩护律师一边与被追诉人形成私法上的委托代理关系，一边与法院构成公法上的诉讼关系。从案件管理的角度，此时的被追诉人、辩护律师与法院紧密联系在一起，无论是法院推进案件进程、确保公正审判均须与被追诉人、辩护律师发生互动关系。因此，在审判阶段，律师一旦经法院确认辩护关系，没有法定事由辩护律师不可轻易退出辩护。

综上，行为人须经一定法定程序，方能成为审判阶段的辩护人。审判阶段辩护律师的进场机制与法院息息相关。辩护人资格问题并非单纯系委托人的私人问题，法院享有诉讼指挥权，对辩护关系进行有关介入活动。一方面，法院具有保障被追诉人辩护权的义务。在进入正式审判以后，法院保障被告人辩护权的义务并未终结，相反，法院应当更进一步采取各种措施保障律师行使辩护权。另一方面，法院有职责维护审判程序的顺利进行，对无正当理由拒绝出庭拖延诉讼的行为可进行一定干预。总之，在辩护关系中，不仅辩护律师的“进场”需要法律的授权和法院的审核，“进场”之后如何行使权利同样受到审判权的规制。

（三）审核辩护人资格的限度

2018 年 9 月 6 日，福建省福清市人民法院认为李某伟律师与永利矿业公司的委托合同、授权委托书只有公章，无法定代表人签字，认定双方之间的委托合同不能成立，福清市人民法院取消了李某伟律师的辩护人资格，不能作为上述公司的辩护人。[①] 显然，法院对委托手续进行了实质审查。在上述迟某生律师的案件中，法院还对其履职情况进行了审查和评判。对此，笔者认为，对于律师委托材料的审核，法院应当仅限于形式审查，即具备真实的授权委托书、律师执业证、律师公函即可，理由如下：

一是法院过多的干预不利于律师执业权利的保障。本来，我国刑事律师在执业中就已面临重重阻碍，所以，两高、司法部等反复多次发布文件强调保障律师执业权利。若对律师委托手续进行过度的实质审查，势必让某些地方法院以此为由，干预律师合法执业，使本来执业环境就不理想的刑事辩护面临更多阻碍。实践中，上述以授权委托书只有公章没有法定代表人签字、没有经律师事务所主任同意等为由取消其辩护人资格就是例证。委托文书的签订过程并非法院审查的对象，法院只需确认有无相关手续文书即可。

二是律师执业管理已建立完备的监管体系。首先，律师事务所接受当事人委托须进行利益冲突等基本审查。在律师事务所出具有关函件前，辩护人是否被限制人身自由、是否存在利益冲突、是否存在应当回避等情形，律师事务所会对之进行判断。我国《律师法》第 23 条规定：“律师事务所应当建立健全执业管理、利益冲突审查、收费与财务管理、投诉查处、年度考核、

---

① 徐昕、肖之娥：《庭前会议指引：法理、规则与案例》，法律出版社 2020 年版，第 292 页。

档案管理等制度，对律师在执业活动中遵守职业道德、执业纪律的情况进行监督。”第39条规定：“律师不得在同一案件中为双方当事人担任代理人，不得代理与本人或者其近亲属有利益冲突的法律事务。”否则，面临处罚的不仅是律师，还涉及律所。其次，律师协会、司法行政部门的各项自律条例、管理制度足以形成强有力的管控和惩戒，律师因违规每年被处罚的案例足以形成有效制约和预防。

三是无须消耗非必要的司法资源。若法院在案件还未开庭审理之前，就花费资源审查本应该由律师事务所自己审查的事宜，不仅是“主体责任”错位，关键还让长期处于“案多人少”压力下的司法机关雪上加霜。可以说，这种非必要的实质审查就是对司法资源的浪费。

因此，对于法院而言，审查律师委托手续应当遵循一定限度，不宜过多干预委托过程的细节，更不应该以审查之名行排挤律师之实。法院虽有保障被告人辩护权的义务，但这种义务是充分地让被告人具有与自己的律师沟通、交流的权利，而不是以此为名限制律师进入辩护关系。

二、制止诉讼参与人不当发言

法庭审理采直接言词原则。通常情况下，控辩双方通过“一问一答”“一证一质”的方式向法庭呈现“故事和立场”。然而，由于立场、法律技术、精神状态、个体诉求等种种个体差异上的原因，控辩双方在法庭调查活动中难免出现词不达意、不遵守调查规程、违反司法礼仪，甚至扰乱法庭秩序等行为，以致妨碍法庭调查活动的顺利进行。针对这种情况，审判长有必要发动其诉讼指挥权，适时介入讯问、发问程序以维持法庭调查活动之顺利进行。[①] 大体而言，这种诉讼指挥形式的显著特点是通过审判长与有关诉讼参与人的互动活动来实现的，诉讼指挥针对的对象是有关诉讼参与人，是一种对人之指挥。比如，审判长作出的下列指挥决定：“某某，请注意你的发问方式。”“某某，我需要打断你，你说的问题与本案无关。请围绕庭审焦点

---

① 蔡墩铭：《刑事证据法论》，五南图书出版公司1997年版，第364页。

发言。”“公诉人，请把语速放慢一点，书记员没法记录了，我们听起来都很吃力。”；等等。

（一）制止诉讼参与人不当发言的方式及依据

蔡墩铭教授将证人、鉴定人经被告人、辩护人诘问后，审判长继续对其发问的权限，称为介入权，系诉讼指挥权限之一。[①] 陈祐治教授进一步指出，为实现诘问制度的预期功能，审判长应通过适时制止不当诘问、及时主动追问、适当运用裁量三种方式进行诉讼指挥。[②] 按照现代汉语的解释，所谓介入，指“插进其中进行干预”[③]。可知，介入行为并非仅仅指自身所主导的行为，而是插入别人当前进行的程序中实施某种干预活动的行为，这是一种有互动情形的行为。“在性质上，审判长之介入权被认为属于审判长所拥有之诉讼指挥权的当然结果。”[④]

学理上，很多学者将审判长的此项权力称为“程序介入权”。从“程序介入权”的内容来看，包括两个方面：一为法官介入讯（询）问，二为限制或制止不当发问[⑤]。然而，这个概念存在诸多模糊之处。在“介入”前加上“程序”一词的限定，不但没有限定具体范围，反而使这项权力内容变得模糊而不可捉摸。因为从语义上看，只要是法官在庭审程序中进行干预（如补充讯问、禁止发言、责令退庭、释明、打断发言，等等）都是一种介入，但若把这些行为都称为诉讼介入权，无异于将诉讼指挥权等同于诉讼介入权。显然，“介入权”这种概念区分看上去充满学术气息，但并未使研究对象变得清晰、明了，实际上，用“制止、纠正”这样的表述，即可直接、清晰地表明法官的诉讼指挥行为。

1. 制止诉讼参与人不当发言的方式及依据

在对抗制诉讼起源之初，法官就有介入法庭调查之职责。“为维护正常

---

① 蔡墩铭：《刑事审判程序》，五南图书出版公司 1992 年版，第 47 页。

② 陈祐治：《诘问之证据法则与诉讼指挥》，载《月旦法学杂志》2000 年 7 月第 62 期，第 110 页。

③ 《现代汉语词典》，商务印书馆 2019 年，第 670 页。

④ 黄朝义：《刑事诉讼法》，新学林出版股份有限公司 2017 版，第 506 页。

⑤ 黄琪：《刑事诉讼中法官诉讼指挥权研究》，西南政法大学 2019 年博士论文，第 88 页。

的法庭调查秩序……避免庭审拖沓、无序，法官会时时介入，以保证控辩双方的交锋与案件息息相关，避免双方陷入恶意的攻击。”① 那么法官如何介入不当发言？哪些情形可视为不当发言而作为被制止的依据？

（1）关于方式问题。制止不当发言的启动方式可以分为主动介入和依申请介入。“法官在审判过程中最重要的职责之一是执行法律规则和维持法庭秩序。在法庭审判的各个阶段，对诉讼参与人的互动行为，法官须以管理人的角色对其进行干预（as manager of courtroom interaction through the various trial stages）。”② 作为法官诉讼指挥权的行使方式之一，主动介入不当发言程序是法官的职权和义务。然而，法官不可能随时都能保持高度的专注度监控整个诉讼过程，也就是说，法官可能存在疏忽或者大意的时候。同时，法官的个人背景和素养都存在差异，客观上不可能如计算机般精准地作出是否介入的决定。因此，若被告人、律师、检察官认为对方存在不当、不法之诉讼行为，可以以异议的方式请求法庭制止、驳回相关诉讼行为。

制止不当发言的处置方式可分为提醒、警告、禁言。当行为人的发问或者回答出现不当时，审判长应当第一时间予以提醒。当提醒不能起到作用时，审判长应当对行为人进行警告。但若行为人对警告也不服从时，审判长应当再次警告，告知行为人的行为是扰乱法庭秩序，可作出相应制裁或者处罚。比如，在美国的司法实践中，若被告人、辩护人不听制止，违反诉讼指挥而反复发言，审判长可以发布司法禁言令，甚至堵住行为人的嘴以防止其胡乱发言。③

（2）关于制止依据问题。什么情形会被作为法官制止的依据？答案涉及不当发言的界定。为保障庭审秩序、促进案件真实发现，同时保障特定人的合法权益，当行为人出现不当发言时，审判长应当及时予以制止。然而，何为不当言论，却难以下一个准确的概念。实践中将下列情况视为不当发言：

一是“与本案无关”的发言。如《西班牙刑事诉讼法典》第683条所规定，审判长应该指挥庭审，务必防止与查明真相无关的讨论，但不能因此限

---

① John Langbein, Origins of Adverary Criminal Trial, Oxford University Press, 2003, p. 16.

② Janet Cotterill, Language and Power in Court: A Linguistic Analysis of the O. J. Simpson Trial, Palgrave Macmillan UK, 2003, p. 93.

③ 何帆：《大法官说了算：美国司法观察笔记》，中国法制出版社2016年版，第161页。

制辩护律师必要的辩护自由。[①] “与本案无关”，指与本案的犯罪事实和法律规范没有联系。与事实无关一般很好理解，何为与法律规范没有关系呢？比如，有辩护律师在法庭上大谈《欧洲人权公约》，甚至引用联合国反酷刑条约进行辩护，使法庭辩护成为一场涉外学术讨论活动。这种情况可否视为“与本案无关”？笔者认为答案是肯定的。我国的法庭不是国际法庭，应当在我国法律框架内发表意见，故应对此行为予以制止。此外，是不是与本案事实具有联系就该无所顾忌地发问呢？答案同样是否定的。比如，关于被告人品格、生活习性方面的证据信息，的确与行为人作出某些行为具有内在的联系，但是负面的品格、习性信息容易导致偏见，因而在定罪事实调查中应当禁止提及。[②]

二是重复性发言。行为人重复啰唆是消耗庭审宝贵时间的一大原因。何为“重复啰唆”认定不统一，但法官以此打断辩护人发言容易导致辩审冲突。结合实践来看，下列情形的发言可视为重复性发言，法官应及时提醒、制止：庭前会议时无争议且已作出处理的；意见要旨反复提及的；详细列举若干烦琐无意义的细节的，等等。需要注意的是，制止重复性发言，法官需要注意礼节，切不可颐指气使。比如，世界名著《杀死一只知更鸟》中法官的做法使庭审氛围极为和谐：

> 泰勒法官：“阿迪克斯，你有问题要问吗？”阿迪克斯：“有。警长，你找医生了吗？有人找过医生吗？”泰特（警长）：“没有。”阿迪克斯：“为什么没有？”泰特：“我告诉你为什么没有，因为没必要。”阿迪克斯：“你真的没有找医生？你在那里时，有人去叫过、找过，或者送她去看医生没有？”泰特：“没有……”此时，泰勒法官介入插话（broke in）：“阿迪克斯，这个问题他已经回答三遍了！他没有找医生！”阿迪克斯：“法官，我只是确认一下。”法官听后笑了笑（and the judge smiled）：“知道了。”[③]

---

① ［美］史蒂芬·沙曼：《比较刑事诉讼：案例教科书》，施鹏鹏译，中国政法大学出版社 2018 年版，第 179－180 页。

② Peter Murphy, Murphy on Evidence, Oxford University Press, 2013, p. 128.

③ Harper Lee, To Kill a Mockingbird, Grand Central Publishing, 1960, p. 224.

试想，如果我们的法官遇到这种情况，会不会和颜悦色地予以友好提醒呢？

三是诱导性发问。诱导性发问是指问题中暗含希望对方回答之答案，暗示对方按照问题内容回答出发问者想要的内容。由于诱导性发问容易迎合发问者的意思而为虚假陈述，有使陈述者迎合发问者而为虚假陈述之危险，一定程度上干扰了陈述者的表达自由，故原则上不应容许。[①] 当然，若使用诱导性发问帮助证人回忆某些细节而不是故意诱导其作虚假陈述，应当许可此种诱导性发问。

四是责难性发言。所谓责难性发言，即对发问对象或者有关人员进行指责，甚至人身攻击的发言。此外，责难性发言还包括攻击我国法律制度、贬低他人荣誉等内容。责难性发言容易侵犯别人人格尊严，且影响发问对象供述的自由意志，审判长应当及时予以制止。

五是过于专业化的发言。比如，当案件涉及某些专业性问题时，专业领域的人员在法庭上滔滔不绝“展示”各种晦涩的专业术语，旁人如听“天书”，难以实现交流目的。因此，审判长应当打断并提醒发言人，用通俗易懂的语言表达观点、意见，切不可让庭审发言成为“学术交流会”。

六是模糊、迂回性语言。比如，发言人发言用词模糊不清，表达观点拐弯抹角，不仅让人不能准确获取信息，还浪费宝贵的庭审时间。因此，当出现这种情况时，审判长应当及时予以制止并告知其使用简洁、明了的表达。

2. 制止诉讼参与人不当发言后的指引与纠正

诉讼参与人发言不当，法官可以发动诉讼指挥予以制止，但是，到此并未结束，为保障庭审进行，避免歧义、误会之发生，法官也可依职权予以指引、纠正。通常，法官通过说明、追问的方式予以纠正诉讼参与人的不当行为。其中，法官追问，又称为法官介入讯问、发问程序，介入的方式包括补充讯问、发问等。需要说明的是，在我国刑事诉讼中，有讯问、询问、发问等概念的区分，某些地方也存在讯问、询问、诘问的不同概念，但不管如何区分上述概念，于诉讼指挥角度而言，其区分不具备实际意义，讯问、询问、诘

---

① 黄朝义：《刑事诉讼法》，新学林出版股份有限公司2017版，第499页。

问、发问甚至对质等行为，实际上都是一种法庭问答活动。“发问与回答，乃程序参与者之间沟通的方式，尤其是对被告、证人、鉴定人之调查，问答更是主要的程序进行方式。诘问，本质上就是一种发问（包含问答）的形式。”①

（1）关于纠正依据。如上文所述，诉讼参与人存在不当行为，法官可以制止，然而，仅仅是制止是不够的，因为法庭需要通过诉讼参与人提供的信息来查明案件真相，如果只是制止无异于堵上发现真相的大门。因此，若存在纠正的可能，法官应当予以纠正。通常，存在下列情况时，法官可以通过一定方式纠正诉讼参与人的不当发言：一是行为人的回答前后矛盾，逻辑不一致。比如，行为人每次陈述前言不搭后语，那么审判长可以通过追问的形式对其陈述进行修正。二是行为人的回答存在模糊之处，界限不清。三是行为人行为违反常识，不符合常理，可能有隐情。四是行为人的回答较之书面陈述有遗漏或者变更。五是行为人的情绪反常时。比如，行为人陈述时情绪激动或者悲愤，带着哭腔表达观点。此时，审判长应当安抚其情绪并告知清楚、平静地陈述问题，法庭才有可能获取到真实信息而作出公正的裁决。总之，法官一旦发现疑点或者不当点，应当及时追问，不可错过每一处存在合理怀疑的信息。

（2）关于纠正方式。结合实际，法官纠正诉讼参与人不当发言的方式主要包括以下几种：

一是补充讯问、询问，澄清矛盾、疑点。在补充发问的主体上，审判长、合议庭成员、陪审员均可介入发问。在有些地方的司法实践中，陪审员擅自向被告人、证人发问，被告人认为陪审员无权发问，违反诉讼指挥由审判长行使之法令，请求判定违法。2002 年《最高人民法院关于人民法院合议庭工作的若干规定》第 1 条第 2 款规定：“人民陪审员在人民法院执行职务期间，除不能担任审判长外，同法官有同等的权利义务。”人民陪审员同法官享有同等的权利义务，故其应享有介入讯问的权力。此规定第 4 条规定：“合议庭的审判活动由审判长主持，全体成员平等参与案件的审理、评议、裁判，共同对案件认定事实和适用法律负责。”可见，合议庭成员当然享有介入讯问

① 林钰雄：《严格证明与刑事证据》，法律出版社 2008 年版，第 203 页。

的权力，只是为了避免介入讯问时发生冲突，讯问前可与审判长进行示意或者简要沟通。在介入发问的对象上，包括被告人、证人、鉴定人等诉讼参与人。当被告人等诉讼参与人表述不清、不明，或者法官认为还有其他地方需要了解时，可主动介入发问。这种发问是一种补充性质的发问。当控辩双方进行轮替发问，于法官而言，无异于现场听取一场多角度的故事叙述，容易获得发现事实的灵感，更有可能发现合理怀疑之处。为避免形成心证之关键证据遗漏的可能，法官应当及时追问被告人、证人、鉴定人等诉讼参与人，对排除合理怀疑、引出真相必大有裨益。①

二是引导诉讼参与人积极回应对方观点。其中，最为关键的是，审判长应当积极引导公诉人回应辩护人观点。通常，面对辩护人的发言、质疑，公诉人要么不予回应，要么不直接回应，这种情况不利于查明案件真相，可以说，这是公诉人的一个“不当行为”。因此，审判长应引导公诉人积极予以回应。比如，当辩护人抛出意见给公诉人时，公诉人却说“请法庭依法裁判”，此时，审判长应当及时予以纠正：依法裁判当然是法庭的事情，现在需要听取你方的意见，你是同意或是反对，得有个说法，并且附上理由。②当然，“引导”这一行为本身具有多重含义，在引导过程中包含规则的解释、不当行为的识别、如何正确行为等方面。于此，要求审判长具有非常高的综合能力。

（二）制止诉讼参与人不当发言的限度

法官制止、纠正诉讼参与人不当发言，是法官监控、指引庭审的方式之一。此虽是其权力和职责，但若介入过度或者未予介入，均是失职，将导致庭审要么成为法官的“个人秀”，要么沦为讨价还价的“菜市场”，有违正义之审判、法官正义之形象。是故，法官这种制止、纠正的介入方式必须遵守一定限度，不可越界，也不可缺位。

首先，在介入程度上，应把握好分寸。法官制止不当发言，首先要坚持

① 陈祐治：《诘问之证据法则与诉讼指挥》，载《月旦法学杂志》2000年7月第62期，第110页。
② 于同志：《刑事实务十堂课：刑事审判思路与方法》，法律出版社2020年版，第7页。

平等对待控辩双方原则，不可对辩护人屡屡制止而对公诉人的不当行为却视而不见。在发问过程中，不宜介入过度，应当充分保障控辩双方攻击防御的权利。法官不具有证明责任，但有查证责任，即查证并判明案件事实的责任，这种责任是通过“听证”来履行的。[①] 正如培根所言，“耐心和仔细地听审是司法工作的重要组成部分。一个喋喋不休的法官与一个没有调好音的走调铜钹并无二致”。[②] 在普通法系国家，法官同样可以介入询问证人，但是法官通常非常谨慎地使用这一权限，因为诉讼胜败由当事人负责，而不应由法院给予协助。特别是法官提出的问题可能在陪审员眼中更有分量从而会对陪审员产生影响，实践中时有因法官问得太多而被上级法院撤销原判发回重审的情况发生。因此，法官的问话，更多的是为了陈述的清晰度而非为了影响案件结果。[③] 与此同时，法官也不能完全不予介入，否则将导致法庭调查拖沓、无序、偏离主题。

其次，在介入目的上，应以查明事实为中心。法官虽没有证明责任，只是履行裁判之责，但在职权主义国家，法官具有澄清义务。基于澄清义务，法院调查证据不受当事人主张或者声明所限，只要证据存在关联性、调查必要性、调查可能性，法官就可径行直接调查，以期发现案件真实。[④] 不能建立在事实真相上的判决，肯定是非正义的。不管如何强调程序正义，澄清案件疑点、发现案件真实都是法官审判工作的重中之重。因此，法官介入讯问、发问程序，予以制止或者纠正，应围绕发现案件事实为中心。虽然如此，法官不能以有罪倾向性态度介入发问程序，而应本着客观、公正立场，不偏不倚地了解真相、追问真相。

再次，在介入的方式上，应当准确、简洁。法官代表法律和正义，法官介入发问程序，其介入的用语表达应当准确、简洁、流畅。一个含糊其词、啰啰唆唆的表达，只能让人觉得法官不具备审判能力，从而让人对法官失去

---

① 龙宗智：《刑事庭审制度研究》，中国政法大学出版社 2001 年版，第 369 页。

② Francis Bacon, The Essays, Mozambook, 2011. p. 189.

③ Arthur Best，《证据法入门——美国证据法评释及实例解说》，蔡秋明等译，元照出版社 2003 年版，第 196 页。

④ 林钰雄：《严格证明与刑事证据》，法律出版社 2008 年版，第 243 页。

其能公正审理案件的信心；若真如此，法官不如保持缄默。比如，有的法官庭审中介入发问时出现口误，将辩护人称作“公诉人”[①]；有的法官则面对公诉人的异议要么不知所措、要么词不达意[②]；而有的法官一口气向证人抛出6个问题而让证人不知所云：（1）她是否单独驾驶车；（2）她前面或后面是否还有别的车辆；（3）她在驶近十字路口时信号灯是什么颜色；（4）颜色是否变换；（5）她自己是否看错了信号灯；（6）此外法官希望让女证人详细地描述驶进十字路口前的整个过程。[③] 如此介入发问，对于庭审并无益处，且有损法官之公正审判的形象。总之，介入方式必须准确、果断、简洁。

最后且最重要的是，在介入态度上，法官应注重司法礼仪。实践中，有的法官介入发问时一副居高临下、颐指气使的模样，甚至打击、挖苦被告人，这种缺乏司法礼仪的介入方式会削弱当事人对法官的信赖，甚至产生抵触情绪。譬如，我国香港地区《法官行为指引》第27条规定：“法官应以礼待人，亦应坚持出席法庭的人以礼相待。法官无理责备律师，以令人反感的言语评论诉讼人或证人，及表现毫无分寸，均可能削弱外界对法官处事公正的观感。”法官介入的语言措辞、语气等集中表现为法官的态度和方式。为避免出现影响公正的观感，保障人民群众能够感受到公平正义，最为直观且容易做到的，不外乎法官遵守司法礼仪。正如培根所言，“一个法官，在律师还未说出意见时就提前讲出律师要表达的意思，或者随意中断证据调查、打断律师发言以显示自己的敏锐力，或者频频发问导致法庭调查偏离真相，则都是不适当的”[④]。具体来说，司法礼仪包括但不限于：不随意打断他人发言，不挖苦、讽刺他人，不对当事人、证人发言进行倾向性评价，不以呵斥、责问式语言讯问被告人，等等。

---

① 福建省宁化县法院公开第三次开庭审理（2019）闽0424刑初18号庭审直播，http：//tingshen.court.gov.cn/live/4562224，2020年5月4日访问。

② 四川省叙永县法院马某某交通肇事一案庭审案号为（2019）川0524刑初230号庭审直播，http：//tingshen.court.gov.cn/live/13781772，2020年8月31日访问。

③ ［德］阿克塞尔·文德勒、赫尔穆特·霍夫曼：《审判中询问的技巧与策略》，丁强、高莉译，中国政法大学出版社2012年版，第59－60页。

④ Francis Bacon，The Essays，Mozambook，2011，p.90.

（三）诉讼参与人的异议与法官异议裁决

曾有一个小笑话云：如果一个律师在法庭上睡了半个小时，那他一觉醒来，第一句话应该是："我反对！"[①] 当事人主义庭审中，从陪审员的挑选到开庭陈词、证据调查、结案陈词、法官指示陪审员，控辩双方都可以提出异议。可以说，异议贯穿庭审的全过程。[②] 在著名的辛普森案中，整个庭审期间律师提出 16000 多次异议。[③]

究竟何为异议？据《布莱克法律大词典》的解释，异议（Objection）指在法庭审理案件过程中，对已经发生或将要发生的某一行为或情况提出正式反对意见并请求法庭立即作出决定的行为。[④] 就异议的主体而言，控辩双方都可以提出，如公诉人、代理人、被告人、辩护人等；就异议的对象而言，主要包括对方律师（公诉人）、其他共同被告人的律师以及法官。对公诉人的异议，较为常见。对其他被告人的律师提出异议也时有发生，比如其他被告人的律师在庭审中发表不利于自己当事人的不当言论，律师有权提出异议；对法官的异议，则包括两种，一种是对法官本身行为的异议。比如，辩护人在开庭陈词中，主审法官却睡着了，辩护人对法官提出抗议，认为法官的行为显示了对被告人的偏见。[⑤] 另一种是对法官关于异议的裁决不服而表示异议。比如，辩护律师提出公诉人在诱导讯问，向法庭提出异议，但法庭认为不是诱导性讯问而没有支持辩护律师的观点，辩护人则可对法庭的裁决提出异议。

提出异议应当遵守异议规则。首先，控辩双方应当清晰地说出"异议或者反对"的意思表示。其次，简明扼要地附上异议的理由（Ground）。一个

---

① 王伟仪：《法学领域的经典笑话，你看懂了吗?》，https：//www. zhihe. com/main/article/2422，2020 年 10 月 5 日访问。

② Craig Lee Montz，Trial Objections from Beginning to End：The Handbook for Civil and Criminal Trials，29 Pepp. L. Rev. Iss. 2，p. 246.

③ Janet Cotterill，Language and Power in Court：A Linguistic Analysis of the O. J. Simpson Trial，Palgrave Macmillan UK，2003，pp. 95 – 96.

④ Black Law Dictionary，Thomson Reuters，10th，p. 1241.

⑤ United States v. White，589 F. 2d 1283 （5th Cir. 1979）.

缺乏理由或者理由不充分的异议注定得不到法庭的支持。[①] 最后，不得反复多次恶意进行异议，否则可能被视为扰乱法庭秩序。事实上，反复多次同样的异议的确会影响庭审的正常进行，也会导致诉讼拖延。比如，这样的异议就是不妥当的，律师："审判长，我认为这里可以提出异议。"法官："你到底是想提出异议，还是想作个评论?"又如，律师："反对，法官，这是诱导性提问吧?"法官："你为什么要问我，难道我要告诉你要不要提出异议吗?"，等等。这些都是不可取的，正确的做法是坚定地说出："反对。这是诱导性发问。"[②]

审判长对控辩双方异议的裁决属于诉讼指挥范畴。对于控辩双方提出的异议，法官通常有三种选择：一是认为异议无理由，裁决驳回异议（Overruled），意即容许原来诘问继续进行；二是认为异议存在合理之处，裁决支持异议（Sustained），制止先前的不当行为；三是异议有一定理由，但须修改问话或回答方式（Rephrase）继续诘问。[③] 在整个审判活动中，法官会面临无数的问题，需要作出决定，诸如哪些证据可允许出现在法庭上，是支持还是反对一项异议。虽然法官可凭借法律和规则来作出这些决定，但大部分决定还需法官行使自由裁量权进行处理。上诉法院审查案件时，往往重点审查初审法院是否滥用自由裁量权。[④] 因此，法官对异议的裁决显得极为重要。法官对异议进行裁决时，应当结合证据规则，注意以下三点：

一是要坚持平等对待控辩双方原则。法官处理控辩双方的异议时，应当平等对待诉讼两造的异议，在处理异议的立场、态度、方式、时间上，应当最大限度保障公平，"一碗水端平"，切不可厚此薄彼，对控方的异议总是支持，对辩护方的异议则总是驳回。否则，辩方完全有理由认为法官存在偏见

---

① Craig Lee Montz, Trial Objections from Beginning to End: The Handbook for Civil and Criminal Trials, 29 Pepp. L. Rev. Iss. 2, p. 246.

② ［美］詹姆斯·W. 麦克尔哈尼：《美国庭审宝典》，吴宏耀等译，中国人民大学出版社 2012 年版，第 239 页。

③ 陈祐治：《异议及异议之处理》，载《法令月刊》2008 年第 59 卷第 9 期，第 33 页。

④ Angela J Davis, Arbitrary Justice: the Power of the American Prosecutor, Oxford University Press, 2007, p. 7.

而不能公正审理本案，可以申请法官进行回避。

二是支持或者驳回异议应当有理有据。从语言学角度，法官可随时插话以开启话轮、介入发问。“话语转换是权力关系的一个有意思的表现。在法庭中，法官可以自由地讲话并随意打断他人。因此，法官几乎可以在他们希望的任何时候开始一个新的话轮。”① 但是，法官的每项介入行为必须具有正当性，而理由则是正当性的基础。对于异议的理由，大多体现在证据法则或伦理规则之中。法官首先应当做到对规则的深入理解和熟悉，否则面对各方异议可能出现难以决断的情形。在作出支持或者驳回异议的裁定时，法官应该简明扼要地附上支持或者反对的理由，而不是简单粗暴地表明态度和立场。总之，提出异议需要理由，裁决异议更需要理由，因为异议的裁决可能影响公正审判。

三是作出异议裁决的时间应当及时。诉讼两造提出的异议发生在动态的发问程序中，往往具有突发性、及时性，若法官不能及时作出异议，一方面会导致庭审发问失去秩序、引发庭审冲突，另一方面在庭人员会质疑法官的业务水平，影响公正的观感。当时，应当“及时”并非“立刻、马上”。比如，在美国，若控辩双方对证据或者其他问题存在异议而申请法官裁决，法官在难以当机立断的情况下，可以请检察官、辩护人走到法官审判席前进行讨论，辩护人、检察官也可以要求走近法官进行短暂讨论（Approach the bench），即组织庭边会议（Sidebar conference），或者将检察官、辩护人带到法官办公室或者请陪审员暂时退庭，然后再让控辩双方对异议事项进行辩论。②

三、刑事诉讼指挥视角下的法官释明权

为最大限度查明案件真相，法官往往通过对庭审中那些不明确、不清晰、

---

① John P. Gibbons, Forensic Linguistics: an Introduction to Language in the Justice System, Blackwell Publishing Ltd, 2003, p. 94.

② 所谓庭边会议（Sidebar conference），就是指庭审过程中，控辩双方对证据存在争议而提出异议，为避免陪审员听到讨论内容而产生偏见，控辩双方律师走近至审判席轻声讨论或者短暂离庭听取双方意见的会议形式。Black Law Dictionary, Thomson Reuters, 10th, p. 1592.

不全面的诉讼行为（含表达、动作等意思表示）进行解释、说明。这种“解释、说明”既是法官指挥、引导诉讼参与人参与庭审的表现方式，亦是法官落实庭审实质化的内在要求。从诉讼指挥角度观之，法官积极主动行使释明权，是法官把控庭审状况、落实庭审实质化的重要举措。作为一种对人之指挥，释明权的行使依据、范围与诉讼参与人的个人表现息息相关。

（一）法官释明权为何属于诉讼指挥权

在民事诉讼中，释明权被视为诉讼指挥权的一种。在本质上，释明权是法院对其消极地位的一种适度调整，释明权扩张的理由在于促使法院实现实质正义。① 释明权弥补了辩论原则之不足，既是法院的职权，也是法院的职责，属于法院诉讼指挥权的内容之一。② 释明权不是法院为调查案件事实、核实证据而产生的职权，不是事实查证权，而是法院为明晰当事人提出的诉求和案件事实而对当事人的主张和举证行为加以引导的一种诉讼程序上的指挥权。③ 日本著名法学家伊藤真认为，在审判期日对当事人的主张予以明确、整理及释明处分，属于审判长诉讼指挥权的范畴。④ “释明权实为法官的职责，实质为诉讼指挥权。”⑤ 可见，在民事诉讼理论和实践中，将释明权视为诉讼指挥权的内容之一已成为共识。我国的刑事审判中，亦有法官对释明权进行解释：“释明是民事诉讼中的一项制度，是指当事人在诉讼过程中的声明和意思陈述不清楚、不充分时，或提出了不当的声明或陈述时，或所取证据不够充分却以为证据已足够时，法官以发问和晓谕的方式提醒和启发当事人把不明确的予以澄清，把不充分的予以补充，或把不适当的予以排除，或者让其提出新的诉讼资料，以证明案件事实。”⑥ 释明权，指法院享有的促使当事人声明和陈述变得充分、适当、明确，以及促使当事人提出新的诉讼资料的职权。简单来说，释明权的内容就是法院应当向当事人发问、提醒，以

① 张卫平：《民事诉讼法》（第四版），法律出版社2016年版，第85、88页。
② 蔡虹：《释明权：基础透视与制度构建》，载《法学评论》2005年第1期，第113页。
③ 唐磊、朱传生：《释明权：幽灵还是精灵》，载《社会科学研究》2006年第5期，第91页。
④ ［日］伊藤真：《民事诉讼法》，曹云吉译，北京大学出版社2019年版，第161页。
⑤ 广西壮族自治区桂林市中级人民法院（2017）桂03民终3091号判决书。
⑥ 北京市第一中级人民法院（2018）京01刑终433号刑事裁定书。

弥补当事人声明陈述之不足、不明、不当。①

从上述论述看，在民事诉讼中，释明权的理论和实务研究均已相当细致、深入，那么，在刑事诉讼中，是否同样存在法官行使释明权的情形？

我国刑事司法实践中，理论界和实务界均认为刑事诉讼中法官享有释明权（阐明权），且属于诉讼指挥权的内容之一。审判者先行禁止或阻断当事人程序进行之后，须进一步促使当事人理解诘问行为违法或者不当之理由，故阐明权是遵引程序之必要手段。蔡墩铭教授认为，审判长诉讼指挥权主要有四个方面的内容：阐明权、禁止权、许可权、介入权。阐明权指讯问、听取被告对证据的意见、给予控辩双方质证证据的机会等权限。② 黄翰义教授亦认为，从权力渐层式角度看，基于最里层的法官听审权，由内逐渐向外辐射为第二层释明权、程序介入权，再至第三层的期日指定权、法庭警察权。③在刑事诉讼中，释明权的导入与适用，有助于克服控辩失衡、促进庭审实质化、防止突袭审判等，具有正当性和必要性。④

因此，根据上文之讨论，刑事诉讼中的法官释明权，本质上是法官对诉讼各方（尤其是辩方）诉讼行为的引导、晓谕、补充，体现了法官在审理案件过程中对诉讼当事人的关照义务⑤，是法官根据当事人的诉讼表现加以引导、介入，是行使诉讼指挥的方式之一，属于对人之诉讼指挥形态。

（二）刑事审判中法官释明权的内容

1. 刑事审判中释明权的类型

法官行使释明权，实为对人之指挥，因当事人的缺陷、不足表现而生，

---

① 周利民：《试论阐明权》，载《政法论坛》2001 年第 3 期，第 88 页。

② 蔡墩铭：《刑事审判程序》，五南图书出版有限公司 1992 年版，第 48－50 页。

③ 黄翰义：《程序正义之理念》（三），元照出版有限公司 2010 年版，第 242 页。

④ 亢晶晶：《民事释明权理论在刑事诉讼中的导入——以“审判中心主义”为视角》，载《甘肃政法学院学报》2017 年第 4 期，第 116－118 页。

⑤ 比如，在英国的民事诉讼中，当事人若要在法院起诉，首先需要选择诉讼形式（Forms of action）。如果当事人诉讼程序选择错误，意味着他所选用的实体法规则也不能适用，因此，当事人“只能从法官给他的如果换一种诉讼形式可能实现诉求的提示中得到解决之道”。显然，这种“提示”，是法官基于诉讼关照的解释、释明。F. W. Maitland, The Forms of Action at Common Law, Cambridge University Press, 1969, p. 3.

很大程度上，刑事诉讼中法官的释明在于把天平倾向于弱者。尤其是在被告人承担一定证明责任的情况下，法官应履行一定的诉讼关照义务，秉承“平等武装”和“天平倾向弱者”的理念，主动采取一定措施对被告人进行一定的协助、干预，避免诉讼活动成为一种“弱肉强食”的不公平游戏，对公正造成实质性损害。[①] 刑事审判中，法官积极行使释明权不同于民事诉讼中的法官释明，其目的在于调节当事人之间攻防实力差距以及最大限度保障发现案件真实，以确保刑事诉讼程序审慎持平而无枉纵，实现程序公正理念。

大体而言，法官释明包括实质释明和程序释明。有学者从庭审实质化角度，将实质性庭审释明归纳为四个方面的内容：一是关于诉讼请求的释明。若被告人提出的诉讼请求不明确、不合法、不适当时，法官应当对其予以释明。二是举证方面的释明。在庭审中，牵涉到举证责任、举证顺序、举证方式以及举证充分性等问题，若有不当或者控辩双方出现争议，法官应当积极进行有关释明。三是质证方面的释明。举证后如何质证，亦是容易引发冲突或者偏离焦点的问题。比如，一方出示证据后，另一方遗漏质证意见或者进行偏离主题的质证意见，法官应当及时予以释明并告知其可能承担的后果。四是对法律适用的释明，包括实体法律适用和程序法律适用的释明。[②] 此外，法官还应当向被告人解释检举立功等方面的法律适用问题。虽然检察官、辩护人在庭前可能告知被告人这方面的规定，但随着诉讼的推进和庭审现场的启发，被告人或许需要一个内心的确信，法官的晓谕将起到促使被告人作出检举立功的重要作用。

从实践观之，域外司法机构通过规范性文书指出刑事审判中法官释明权包括但不限于以下内容：（1）被告人对检察官起诉书补正事实不理解，法官通过释明告知被告人审理对象、范围；（2）向当事人解释有关鉴定范围、方法等情况；（3）要求当事人叙明陈述，给予其更正、补充说明之机会；（4）在起诉书记载之公诉事实有疑问、矛盾或不明确的情况下，法官促使检察官厘清，使之明确；（5）向当事人解释法律后果；（6）在刑事附带民

① 陈瑞华：《刑事证据法》，北京大学出版社 2018 年版，第 450 页。
② 肖仕卫：《庭审实质化目标下庭审指挥之改进》，载《江汉论坛》2019 年第 4 期，第127 页。

事审理中，解释赔偿范围并督促其变更诉讼请求；（7）告知被告各种防御之诉讼权利。可见，释明权的对象可以是控辩双方以及其他诉讼参与人，阐明的方式有告知、解释、说明，等等。

2. 当前我国法官释明权的重点

当前，依照我国《刑事诉讼法》的规定和司法实践的需要，法官释明权的重点应落脚在以下几个方面：

一是对认罪认罚自愿性的释明。当前，在我国各级基层法院，适用认罪认罚审理的刑事案件已达很高比例，个别地方检察机关适用认罪认罚从宽制度的案件比例达 88.86%，适用率稳步上升。[①] 在这种情况下，司法作为最后一道防线，法官应当充分审查认罪认罚自愿性，关键是对认罪认罚适用的依据及其后果进行充分释明，确保认罪的充分性、自愿性。比如，《奥地利刑事诉讼法》第 244 条规定，证人退庭后，主审法官应让公诉人宣读公诉……在宣读完公诉后，主审法官应当确认被告人充分地了解起诉的对象和范围。

二是主动进行量刑释明。在我国当前，法官量刑过程几乎是封闭化状态，庭审效果再好，但量刑结果“出乎意料”的现象时有出现。为增加量刑的透明度、说服力，法官应当主动对量刑依据、裁量幅度等情况向当事人进行说明，而不是将量刑协商异化为检察院与法院之间的私下沟通。

三是对辩护方式、辩护意见的释明。在辩护人意见与被告人意见出现分歧、多名辩护人直接存在分歧或者辩护意见不明确时，法官应当主动进行释明，促使辩护人明确辩护意见以确保被告人辩护权得到保障。

（三）合理采取释明方式

法官在行使释明权方式上，可采取多样的方式进行多方位释明。据实践来看，其方式有以下几种：一为书面形式的释明。事实上，法官采取何种方式进行释明，法律没有明确规定，有的地方法院通过书面告知的形式，向被

---

① 徐日丹等：《检察院的“门面担当”如何求极致》，载《检察日报》2020 年 9 月 13 日，第 1 版。

告人释明诉讼权利。[①] 采用书面告知进行释明便于传达和记录，也提升了规范性和办案效力。二为口头言词方式释明。在庭审中，法官大多数通过口头言词方式进行有关问题的释明，口头言词方式又具体表现为插入问话进行追问确认、要求列举依据进行解释、告知法律法理，等等。

如果要举例说明法官丰富的口头释明方式，美国联邦最高法院的庭审实录是最佳的范本。在美国联邦最高法院的庭审中，庭审几乎由大法官主导。大法官通常都会积极介入律师发言，提出各种各样的问题，提问的方式也各式各样，有的援引判例，有的提出假设，有的会对律师提出的主张当场进行延伸分析，同时，大法官的发言又彼此相互影响，给人以思路上的启发。整个庭审节奏紧凑、辩论激烈，但法庭气氛和谐、活跃，法庭上会有大法官风趣、幽默的提问或者回答引发阵阵笑声。[②] 下面试摘录一例：

案例 4－1　Roselva Chaidez v. United States 案[③]

首席大法官罗伯茨：我们今天首先开始案号为 11－820 的 Roselva Chaidez v. United States 一案的审理。

费希尔（律师）：基于两个理由，法庭应当驳回检方的诉请。第一，Padilla 案例受先例制约，最高法在 Padilla 案例中只是将 Strickland 案例标准适用于新的事实。第二——（被打断）。

首席大法官罗伯茨：真奇怪，为何有 10 个上诉法院对此理解截然不同呢？

费希尔：情况并非如此。（略）

大法官金斯伯格：有观点认为，Strickland 案例只适用于第六修正案中包含律师为被告人作有罪或者无罪辩护而产生的附带性后果的情况下。对此，你如何看？（询问意见）

---

① 郑少华：《释明告知：实质正义的追求——福建省宁德中院刑事案件法律释明告知机制调查》，载《人民法院报》2011 年 11 月 17 日，第2 版。

② 刘静坤：《法庭上的真相与正义：最高法院刑庭法官审判笔记》，法律出版社 2014 年版，第 223－224 页。

③ 这是一起美国联邦最高法院审理的案件。按照美国联邦最高法院的规定，庭审现场的法庭辩论实录面向公众开放，公众可自行下载庭审现场的录音和文字版（Official Recording）。本案案号为：11－820，https：//www. supremecourt. gov/search_center. aspx，最后访问日期：2020 年 8 月 2 日。

费希尔：最高法院并未将 Strickland 案例的附带性后果扩充适用在 Padilla 案例中。

大法官金斯伯格：如果定罪意味着执业证被吊销，那么这将变成一个开放性的问题了吗？（假设）

费希尔：嗯，我想在 Padilla 案例判决后，应该是的。

大法官斯卡利亚：我们作出判决时会考虑先前的原则，事实上我们经常援引此前的原则。这样的话，难道我们最高法的每个判例都不是新的法律规则？

费希尔：当然不是。

大法官金斯伯格：费希尔先生，Strickland 案例的某次适用是否创设了新的规则？或者，Strickland 案例从未形成新的规则？

费希尔：我认为，如果只是适用 Strickland 判例，就不会创设新的规则。

大法官肯尼迪：假设一下，一个经验丰富的律师，非常擅长让被告人羁押于公共区间而不是封闭的禁闭空间，但进行辩诉交易或者出庭后未达成目标；或者，一个有经验的出庭律师，但是不太擅长让被告人有机会选择监禁空间，但最终让被告人被羁押于禁闭空间了。那么，是不是意味着，充分的有效辩护暗含监禁条件的选择应当是律师技能、能力的组成部分并且这样的规则可以溯及既往？（假设条件）

费希尔：这不一定。

首席大法官罗伯茨：我不太确定你回答的内容。费希尔先生，有什么情形与 Strickland 案后果类似的情况，你能给我举个例子吗？（要求举例说明）

费希尔：比如，按照行业规范，当一个委托人决定是否认罪时，律师并不需要给予其未来就业时的具体建议。

大法官肯尼迪：依你之见，通常的职业规则不会改变，你是想让我们把这种意见写进判决书以示对你的支持，是吗？（确认意见）

费希尔：不，不，不是的。

在上述案例中，美国联邦最高法院法官展现了非常活跃的释明方式，如要求举例、假设、反问、解释说明等。这种方式不但可以进一步明确理解对方的意思表示，同时也公开心证过程。难能可贵的是，美国联邦最高法院还将此庭审笔录的书面实录和音频实录全文公布在官网供人免费试听、下载，的确值得借鉴。

（四）刑事审判中法官释明权的行使规则

法官行使释明权应当遵循些什么？我们可以先从一则真实案例入手：

案例 4－2：郭某明与李某诽谤案①

2018 年 8 月 30 日，北京市一中院对郭某明诉李某诽谤案作出终审裁定。上诉人郭某明称：原审法院不向自诉人释明哪方面证据不足、需要补充哪方面证据，不具体询问自诉人是否可以补充某特定方面证据，就驳回起诉，限制了自诉人正确行使举证权利，程序严重违法。二审法院认为，释明权是民事诉讼中的概念，不宜直接援用，但这并不代表刑事诉讼中不存在法官释明的问题。刑事诉讼法中法官释明可视为一种诉讼关照义务，即为体现控辩平等，对被追诉人行使其诉讼权利给予必要关照。比如，法院变更公诉中的法律依据或事实依据时，向被告人说明变更的影响并询问其意见；法院变更公诉中的量刑主张时应对被告人进行必要的指示，等等。法官已向上诉人释明证据不足以及可能面临的后果，已进行必要的释明。但本案是自诉案件，双方均是自然人且均委托了专业律师，并不存在某一方处于更加弱势地位的情况，法官在进行释明时更加应当注重坚持法官中立的基本原则。若强行要求法官必须释明哪些方面证据不足、需要补充哪些证据，显然有失中立。因为法官对当事人一方的释明或引导，往往意味着对一方当事人的援助，加强其攻防力量，显失公正。因此，上诉人称法官怠于行使释明权的意见不能成立，不予支持。

在上述案例中，北京市一中院认为，法官释明权必须遵守一定限度，若

① 参见北京市第一中级人民法院（2018）京 01 刑终 433 号刑事裁定书。

越过界限，则违背法官中立原则，将显失公正。然而，现实的诉讼形态复杂多样，仅仅恪守中立是远远不够的。具体而言，适当的庭审释明权应当至少遵守以下行使规则：

第一，坚持公正基础上的中立立场。保持中立，意味着不偏不倚，也意味着平等对待控辩双方。法官因背景、性格等不同，有很多类型，但是，“理想的法官拥有一种，并且是唯一一种共同特征：他们是超然的和客观的”①。在中立立场，最底线的要求是法官进行释明时不应当有追诉倾向。若法官通过发问方式，诱导当事人进行有关陈述，当事人可以声明异议，由法院进行裁定。② 但是，保持中立的立场并不意味着法官不能对处于弱势地位的辩方进行一定关照，也就是说，应当对处于弱势地位的辩护方进行积极、有效的释明，这也是法院保障被告人辩护权之义务的应有之义。

第二，不宜过多透露心证，以免造成未审先判之嫌。法官进行主动释明，有时候是一种“袒露心迹”的沟通方式。从语言学角度观之，法官行使释明权实质上是法官与释明对象之间的一种深度沟通。在这种沟通中，法官难免透露裁判的心证倾向。虽然，推进审判公开当然包括推进法官心证公开，但是，心证公开需要遵守一定的程序和规则。试想，才刚开庭，审判长面对被告人的辩解，就对其解释说明：你的辩解是不成立的，我们证据已经非常多了，定你罪、判你刑完全没有问题。那么当事人不禁要问：法庭调查才开始，你们就已经有了结论，还开这庭有何意义？实践中，曾有多起法官因提前过多透露心证而被移交处罚评鉴的案例。比如，在一起庭审中，法官称某项证据是最为关键的证据，其他都不是决定性的证据。你们再想一想，还有没有决定性证据可以供法院进行参考，不然你们需要考虑有没有再继续进行诉讼的必要。随后，该法官被评鉴委员认为，其行为违背法官伦理，侵犯行为人上诉权，有失公正，应交付相关机构给予适当处分，以资警醒。事实上，适时的引导、提示，是诉讼指挥的常见形式，但是需要把握好度。“适时引导、提示，是为了顺利开展庭审，审清事实。但是，只可引导而不

---

① ［美］詹姆斯·A. 邦德：《审判的技艺》，陈林林译，清华大学出版社2019年版，第74页。

② 朱石炎：《刑事诉讼法论》，三民书局股份有限公司2018年版，第429页。

可诱导，只可提示而不可代为陈述。否则，就失去了中立，会引起当事人的反感。”①

第三，释明应言简意赅、通俗易懂。法官释明，既是法官的一种固有权限，同时也是法官的义务。“法官对诉讼的实质指挥并不意味着他凌驾于双方当事人之上，相反他是对话伙伴。在对话中，积极活动和指挥被视为他的义务和责任。”② 因此，法官释明应当达到让被告人知晓、理解的目的，否则无异于没有进行释明。在实践中，当事人文化水平低、诉讼经验缺乏的现象较为普遍，常有难以理解法言法语和诉讼规则的情形。因此，法官进行释明时，应用“言简意赅、通俗易懂”的语言，说清楚法理，讲明白规则。专业性较强的用语和法律上的专有名词，如果不加以通俗化，不仅被告人听不懂，旁听人员也听不懂，因此法官必须提高语言表达能力，做到语言表达准确、简洁、平和、通俗。③ 总之，法官释明的语言应当满足释明对象的需要，根据释明对象的个体差异而选择相应的表达风格，照顾释明对象的理解、感受。我们应该铭记：“司法的公正必须是法官和当事人的共识，而不是法官个人的一厢情愿。法官的公平正义观念需要融合群众的感受，应当考虑群众如何评判，尽量符合群众的公平正义观念。”④

四、许可有关人员在庭与退庭

法庭审理的顺利进行离不开所有庭审人员配合。然而，由于诉讼参与人的职能各异，与案件事实的关联程度有别，故法官必须根据案件的具体情况和庭审的需要，对有关诉讼参与人进行在庭、退庭的安排和许可。在庭、退庭许可安排不当，不仅可能导致辩审冲突，还会影响公正审判而面临程序性制裁的危险。基于此，有必要对在庭、退庭许可权进行全面审视。

---

① 丁寿兴：《庭审中的审判长》，上海三联书店2006年版，第202页。

② ［德］罗尔夫·施蒂尔纳、周翠：《当事人主导与法官权限——辩论主义与效率冲突中的诉讼指标与实质阐明》，载《清华法学》2011年第2期，第136页。

③ 沈志先：《驾驭庭审》，法律出版社2017年版，第96页。

④ 胡云腾：《向群众和传统学习司法智慧》，载《中国审判》2016年第19期，第37页。

（一）在庭、退庭许可权的性质及影响

诉讼参与人在庭，指庭审时诉讼参与人在法庭之内参与庭审，退庭则指诉讼参与人退出法庭隔离于庭审。比如，询问证人完毕以后，审判长安排其退庭而避免两名证人同时在场；询问鉴定人或者专家证人时，法庭许可多名鉴定人同时在场接受控辩双方质询，等等。显然，什么时候让证人等诉讼参与人在庭，什么时候又安排其退庭，需要审判长根据庭审的具体情况作出安排。那么，这种让诉讼参与人在庭或者退庭的许可与安排到底是一个什么样的权力呢？是诉讼参与人的诉讼权利还是审判长的权限？

在理论上，将法官决定诉讼参与人是否可以作出一定行为的权力称为诉讼许可权，比如，发言、发问、退庭、申请不出庭等许可。许多学者认为，诉讼许可权是诉讼指挥权的内容之一。[①] 诉讼参与人在法庭的进、退，体现的是审判长对“人”的安排，犹如一种“排兵布阵”，属于审判长诉讼指挥的权限。判断一项权利（权力）归属于哪个主体，主要看这项权利（权力）行使方式是否受制于别的主体。显然，诉讼参与人能否在庭或者是否退出法庭，不是由诉讼参与人决定的，而是受制于审判长的许可与否，否则法庭将成为一个自由出入的“菜市场”。审判长基于审理的需要，在遵循法庭程序规则的基础上，许可、安排有关诉讼参与人的进入或者退出法庭，属于依职权对诉讼程序的安排与控制，系诉讼指挥权的范畴之一。

诉讼参与人的在庭、退庭许可，对法庭调查有何影响呢？主要体现在以下几个方面：一是关系诉讼参与人在庭义务与权利保护之间的平衡。比如，基于直接言词原则，证人应当出庭当庭作证，具有在庭义务，但是如果可能存在对证人的打击报复、隐私暴露等情况，法庭又不得不考虑其人身、隐私的保护。二是被告人到庭义务、防止串供、对质权、缺席审判等方面的协调与平衡。三是被害人、辩护人等基于个人事务是否可以先行退庭的问题。

---

① 龙宗智：《刑事庭审制度研究》，中国政法大学出版社 2001 年版，第 363 页；蔡杰、冯亚景：《我国刑事法官庭审指挥权之探讨》，载《法学研究》2006 年第 6 期，第 115 页；姚磊、甄贞：《刑事诉讼指挥权研究》，载《河南社会科学》2015 年第 4 期，第 44 页；黄琪：《刑事诉讼中法官诉讼指挥权研究》，西南政法大学 2019 年博士论文，第 80 页。

（二）被告人在庭、退庭的许可

在我国，被告人是证据的来源，同时也是审判的对象，被告人的双重身份决定了法官安排其在庭、退庭问题时，需要考量诸多因素以保障公正审判权的实现和法庭审理的正常秩序。具体而言，需要处理以下两个问题。

1. 被告人是否必须一律在庭？

清末《1911 年刑事诉讼律（草案）》第 313 条规定：“被告人不出庭，不得开庭公判。但有特殊规定者，不在此限。”即认为，被告是一造当事人，一般情况必须出庭，否则法院不能开启庭审，但也设置了例外：拘役、罚金案件除外。[①] 我国现行刑事诉讼除缺席审判的情形外，不管罪行轻重，也要求被告人到庭才可开启法庭审判。即使在被告人强烈对抗诉讼指挥被带离出庭的情况下，法院不继续进行审理，但辩护人被驱逐出庭的场合却继续审理其先前代理的案件。

结合域外经验，并无须要求被告人一律出席法庭审判，主要有三方面理由：一是本质而言，在场受审权是被告人的基本权利。在英美国家，出庭当面受审视为被告人的宪法性权利，故被告人可以选择是否出庭，法院在尊重其自愿性的基础上，可允许其缺席审判。[②] 被告人不出庭并不是放弃接受审判的义务。二是在精密司法制度下，被告人是否出庭并不必然影响案件事实的认定。经过侦查机关的反复侦查、检察机关的重重把关、辩护人的积极介入以及最后法院对事实和法律的双重负责，可以说被告人的在庭与否与案件事实的查明联系不大。实践中绝大部分有罪判决认定的事实并非依据被告人当庭供述，即是例证，特别是轻微、案情简单的刑事犯罪，被告人是否出庭的确影响不大。三是通过被告人的书面意见及律师意见可以弥补程序公正上的减损。不可否认，缺席审判的确会导致程序公正的减损，对此，通过被告人及其辩护人的书面意见，可以满足其知情权、自愿性。四是可以大幅度提

① 吴宏耀、郭恒编校：《1911 年刑事诉讼律（草案）：立法理由、判决例及解释例》，中国政法大学出版社 2011 年版，第 218－219 页。

② 步洋洋：《论我国刑事缺席审判制度的类型化》，载《政法论坛》2020 年第 4 期，第186 页。

升司法效率。因此，在未来可以规定下列情形，被告人不在庭也可以开启法庭审判。

第一，依被告人申请不出庭的轻微刑事案件。被告人出于种种原因，不愿意出庭但愿意接受处罚的，若其申请不予出庭，法院应当尊重。[①] 在认罪认罚从宽案件中，这一情况完全可以适用。比如，那些可能被判处管制或者单处罚金的案件，事实清楚、证据充分且被告人申请放弃出庭的，法院可以同意其不出庭。在德国刑事诉讼中，可能对被告人单处或者并处 6 个月以下自由刑、180 日以下日额罚金等情形，经被告人申请，可以同意其不出庭。

第二，被告人严重对抗法庭审判的案件。被告人不予配合法庭审理或者严重对抗法庭指挥，经审判长制止、规劝和释明后，被告人依然破坏法庭规则，导致庭审难以继续的，法庭可以决定缺席审判。

第三，被告人由于身体原因无法参加庭审的案件。我国《刑事诉讼法》第 296 条将“患有严重疾病无法出庭”且经六个月等待期依然无法出庭的被告人，法院在被告人同意的情况，可以缺席审判。当然，对于被告人患病无法前往法院所在地的法庭时，法院也可选择在医院进行庭审，但也应当尊重被告人的自愿性以及理解庭审内容的可能程度，以确保审判程序的公正性。

第四，部分审判环节与被告人无关的案件。在人数众多、涉及罪名和犯罪事实较多的案件中，存在部分审判环节与被告人无关的情况，这种情况下，法院也无必要再让被告人在庭。比如，《德国刑事诉讼法典》第 231C 条规定：“对数名被告人进行法庭审理时，法院可依申请，准予个别被告人、强制辩护中亦准许辩护人，不参加不涉及他们的个别审理部分。”[②]

总之，为保障诉讼顺利进行和提升诉讼效率，在尊重被告人意志的情况下，被告人并非一律需要出庭审判，当然，应当保障被告人的知情权和辩护权以及不在庭的自愿性，避免法院以办案方便为由剥夺被告人的公正受审权。

---

① 比如重大疫情防控期间，被告人需要穿厚厚的防护服受审，有被告人就表示已签署认罪认罚具结书，但希望不要在路上来回折腾；又如被告人为维护自己的人格尊严，不愿意在众目睽睽之下被关注和揭露，等等。

② 《德国刑事诉讼法典》，宗玉琨译注，知识产权出版社 2013 版，第 189 页。

2. 发问期间如何安排被告人退庭？

为直观说明“单独询问”对查明事实的作用，我们可以回顾一下这个家喻户晓的小品：2006 年春节联欢晚会的小品《说事儿》，小崔通过轮流分别问话的方式，“揭穿了”白云、黑土的“实情”，成为喜剧经典。虽为小品，但与审判的原理相通：隔离询问有助于了解真相。有学者指出：“隔离询问、诘问被告与证人，再利用交叉比对双方陈述内容是否出入的方式，是发现被告辩解是否真实的最佳方法。”①

在发问期间（如讯问共同被告人、询问证人等），基于保障陈述真实性和特定诉讼参与人合法权益的目的，发问可以参照以下规则：

第一，隔离共同被告人个别发问（含询问、讯问）规则。通常情况下，“证人、鉴定人、共同被告人等或与被告人夙有恩怨，不能尽其陈述”②，抑或共同被告人由于害怕担责而相互推脱责任作虚假供述，听到同案犯的供述后改变想法。因此，大部分大陆法系国家、地区的刑事诉讼法中都明确讯问共同被告人时，其他被告人应该将其带出法庭。③ 同时，待陈述完毕后，应再命被告入庭，告以陈述之要旨，并予诘问或对质之机会。④

第二，保护脆弱证人（受害人）规则。“为确保必要的证言不受影响，在程序上免除犯罪被害人以及其家人受到被告所为生命身体财产之危害或恐吓是有必要的。”⑤ 被告人若记得被害人特征，难免有打击报复之可能。此外，在证人心智不健全或者受被告人伤害后造成心理阴影，若证人出庭，也需要对被害人进行特殊保护。上述情况都应当避免被告人与脆弱证人、被害人接触而让被告人退庭。⑥《日本刑事诉讼规则》第 202 条规定，若证人在旁听人员面前不能充分陈述，审判长也可让旁听人员退庭。若采取庭审直播方

---

① 林江达：《何时问被告?》，载《检察新论》2009 年第 5 期，第 209 页。

② 吴宏耀、郭恒编校：《1911 年刑事诉讼律（草案）：立法理由、判决例及解释例》，中国政法大学出版社 2011 年版，第 249 页。

③ 如《德国刑事诉讼法典》第 247 条，等等。

④ 在某些特殊案件中，共同被告人既是犯罪行为实施者，又是伤害结果承担者，如聚众斗殴案，双方都可能受到伤害。在这种案件中，双方经过庭审，认识到过错，若同意和解，法庭应基于化解矛盾、定纷止争的目的，予以其当庭和解的机会，故可以当庭询问其是否愿意和解。

⑤ 黄朝义：《刑事诉讼程序基础理论》，新学林出版有限公司 2020 年版，第 115 页。

⑥ 黄琪：《刑事诉讼中法官诉讼指挥权研究》，西南政法大学 2019 年博士论文，第 87 页。

式开庭的，需要对脆弱证人图像进行模糊处理。①

第三，退庭后候审中避免交流规则。实践中，被告人、证人在法院暂时安排退庭候审过程中，如果看管不严，容易产生被告人、证人等相互交流的情况，从而导致串供发生。因此，在退庭候审期间，可以安排司法警察加强监督、看管，必要时还须禁止使用通信工具，避免候审人员之间相互交流而影响出庭陈述的真实性。对此，有国家将此规定在成文法中，比如，《法国刑事诉讼法》第 325 条规定："审判长命令证人退出法庭，到专门为其准备的候传室等候；证人仅在出庭作证时才能离开候传室；如有必要，审判长采取一切有益措施以防止证人在作证之前相互串通。"②

第四，被告人退庭期间权利减损弥补规则。被告人退庭一定程度上可能减损其在场听审权和对质权，因此，在被告人再次入庭以后，应当采取必要措施弥补退庭期间对被告人的权利减损，具体方式为：一为告知被告人退庭期间法庭的调查情况（告知要点），二为赋予被告人对质的机会。如《德国刑事诉讼法》第 247 条、《韩国刑事诉讼法》第 297 条第 2 款均规定，被告人再次入庭后，法庭应当告知被告人先前有关陈述的要点并赋予其诘问、对质的权利。当然，若被告人对他人陈述内容无异议或者陈述间内容没有实质性差异，并无必要进行对质。正如我国当前的法庭调查规程的做法，明确在被告人供述之间存在实质差异的，可以安排被告人进行对质。

（三）证人退庭的许可

许可证人退庭，系审判长诉讼许可权的内容之一。③《荷兰刑事诉讼法》第 296 条第 1 款规定："证人在作证以后不得退庭，除非经同意允许其退庭，必要时可以命令证人候于在作为法院行使审判权的重要场所。"④《德国刑事诉讼法》第 248 条规定："证人、鉴定人在接受询问后，只有经审判长同意

---

① 张凌等编译：《日本刑事诉讼法律总览》，人民法院出版社 2017 年版，第 185 页。

② 《世界各国刑事诉讼法》编辑委员会：《世界各国刑事诉讼法》（欧洲卷·上），中国检察出版社 2016 年版，第 630 页。

③ 蔡墩铭：《刑事审判程序》，五南图书出版有限公司 1992 年版，第 47 页。

④ 《世界各国刑事诉讼法》编辑委员会：《世界各国刑事诉讼法》（欧洲卷·中），中国检察出版社 2016 年版，第 886 页。

或者根据他的指示才允许离开法院所在地。”[①] 总之，证人退庭是审判长依据庭审需要作出的庭审安排。值得关注的问题是，证人何时退庭妥当？专家证人作证时是否也要求其退庭？

首先，证人退庭时间不宜过早也不宜过晚。若证人退庭过早，则使被告人失去与之对质的机会，可能影响公正审判。在实践中，曾发生审判长过早安排证人退庭，导致被告人失去与之对质的机会，上级法院将该案发回重审的情况。但是，证人退庭也不宜安排过晚，否则违反证人个别询问规则。因此，安排证人退庭时应当区分情况而定：证人出庭作证完毕后，不宜立即安排其退庭，审判长可向被告人的辩护人询问其意见，是否需要安排被告人与证人对质，若需要对质的，可立即传被告人到庭与其对质。审判长若认为证人当庭证言与书面证言差距较大或者与被告人供述的有关内容分歧较大的，也可依职权决定让证人与被告人对质。

其次，多名专家证人可同时在庭作证。专家证人不同于普通证人，是基于一手材料基础上的认识和看法，并非案件事实的亲历者、见证者，在案件中，通常会出现互相竞争甚至针锋相对的观点。[②] 在英国，陪审团参与的案件审判中，86% 的案件有专家证人出庭作证，英美法诉讼几乎成了专家证人主宰的诉讼。[③] 有人将专家意见称为律师手中的萨克斯：律师想要听什么调，专家就吹什么调，专家证人成为当事人手中攻击对方的利器，而法官在各种各样的专家意见面前有时会一头雾水。因此，对于专家证人出庭作证的，法官可以安排其同时在庭，以便法官随时向多名专家证人发问并安排专家证人相互辩论。事实上，我国《法庭调查规程》也采取了这种做法，其规定：“同一鉴定意见涉及多名鉴定人的情形，有关鉴定人，以及对该鉴定意见进行质证的有专门知识的人，可以同时出庭，不受分别发问规则的限制。”

最后，需要注意的是，证人在庭时，应当一次性问终结，避免被告人、

---

① 《世界各国刑事诉讼法》编辑委员会：《世界各国刑事诉讼法》（欧洲卷·上），中国检察出版社 2016 年版，第 296 页。

② 季美君：《专家证据制度比较研究》，北京大学出版社 2008 年版，第 62 页。

③ ［美］罗纳德·J. 艾伦、理查德·B. 库恩斯、埃莉诺·斯威夫特：《证据法：文本、问题和案例》，张保生等译，高等教育出版社 2006 年版，第 722 页。

证人等反复进出法庭，降低庭审效率。

（四）辩护人是否在庭的许可

在我国刑事案件律师辩护全覆盖改革背景下，被告人出席法庭审判通常都需要辩护人出庭为其提供辩护，即使在缺席审判程序中，被告人不在场的，也必须有辩护人在场方可开启缺席审判程序，如我国《刑事诉讼法》第293条所示的强制辩护规定，也即辩护人应当在庭参与法庭审判。这是辩护人忠诚义务的内在要求，也是保障审判公正的程序底线。然而，庭审情况的复杂性，“一刀切”的做法不切实际，存在进一步具体问题具体分析的必要。

1. 辩护人可缺席部分庭审

我国现行法律并未规定，辩护人是否必须全程参与庭审。通常，在法院首次开庭时，法庭会核实被告人委托辩护人的情况，也即至少首次开庭时辩护人必须到庭。但是，对于人数众多、罪名众多、庭审程序烦琐的共同犯罪案件，庭审中存在大量与个别被告人无关的情况。比如，在涉黑案件中，某个被告人可能只参与其中一桩犯罪事实，众多的其他犯罪事实，他根本不知晓、也没参与，在这种情况下，这名被告人的辩护人还有必要每天参加旷日持久的庭审吗？答案显然是否定。因此，为确保诉讼效率和避免辩护人付出更多不必要的时间和精力，应当许可辩护人缺席与其委托人无关的部分审判活动。对此，可参照《德国刑事诉讼法典》第231C条规定：“对数名被告人进行法庭审理时，法院可依申请，裁定准予个别被告人，强制辩护中亦准许辩护人，不参加不涉及他们的个别审理部分。”① 德国刑事诉讼法中强制辩护的律师都可以缺席无关其委托人的庭审，举重以明轻，委托辩护的律师当然也可以缺席部分与其委托人无关的庭审。在具体操作上，辩护人应当事先与审判长进行沟通并告知其理由，审判长一般应当同意律师的申请。此外，在辩护人因为庭审档期冲突难以参加部分庭审的，经向法院说明理由，法院不得据此为由剥夺律师的辩护人资格。

---

① 《德国刑事诉讼法典》，宗玉琨译注，知识产权出版社2013年版，第189页。

2. 应从严把握辩护人退出辩护而许可其退庭

实践中，辩护人退庭的情况时有发生，有的是法庭许可退庭，有的是被法庭驱逐出庭，有的则是辩护人擅自退庭。[①] 不管哪一种退庭方式，都会导致法庭程序受阻，甚至影响被告人辩护权的实现。其中，在法庭许可被告人退庭中，存在需要规范的地方。比如，2011 年 6 月，在北京市昌平区人民法院审理被告人丁某放火案的庭审中，被告人丁某当庭翻供。受法律援助中心指派的杨姓律师认为，被告人违背事实拒不认罪，无法继续为被告人辩护。杨律师向法庭申请不再担任其辩护人，在征得法庭同意后杨律师退出法庭。此后，法庭并未休庭，庭审依然继续。[②]

对于许可辩护人退庭，应当作出一定程序规制，具体如下：从诉讼构造上观之，许可退庭体现为审判方与辩护方权力与权利的互动关系。这种互动关系处理不当，不仅会损害被告人的利益，还会危及诉讼整体的公正性。因此，应当从法庭、辩护律师两个方面考虑对许可退庭行为进行必要的程序规制。

第一，应当严格把控许可退庭的程序。法庭作为程序的监护者，出于诉讼效率和审判公正的考虑，不能单纯机械地因为辩护律师与被告人意见冲突就同意其退出法庭审判。具体而言，首先在许可的主体上，应当由合议庭成员合议决定，必要时可提请院长决定；在许可的裁定意见上，应当制作书面文书并记录在案。其次，为节约诉讼成本，应当允许辩护律师一次反悔的机会。比如，当辩护律师退出法庭又及时改变主意愿意继续辩护的，若被告人愿意接受其继续辩护，法庭应当许可。最后，最为关键的，法庭应当严格把控拒绝辩护的条件，而不是机械地参照律师法和司法解释的有关规定。

第二，退庭前应当充分听取被告人意见。一般而言，被告人的意志与其利益处于同一轨道之内，也即被告人的主观心理认识、意愿与被告人的现实利益具有一致性。被告人通常愿意为其自身利益最大化而作出某些取舍。然

---

① 杨勇：《辩护律师退庭的三种形态及规制》，载《湖南科技大学学报》（社会科学版）2020 年第 6 期，第 11 页。

② 杨昌平：《被告当庭翻供，辩护律师愤然离席拒辩》，载《北京晚报》2011 年 6 月 24 日，第 04 版。

而，有些时候被告人意志与其利益之间会出现巨大的鸿沟，被告人的主观意愿与现实利益背道而驰。譬如，被告人认为其行为不是犯罪行为，在审判过程中未作悔罪陈述，特别是判决生效之后一直不认罪、悔罪，从而失去减刑、假释机会。甚至，在被告人本来无辜的情况下，其基于“时间贴现”心理，在漫长的诉讼过程中对预想结果日益失望从而为了得到法院的轻判、早日出狱而违心地作有罪供述。① 导致这种现象的原因往往是被告人与辩护律师沟通不畅。当被告人意见与辩护律师意见发生冲突时，辩护律师可选择申请休庭，然后与被告人进行沟通。辩护律师应充分告知被告人关于庭审证据情况的专业意见以及自己辩护策略的合理性。在努力沟通却无效的情况下，再退出法庭审判。当然，出于实现辩护律师利益最大化的考虑，退庭之后，辩护律师也应当向法庭提交独立的书面辩护意见。同时，法庭也应当及时休庭让被告人与其辩护律师进行沟通，沟通未果，再允许其退出法庭审判。

第三，退庭之后应为被告人选任新的辩护人或者指定辩护律师。辩护律师退出辩护后，为保障被告人的辩护权，法庭应当及时告知被告人有权另行委托辩护人或者申请法律援助。新的辩护人到位后，应当为新任辩护人阅卷、会见等庭审准备留出必要的时间。同时，法庭应当及时告知新任辩护律师先前的庭审调查情况、证据情况。若被告人、律师认可先前法庭调查程序的，可以不再进行相应的法庭调查；反之，先前的调查行为无效，应当重新组织法庭调查。值得注意的是，在裁判文书中，单列后任辩护律师的名字、辩护情况即可。其理由是，前任辩护律师已退出辩护关系且其参与的庭审情况要么经后续辩护律师确认、要么经后续庭审更改，已完全体现后续辩护律师的意见。当然，出于“有据可查”的考虑，可将辩护人的变动情况记录在庭审笔录之中。

---

① 有学者研究发现，这种现象属于心理学上所称的“时间贴现”（Temporal discounting），即个人对事件的价值量估计随着时间的流逝而下降的心理现象。参见何嘉梅、黄希庭：《时间贴现的性质与脑机制》，载《心理科学进展》2009 年第 1 期，第 98 页。

第五章

刑事诉讼指挥权之行使规则：对事之指挥

> 无论任何种类之诉讼，证明活动与诉讼指挥最能表现当事人与法院之互动关系，由于此种关系出现于审判期日，故最容易引起注意。
>
> ——蔡墩铭

如果说法庭对有关诉讼参与人的行为进行指引与控制系对人之指挥，那么法庭对案件审理方式之安排、证据调查之指引等则是对事之指挥。对事之指挥集中体现在对庭审事宜本身而非对诉讼参与人的安排与指引，主要包括案件审理之进程控制、庭审方式与地点的决定、证据调查顺序与方式之安排、法庭辩论程序的引导与控制等几个方面。庭审是刑事审判的中心，法庭调查则是庭审的中心。在法庭调查过程中，各种诉讼材料、证据在审判长的主持、安排下被提交、展示、质证。审判长能否妥当安排、指引这一系列法庭调查行为关系到案件真相能否得以发现、案件是否得以高效处理，还会直接影响社会大众对审判人员业务水平、司法制度的信心与认同。是故，有必要研究和完善刑事诉讼指挥权之行使——对事之指挥进行系统研究。

一、案件审理之进程控制

案件审理之进程安排与控制，具体包括指定审判期日，开庭、休庭、闭庭的安排，中止审理，延期审理等。庭审进程的安排与控制集中体现法院（法官）对诉讼程序进程、节奏的管理与控制，是法院（法官）的一种对

“事”的安排。案件审理之进程控制是法院提倡高效、公正司法的应有之义。

（一）指定审判期日

审判期日，是指“当事人、诉讼关系人、裁判所共同出席作出诉讼行为的时间。期日实施的场所为法庭，审理应当以期日为中心进行”①。指定审判期日，是审判长依据职权，结合案件审理的具体情况，召集诉讼有关人员在某个日期进行某种诉讼活动的职权行为，系审判长的诉讼指挥权之一。审判期日，也即开庭日期，在案件审理过程中，无论是给予被告人充分准备辩护的时间或者及时获得公正审判都与开庭期日紧密相连。是故，张丽卿教授认为，在全部刑事诉讼程序中“以审判期日最为重要”②。在日本司法实践中，因为法院开庭期日的指定常与辩护人发生分歧，以致有时“在诉讼指挥中，法院与辩护人意见会特别对立者，就属审判期日的指定”③。

审判期日的指定权通常由审判长、承办法官行使。比如，《德国刑事诉讼法典》第213条：“审判期日的庭期，由法院审判长指定。”④《日本刑事诉讼法》第273条：“审判长，应当确定审判日。”⑤ 在我国，未使用“审判期日”这样的概念，而是用“开庭日期”。我国的刑事诉讼法没有具体明确谁指定开庭日期的问题，法律虽然规定了各类案件的审结期限，却未明确规定多久可以开庭。实践中，在审判期日的指定上，一般由承办法官具体指定。指定审判期日涉及法庭安排，法警协调，公诉人、辩护人以及其他有关部门及人员能否同时到庭参与庭审的问题，故法官考量因素较多。但无论如何，指定审判期日应当坚持及时性、集中审理、稳定性原则。具体而言，指定审判期日需要注意以下几个方面的问题：

一是候审期间不应等待过长。被告人有权受到及时审判的权利（速审权），这也是被告人的一项宪法性权利。美国国会通过的《联邦快速审判法

---

① ［日］伊藤真：《民事诉讼法》，曹云吉译，北京大学出版社2019年版，第162页。

② 张丽卿：《刑事诉讼法理论与运用》，五南图书出版股份有限公司2016年版，第581页。

③ ［日］大出良知、川崎英明、神山启史：《刑事辩护》，日本刑事法学研究会译，元照出版有限公司2008年版，第326页。

④ 《德国刑事诉讼法典》，宗玉琨译注，知识产权出版社2013年版，第181页。

⑤ 张凌等编译：《日本刑事诉讼法律总览》，人民法院出版社2017年版，第68页。

案》（*Speedy Trial Act*，1974），以成文法的形式详细规定了起诉后法院开启审判的时间。比如，对于不认罪的案件，审判必须在司法官听证日之后的70日内进行审判。[①] 我国某地区快速审判有关规定：法院应依法迅速周详调查证据，确保程序之公正适切，妥慎认定事实，以为裁判之依据，并维护当事人及被害人之正当权益。法院就被告在押之案件，应优先且密集集中审理。对于被羁押的被告人，该规定明确为：审判中之延长羁押，如所犯最重本刑为死刑、无期徒刑或逾有期徒刑十年者，第一审、第二审以六次为限，第三审以一次为限。审判中之羁押期间，累计不得逾五年。前项羁押期间已满，仍未判决确定者，视为撤销羁押，法院应将被告释放。无疑，这种对未决羁押的处置方式具有重要借鉴意义。

二是不应过于仓促。如上文所言，审理期日的指定既关乎速审权，亦与被追诉人实体权利息息相关。被追诉方能否获得充足的时间准备辩护是公正审判的考量要素之一，道理很浅显，过于仓促的审判无疑相当于让被告方“裸考”。《美国联邦快速审判法案》规定，法院开庭之日应当在被告首次会见律师之日或明确放弃律师帮助权并选择继续进行诉讼之日起30天以后进行。若需提前开庭，应征得被追诉人书面同意。[②] 结合实际，选定审判期日的合理期限应当充分考虑以下因素：案件的复杂程度（结合争议点、罪名、被告人数等判断）、辩护人的情况、被告人的羁押情况等。[③]

三是连续、集中审理。连续、集中审理，即审理案件应当不间断地进行，前后庭审期日不可相隔太久，其目的在于确保心证的准确性；否则，应当更新审判程序。[④] 特别是在实行陪审团事实审的国家，连续集中审理更为重要，正如达马斯卡所言：“集中型审判是与陪审团的使用不可避免地相互交织在一起的。”[⑤] 对于确有必要将庭审延至节假日继续开庭的，可以连续开庭。总

---

① 18 U. S. Code § 3161 – Time limits and exclusions. （c）（1）.

② 18 U. S. Code § 3161 – Time limits and exclusions. （c）（2）.

③ 被告人若处于非羁押状态，则其与律师的沟通较为便捷，辩护人的准备时间则相对宽裕；反之，时间则少。

④ 朱石炎：《刑事诉讼法论》，三民书局股份有限公司2018年版，第435页。

⑤ ［美］米尔伊安·R. 达马斯卡：《漂移的证据法》，李学军等译，中国政法大学出版社2003年版，第83页。

之，审判应当尽量一气呵成，让法官形成连贯、完整的心证，避免导致庭审实质上违背当事人之言词辩论原则。①

四是期日不可随意变更。实践中，法院随意变更审判期日的情况偶有发生。比如，上海金山区法院某法官曾三次取消早已确定的开庭日期，导致参加庭审的律师多次长途奔波，经媒体报道后，纷纷对法院表示谴责，有专家指出法官是滥用诉讼指挥权。② 随后，经查实，除第一次确是由于审判长身体原因未能开庭外，其余完全系工作失误所致，后该院提请人大常委免去该法官审判长职务，对承办法官行政记大过处分。③ 为维持司法威信以及避免损害诉讼参与人切身利益，审判期日一经指定，以不轻易改变为原则，除非有特别情形或重大理由。④

当前，我国刑事审判的开庭离上述要求还存在一定差距，主要体现在以下几个方面：一是指定审判期日（开庭日期）的程序较为封闭。承办人确定开庭日期时较少与辩护律师进行沟通，较武断地决定庭审期日，甚至随意变更开庭期日。二是随意延长审限的情况时有发生。我国《刑事诉讼法》虽然规定了各类案件的审限，但审理程序的转换较为任性。比如，笔者曾遇到单案、单人、单桩犯罪事实且认罪认罚的案件，公诉机关已建议适用速裁程序，但法院改为普通程序审理，立案后三个月没有审结，同时又不变更强制措施，严重损害被告人的合法权益。三是"一刀切"地限定开庭通知时间。我国刑诉法规定"至迟在三日前送达出庭通知书"，这个不分案件类型"一刀切"的做法，最明显的缺陷在于难以保障被告人及其辩护人的辩护准备时间，尤其是一些重大疑难案件。针对上述情况，在开庭期日的指定上，最为核心的是法院应当落实公正审判的理念与司法便民原则，充分与辩护人等诉讼参与人进行事前沟通、协调，既体现程序公正，又协调好了开庭进程，何乐而不为呢？

---

① 黄朝义：《刑事诉讼法》，新学林出版股份有限公司 2017 年版，第 518 页。

② 管昕：《法官三次临时取消开庭被指折腾律师 专家：不得滥用权力刁难人》，https：//china.huanqiu.com/article/9CaKrnKcyHv，2020 年 8 月 2 日访问。

③ 《上海法官多次临时取消庭审疑折腾外地律师 被提请免职》，https：//www.sohu.com/a/255307650_184492，2020 年 8 月 2 日访问。

④ 朱石炎：《刑事诉讼法论》，三民书局股份有限公司 2018 年版，第 84 页。

（二）开庭、休庭、闭庭的安排

诉讼指挥作为一种诉讼行为，具有特殊的空间性和时间性，诉讼行为的作出需要符合特定的场所和特定的时间。[①] 如果把开庭比作一首乐曲，影响这首乐曲节奏的主要因素在于开庭、休庭和闭庭。开庭、休庭和闭庭是法庭审理程序的起点、顿点和句点，是法官（通常为审判长或承办法官）依据职权，结合案件的具体情况，作出的处置和安排，是法官发动诉讼指挥权的对"事"之安排。鉴于开庭、休庭、闭庭在时间上具有内在的连续性，在空间上具有外在的同一性，本小节将其一并讨论。

1. 开庭应当准时

"开庭"有狭、广两层含义。狭义的开庭，指法官在法庭上宣布开始审理案件；广义的开庭，则是指法院开始审理案件至案件审理完结并宣告判决的全过程。此处论及的为狭义的开庭。通常，审判长指定审判期日之后，以"法院"的名义将开庭信息通知至有关庭审人员。值得一提的是，通知开庭的方式不宜拘泥于形式。比如，多年前的"贵州小河案"，上海某辩护律师在接到电话通知后，还要求书面送达，导致法院工作人员不得不乘飞机送达开庭通知书。[②] 这种做法不仅导致司法资源的浪费，还加剧了辩审关系的不和谐，实不可取。随着司法数字化的到来，无纸化（电子）送达开庭通知是大势所趋。开庭信息通知后，法官则为庭审的正式启动作准备。

宣布开庭，是法官庭审中诉讼指挥行为的起点。美国律师协会制定的《审判法官的特殊功能》第 6 - 1.5 项专门对法官准时开庭作出规定：法官有高效、妥当利用庭审时间的义务（Obligation to use court time effectively and fairly），"除正当理由外，办案法官有义务避免开庭延误和延长开庭期。在守时、遵守预定的法庭时间以及使用庭审时间的问题上，审判法官应作为所有参与刑事案件的其他人的榜样。法官也应要求所有此类人员准时和最佳利用

① 邓云：《刑事诉讼行为基础理论研究》，中国人民公安大学出版社 2004 年版，第 34 - 35 页。

② 金晶：《依法审判，不枉不纵——黎庆洪等人涉黑案审判长答记者问》，载《人民法院报》2012 年 7 月 24 日，第 3 版。

工作时间”①。

然而，由于实践中法官协调不畅以及预估不足，不准时开庭的现象时有发生，让诉讼参与人白等几个小时的现象并不鲜见，有损法院形象。是故，有经验的法官在宣布开庭前会对开庭前的准备工作所花时间作出充分、全面的预判，尽量准确安排庭审开始的时间。比如，被告人关押地点分散、远离市区，不宜把开庭时间安排得过早，否则让诉讼参与人觉得不专业，还浪费诉讼参与人时间。此外，正式开庭前应做好准备工作。临近开庭前的准备工作主要是核实诉讼参与人是否就位、法庭设备是否完好以及宣告法庭纪律。此外，开庭日期不可擅自更改。法院一旦确定开庭日期，诉讼各方就得为开庭作准备。若法院擅自更改开庭日期，不仅会打乱诉讼参与人的各项计划、加重诉讼各方的诉讼负担，还会导致诉讼拖延，同时有损法院公信力。

2. 休庭应当适时且不可违背集中审理原则

休庭，即对正在进行的法庭审理程序按下“暂停键”，犹如在足球比赛中，裁判鸣哨暂时中止比赛。一般来说，法官采取休庭措施主要基于以下理由：一是庭审持续时间太长，休庭作为一种短暂的休息。密集的庭审不仅对工作人员是高强度的脑力活动，对被追诉人而言也是一种考验。在德国刑事司法中，如果开庭持续到很晚，若被告人认为其太过疲劳，则可能违反《刑事诉讼法》136a 关于禁止的讯问方法的规定。② 二是基于庭审冲突而休庭。庭审冲突分为辩审冲突、控辩冲突、辩护方内部冲突。各种庭审冲突都会导致庭审进程受阻，审判长应当根据庭审原因、评估是否可以及时化解冲突，再决定是否休庭。三是基于回避申请而休庭。四是因证据本身情况导致的休庭。比如出现新的证据或者对证据存在疑问、需要补充证据等情况时的休庭。五是事务性需求而休庭。比如合议庭合议案件，庭审到了饭点，休庭用餐等。六是突然事由导致的休庭。比如突发自然灾害、直播过程中技术故障导致网络中断等。

---

① Special Functions of the Trial Judge, https://www.americanbar.org/groups/criminal_justice/publications/criminal_justice_section_archive/crimjust_standards_trialjudge/#6-1.5，2020 年 10 月 25 日访问。

② ［德］克劳思·罗科信：《德国刑事诉讼法》，吴丽琪译，法律出版社 2004 年版，第 396 页。

通常，休庭的启动由法官以职权进行。值得注意的是，实践中还有经辩方申请、检方建议引发的休庭，其中，辩方建议休庭的方式值得更进一步研究。根据中华全国律师协会《律师办理刑事案件规范》第125条规定："在法庭审理过程中，被告人当庭拒绝辩护或提出更换律师的，辩护律师应当建议休庭，与当事人协商妥善处理。在法庭审理过程中，出现本规范第十二条第二款事由的，辩护律师可以请求法庭休庭，与当事人协商妥善处理。"然而，在实践中若因辩护人与被告人发生冲突而申请休庭，很少获得法庭的支持，对此，审判法官应当转变观念，从保障被告人辩护权的角度，作出休庭决定，让被告人与辩护人有机会进行必要的当庭沟通。

此外，休庭时间不宜过长，否则违反集中审理原则。比如，有的地方法院一旦休庭迟迟几个月不开庭。这种做法使前期开庭形成的心证已模糊或者遗忘，以至于无法形成连贯、完整的心证，导致判决实质上并非由当事人之言辞辩论而来，因此，再次开庭时须更新审判程序，此前之审理程序无效。①

3. 准确适用闭庭

何为闭庭？我国司法实践中对此认识不一。实践中，法庭审理结束时（未当庭宣判），有的审判人员宣布"休庭"，而有的审判人员则宣布"闭庭"；甚至同一个法官，对所承办的不同案件，庭审结束时（未当庭宣判），也是有时宣布"休庭"，有时宣布"闭庭"。到底如何适用"休庭"与"闭庭"？

在英语中，表示休庭的术语有 Adjourn 与 Recess。虽然两者都有休庭的意思，但是依然存在一定区别：前者指法院开庭暂时中止而推迟至另一时间再继续审理，庭审暂告一段落；后者指庭审过程中的暂时停止，一般为"中场休息"，庭审没有结束，紧接着还会继续开庭。对于前种休庭（Adjourn），则需要控辩双方提供动议（Motion），然后法庭决定是否休庭；如果是后一种休庭（Recess），一般法庭根据庭审情况主动决定。② 对于闭庭，英语中并未收录专业术语，一般宣布休庭（Court Closing）即可。

---

① 黄朝义：《刑事诉讼法》，新学林出版股份有限公司2017年版，第518页。

② Black Law Dictionary, 10th ed, Thosmson Reuters, 2014, p. 49, p. 1461.

在我国的成文规定中，没有休庭、闭庭有关的明确定义。《最高人民法院关于人民法院庭审录音录像的若干规定》第 3 条规定："庭审录音录像应当自宣布开庭时开始，至闭庭时结束。除下列情形外，庭审录音录像不得人为中断：（一）休庭；（二）公开庭审中的不公开举证、质证活动；不宜录制的调解活动。"据此规定理解，闭庭为一次庭审结束，与休庭存在差别。我国《人民法院法槌使用规定（试行）》第 5 条规定，"审判长、独任审判员使用法槌的程序如下：（一）宣布开庭、继续开庭时，先敲击法槌，后宣布开庭、继续开庭；（二）宣布休庭、闭庭时，先宣布休庭、闭庭，后敲击法槌……"可见，休庭、闭庭也是作为两个不同的概念加以规定。那么闭庭到底是一次庭审的结束还是一个案件审理程序的结束？

本书认为，休庭与闭庭存在差别，不能混为一谈。在我国刑事诉讼法中，出现两次关于"休庭"的表述。《刑事诉讼法解释》中出现 10 次"休庭"[①]，休庭的意思是开庭审判程序的暂时中止，就像足球比赛中的"鸣哨暂停"，适用于合议庭合议、庭审人员休息等庭审程序的短暂停止，休庭结束后应该继续开庭。闭庭的意思是一个案件所有开庭审理程序的结束，只要一宣布闭庭，就表示整个案件从宣布开庭始至宣判过程结束止的整个开庭审理程序的终结。在审判实践中，当庭宣判或者当庭调解成立的案件，庭审结束时宣布闭庭毋庸置疑；对于没有当庭宣判的，无论定期宣判前开了多少次庭，都只能宣布休庭，不能宣布闭庭；宣判结束，才是庭审程序的终结，此时才可以宣布闭庭。

区分休庭与闭庭的意义在于，休庭是暂停，意味着审判还将继续，闭庭是审理结束，一般不宜再行展开法庭调查，法院必须在一定期限内宣判。比如，《德国刑事诉讼法典》第 268 条第 3 项规定："判决应当在审理结束时宣告。至迟必须在审理结束后的第十一日宣告判决，否则应当重新开始法庭审理。"[②] 实践中，有的地方法院在庭审活动结束、宣布闭庭后，又允许检察院继续补充证据，不得不再次开庭。这种做法有违程序的安定性，可能导致追

---

① 我国《刑事诉讼法》第 196、200 条。《刑事诉讼法解释》第 36、271、272、273、289、291、310、311、313、570 条。

② 《德国刑事诉讼法典》，宗玉琨译注，知识产权出版社 2013 版，第 211 页。

诉永无休止。

（三）决定中止审理

中止审理，有的地方称为审判程序之停止，即起诉后因法定原因而暂时不开始审判或者暂停已开始之审判的行为。在我国，法院作出中止审理的诉讼行为以“裁定”方式行使。中止审理系法官对诉讼程序出现特殊情况的处置和安排，体现法官对诉讼程序的管控，是一种诉讼指挥行为。根据我国《刑事诉讼法》第 206 条规定，在审判过程中，有下列情形之一，致使案件在较长时间内无法继续审理的，可以中止审理：（一）被告人患有严重疾病，无法出庭的；（二）被告人脱逃的；（三）自诉人患有严重疾病，无法出庭，未委托诉讼代理人出庭的；（四）由于不能抗拒的原因。另外，对于共同犯罪中，个别被告人出现上述第一款规定的，明确法院可以全案中止审理，也可将部分被告人中止审理而其他被告人继续审理。[①] 可以说，我国刑诉法关于中止审理事由的规定比较符合实际，但在操作层面还是存在进一步完善之处。

一是应当在主体上作出限制。域外国家或地区都严格限制适用中止审理。对于长时间的中止，应当由法院裁定；短期中止，可以由审判长决定。[②] 对于中止审理的程序规制，其背后的理论基础在于中止审理会导致诉讼拖延并使法官失去先前审判的证据心证，故因此须防止法官以中止审理之名“借用”办案时间，保障审判“一口气”完成，遵循集中审理原则。[③]

二是特殊情形下的中止审理应考虑羁押状态。比如，在 2019 年末至 2020 年新冠疫情期间，全国很多法院以“防控疫情”将大量案件中止审理。事实上，在 2020 年 5 月以后，我国大部分地区的疫情得到了有效控制，很多省份连续几个月没有新增病例，同时，法院系统的远程视频庭审系统也得

---

① 《刑事诉讼法解释》第 314 条规定，有多名被告人的案件，部分被告人具有刑事诉讼法第二百零六条第一款规定情形的，人民法院可以对全案中止审理；根据案件情况，也可以对该部分被告人中止审理，对其他被告人继续审理。对中止审理的部分被告人，可以根据案件情况另案处理。

② 《德国刑事诉讼法典》第 228 条第 1 款：是否中止审判，或者是否根据第 229 条第 2 款的规定中断法庭审理，由法院裁决。审判长可以命令较短时间的法庭审理中断。

③ 吴从周等：《法理、集中审理与失权》，元照出版有限公司 2019 年版，第 21 页。

到全面普及。一律适用中止审理导致审限延长，加重了被告人的刑期。因此，在这种情况下，对于一些轻微的刑事案件而言，为保障被告人的合法权益、真正实现公正审判，法院决定中止审理时，一方面应当听取被告人、辩护人的意见，另一方面符合条件的，可以对被告人变更强制措施。

（四）决定延期审理

决定延期审理，实质为审判长、合议庭诉讼指挥的方式之一，是审判长、合议庭根据庭审情况对审理程序的控制与安排。依据我国《刑事诉讼法》第204条之规定，在法庭审判过程中，遇有下列情形之一，影响审判进行的，可以延期审理：需要通知新的证人到庭，调取新的物证，重新鉴定或者勘验的；检察人员发现提起公诉的案件需要补充侦查，提出建议的；由于申请回避而不能进行审判的。从上述规定来看，依然存在以下问题：一是未能包含实践中其他延期审理的情形；二是延期审理的决定程序阙如；三是延期审理的期限与案件审限协调标准不统一。针对上述情况，可尝试作以下改进：

1. 进一步完善延期审理的情形

实际上，我国《刑事诉讼法》对延期审理依据的规定难以适应实际需要，应当进一步拓展。比如，当被告人与辩护人信赖关系破裂，解除辩护关系时，是否可以延期审理？答案显而易见：在当前大多地区已实现刑事案件律师辩护全覆盖，若没有律师辩护，审判视为非法；同时，新的辩护律师介入案件，需要时间作准备，故可以作为延期审理的事由。面对瞬息万变的诉讼活动，延期审理的需要绝非法律规定的三种情形。因此，有必要在《刑事诉讼法》第204条增加一项，即“（四）其他影响审判进行的情形”。当然，这并不意味着法官可以随意延期审理，应当受到一定程度的程序规制。

2. 完善延期审理的决定程序

从我国当前的相关规定可知，延期审理的决定程序是封闭的，最为明显的是没有赋予控辩双方尤其是辩护方建议、异议的权利。实际上，域外地区延期审理程序的启动，大多系控辩双方建议而发起。比如，《日本刑事诉讼法》第276条规定：“法院可以依据检察官、被告人或辩护人的请求，或者依职权，变更公审期日。变更公审期日，应当依照法院规则的规定，预先听取检察官和被告人或者辩护人的意见，但情况紧急时，不在此限。在前款但书的场合，在变更后的公审期日，应当首先向检察官和被告人或者辩护人提供声明异议的机会。”① 在美国，法律同样赋予控辩双方提出动议请求法院延期审理的权利。② 我国《刑事诉讼法解释》第 72 条第 1 款第 10 项也规定了延期审理等程序性事实需要证据予以证明，但证据应当开示，由此可知延期审理的决定程序不应该封闭化。

鉴于以上情况，延期审理的决定程序应当进一步优化：一是赋予控辩双方有权提出延期审理的建议或者申请。延期与否关系案件进程和控辩双方的诉讼策略，控辩双方有权提出建议或者申请。二是无论是以建议延期或者是法院以职权延期，均应说明理由并赋予控辩双方异议的权利和路径。延期审理与否，特别是被告人处于羁押的情况下，与诉讼参与人的利益息息相关，因此当控辩双方认为延期或者不延期审理决定不适当时，控辩双方有权提出异议，法院应当作出回复。三是慎重对待检察院因补充侦查而建议延期审理的情形。我国刑事诉讼规定对因补充侦查而建议延期审理的，是“可以延期”，但《关于修改〈中华人民共和国刑事诉讼法〉的决定》（2018）规定为“应当同意”，这种做法无疑侵害法院的诉讼指挥权，直到 2021 年版《刑事诉讼法解释》才将此规定进行修改。③ 撤回补充侦查一定程度上是宣告自身指控行为的缺陷，由于案件已经侦查终结且到了审判阶段，若一味同意公诉人撤回补充侦查，有损诉讼程序的安定性，最终损害被追诉人合法权益。④ 因此，法庭应当谨慎对待公诉人因补充侦查而提出的延期审理建议。

---

① 《日本刑事诉讼法律总览》，张凌、于秀峰编译，人民法院出版社 2017 年版，第 68 页。

② 比如，美国西雅图地方法院，可通过电话或者书面申请延期审理，参见 Reschedule a hearing，https：//www. seattle. gov/courts/tickets - and - payments/dispute - my - ticket/reschedule - a - hearing，2020 年 5 月 4 日访问。

③ 《刑诉解释》（2021 年版）第 274 条：审判期间，公诉人发现案件需要补充侦查，建议延期审理的，合议庭可以同意，但建议延期审理不得超过两次。

④ 需要注意的是，《刑事诉讼法解释》规定的是“公诉人”提出、“合议庭决定”，公诉人能否不经检察院而以公诉人个人名义提出，在此是值得商榷的。

3. 统一延期期限与审限的关系

延期审理所花费的期限与办案期限的关系如何？对此，法律和刑诉解释都没有作出统一的规定。按照刑事诉讼法的规定，只有因补充侦查建议延期审理的，可重新计算审限，但是其他情形延期审理的，审限如何计算，刑事诉讼法和相关刑诉解释都没有作出规定。2008 年，最高人民法院下发《关于严格执行案件审理期限制度的若干规定》，其中第 9 条明确另行委托辩护而留出的 10 日辩护准备期、因证据问题延期 1 个月的时间不记入审限。

笔者认为，既然出现法定情形，影响案件审理，合议庭因故决定延期审理，实质上则就是肯定对审限时间的延长，若记入审限，无疑剥夺了承办法官的办案时间。因此，应当将延期审理的时间一律排除在审限之外。

二、决定庭审方式、庭审地点

近年来，随着科学技术的发展，各地法院以打造“智慧法院”为目标纷纷将信息科技引入刑事审判，力图通过信息化技术为审判工作按下“快捷键”，比如，远程视频开庭、网络庭审直播的普遍化、VR 做证设备的运用，等等。庭审方式除了传统的“亲自到庭”的方式，还引入了“远程视频”方式。此外，由于案件的特殊情况和法院基础设施的差异，承办法官亦得对庭审地点作出妥善安排。庭审方式、地点的安排是典型的“对事之指挥”，是诉讼指挥形态之一。庭审方式、地点的安排与当事人的诉讼权利相关，有进一步研究的必要。

（一）庭审方式、地点决定权的性质

在法庭科学日益发达的今天，庭审方式的选择具备了物质基础。法院决定以何种方式开庭审理案件到底属于什么性质的权力？对此问题的回答，需要从法院固有权、当事人的参与度与法院行为之间的关联性上寻找答案。

首先，法院享有宽泛的固有权限。诉讼指挥权属于法院之固有权，法院要履行审判职能，其天生必须享有指挥诉讼的权力，否则难以听讼断案。基于此，法院以何种方式开展法庭审理，当然只能由法院依照案件情况和法律

规定进行安排。试想，如果法院庭审方式由其他方决定，法院须听从其安排，法院如何独立审案？如果庭审方式需以被告人同意为前提，那么庭审方式的选择权和物质建设则失去了存在土壤，因为被告人有可能为了拖延诉讼或者其他目的而拒绝以其他方式参与庭审。

其次，听取被告人意见是对其主体性的肯定，但不是支配法院决定的依据。开庭地点的选择是否要听取控辩双方意见？庭审决定某一案件适用“隔空对话”网络开庭还是传统的“亲自到庭”的开庭模式，是否必须以当事人同意为前提？有学者认为，被告人在场权的放弃以自愿为其合法性基础，因此，“当事人同意”是适用的前提。① 美国《联邦刑事诉讼规则》第5条和第10条也规定在首次面见法官以及聆讯阶段，可以在被告人同意的情况下使用远程视频方式进行。美国法院系统已将远程视频广泛运用于包括初次会面、聆讯、保释、科刑等阶段。曾有美国学者对法院远程视频庭审运用是否须经被告人同意提出批评。② 欧洲人权法院作出的多个判例均表明，法院是否采用远程视频开庭的方式，并不以当事人同意为前提，即使当事人一再提出抗议，要求以亲自到庭的方式审理，法院依然可以基于其固有的诉讼指挥权决定采用隔空对话的开庭方式审理案件。③

从刑事诉讼的法理来看，适用哪一种开庭方式、选择在哪儿开庭，本质上属于审判长诉讼指挥权的范畴。审判程序及证据调查，原则上由审理法院的审判长指挥。远程视频开庭是法院、审判长对证据调查方法、执行细节的指挥事项，是对案件开庭方式的安排与控制，是一种对事之指挥，属于诉讼指挥权的行使范畴。④ 是故，法院（法官）对开庭方式、开庭地点的选择、安排，是法院根据案件的特殊情况对审理形式的把控，是对诉讼资源的协调

---

① 高一飞：《加强智慧法院建设，优化司法资源配置》，载《中国审判》2017年第4期，第57页。

② Johnson & Wiggins, Videoconferencing in Criminal Proceedings: Legal and Empirical Issues and Directions for Research, Law &Policy, Vol. 28, 211 (2006), pp. 214, 220.

③ ECHR, Marcello Viola v. Italy, Judgment of 05/10/2006 (no. 45106/04); ECHR, Golubev v. Russia (dec.), Judgment of 09/11/2006 (no. 26260/02); ECHR, Sakhnovskiy v. Russia, Judgment of 02/11/2010 (no. 21272/03).

④ 黄琪：《刑事诉讼中法官诉讼指挥权研究》，西南政法大学2019年博士论文，第55页。

与分配，是行使诉讼指挥权的方式之一。

（二）刑事案件远程视频方式开庭

1. 刑事案件远程视频开庭的兴起

在我国民事诉讼领域，随着互联网法院的建立，特别在《最高人民法院关于互联网法院审理案件若干问题的规定》颁布后，远程视频、在线诉讼成为常态化开庭模式，在线庭审规则也日益完善。在英国，大量的民事案件也是通过远程视频方式审理的。[①]

然而，在刑事诉讼领域，无论是成文规范或者是实践运作，都不及民事诉讼远程视频开庭模式成熟与频繁，只是近些年来在刑事案件中才逐渐兴起远程视频开庭模式。2014 年至 2016 年 2 月，浙江省温岭市人民法院审理刑事案件 3763 件，通过远程视频审理的共 1542 件。[②] 特别是在认罪认罚从宽制度实施后，各地法院广泛使用远程视频方式审理各类案件。2020 年初，新冠疫情暴发，刑事远程视频审理成为各级法院落实“办案与防疫两手抓”的重要举措。2020 年 1 月至 10 月，有地方人民法院远程视频开庭达 4499 次。[③] 新冠疫情期间，我国的远程视频开庭得到大力推广并被官方给予高度评价。[④] 2020 年 12 月 31 日，美国联邦最高法院首席大法官约翰·罗伯茨在一年一度的《美国联邦法院系统年度报告》（*2020 Year – End Report on the Federal Judiciary*）中聚焦新冠疫情对司法审判的影响，指出美国所有案件（包括重罪案件）都在开始采取远程在线方式开庭。[⑤] 2020 年度，美国国家司法中心将誉为美国最高司法荣誉奖之一的“威廉·H. 雷恩奎斯特司法卓越奖”（William H. Rehnquist Award for Judicial Excellence）颁给了得克萨斯州地区法官艾米丽·米斯克尔（Emily Miskel）女士，鼓励她利用法庭科技改进庭审，

---

① ［英］伯内特勋爵：《英国法院系统 2020 年年度报告》，黄斌、徐文文译，载《人民法院报》2021 年 1 月 1 日，第 8 版。

② 李洁：《温岭简易刑案的“空中审判”模式》，载《人民法院报》2016 年 2 月 21 日，第 6 版。

③ 肖波：《一家家居企业的起死回生之路》，载《人民法院报》2020 年 12 月 2 日，第 6 版。

④ 2020 年 5 月 25 日周强院长在第十三届全国人民代表大会第三次会议上作的工作报告。

⑤ 2020 Year – End Report on the Federal Judiciary，https：//www. supremecourt. gov/publicinfo/year – end/2020year – endreport. pdf，2021 年 1 月 16 日访问。

其在2020年3月主持了国家有史以来第一次远程陪审团审判。[①]

2. 当前刑事案件远程视频庭审存在的问题

远程视频开庭，是一种“隔空对话”式的开庭模式。远程视频庭审中，被告人与法庭分隔两地，对法官亲历性、证据质证的方式以及被告人的在场权、辩护权和对质权均产生一定的不利影响。对着空气举证、质证，证据的真实性、同一性如何验证？特别是在一些争议案件、重大案件中，远程视频开庭备受律师界质疑。[②] 就我国而言，主要存在以下两个方面的问题：

一是法律授权不足。实践中，早在2007年，上海市第二中级人民法院就开始采用远程视频开庭。[③] 然而，我国刑事诉讼法没有规定此问题，2020年2月4日公布的刑事诉讼法司法解释也没有明确远程在线开庭问题。2016年，最高人民法院《关于进一步推进案件繁简分流优化司法资源配置的若干意见》第10条规定：“创新开庭方式。对于适用简易程序审理的民事、刑事案件，经当事人同意，可以采用远程视频方式开庭。证人、鉴定人、被害人可以使用视听传输技术或者同步视频作证室等作证。”虽然该意见首次明确刑事案件可以远程视频开庭，但仅限于简易程序案件并且该意见法律位阶较低。实践中各类复杂、重大案件也开始适用远程视频开庭，法律授权不足的问题日益凸显。

二是远程视频开庭中对被告人及相关权利人的权利保障不足。远程视频毕竟不同于物理意义上的法庭审理，“空中法庭”缺失物理法庭的诸多优势，比如被告人与律师的有效沟通不足、家属的旁听权、证据调查的亲历性大打折扣，等等。远程视频开庭作为一种在线诉讼的形式，“不仅形式上弱化了直接言词原则，更在实质上消减了直接言词原则所承载的公正价值”[④]，因

---

① Lorri Montgomery, Texas judge to receive William H. Rehnquist Award for Judicial Excellence, https://www.ncsc.org/newsroom/news-releases/2020/texas-judge-to-receive-william-h.-rehnquist-award-for-judicial-excellence，2021年1月6日访问。

② 蔡华、张学政：《对刑事案件远程视频开庭的质疑和分析》，深圳律师网 http://www.szlawyers.com/info/00966b1fcb36433cb2d6dfabf2ba139b，2020年3月1日访问。

③ 范黎红：《远程审理的适用空间之展望》，载《法学》2010年第2期，第148页。

④ 张兴美：《电子诉讼制度建设的观念基础与适用路径》，载《政法论坛》2019年第5期，第124－125页。

此，可能影响公正审判。

3. 远程视频庭审制度的完善

诚然，远程视频开庭的确面临一些争议，需要对远程视频开庭的适用进行必要的规制。“推进诉讼程序数字化，离不开高效的案件管理。”① 远程视频开庭作为一种数字化诉讼形式，需要在案件管理上与之配套。对此，适用远程视频开庭时应当注意从以下几个方面进行完善：

一是尽早完善法律授权问题。庭审方式的改变与公正审判权息息相关，且不可以临时性的一纸文件应对。妥当办法是由“两高三部”联合发文的形式对远程视频开庭问题予以明确。比如，美国曾以立法的形式确定远程视频审理刑事案件问题。在《新冠病毒救助、减免及经济稳定法案》（Coronavirus Aid，Relief，and Economic Security Act）中，明确授权美国各级法院可以通过远程视频、音频审理包括重罪案件的庭审、量刑。②

二是对被告人知情权的保障。作为一种隔空开庭方式，远程视频开庭毕竟与传统的实体法庭有太多差别，因此，应当在适用远程视频开庭时对被告人进行充分告知和释明，打消其因远程视频开庭而害怕遭到不公正对待的顾虑。对此，美国加州法院远程视频开庭告知书值得借鉴。美国加州法院远程视频初次聆讯、开庭，法院会向被告人发放一份《被告人远程视频程序说明书》（Instructions To Defendant For Remote Video Proceeding）和《适用远程视频程序同意或者否决通知书》（Notice And Waiver Of Rights And Request For Remote Video Arraignment And Trial）③，说明书的内容主要包括：远程视频庭审的程序、规则以及被告人选择远程视频开庭的后果、保释金的缴纳方式等。此外，被告人若不同意远程视频开庭，有权选择亲自到庭参加聆讯或庭审。通知书的内容主要包括：被告人的身份信息、案件信息、被告人的权利告知、放弃权利的声明、是否拥有律师情况等。

---

① ［美］伊森·凯什等：《数字正义：当纠纷解决遇见互联网科技》，赵蕾等译，法律出版社2019年版，第230页。

② Coronavirus Aid，Relief，and Economic Security Act（or CARES Act）SEC 15005（b）.

③ Instructions To Defendant For Remote Video Proceeding，https：//www. courts. ca. gov/documents/tr500info. pdf；Notice And Waiver Of Rights And Request For Remote Video Arraignment And Trial，https：//www. courts. ca. gov/documents/tr505. pdf，2020年10月8日访问。

三是对特定案件类型中被告人在场权的保障。被告人审判时在场权是其获得公平和公正审判的重要性权利。虽然远程视频庭审模式在画面和声音两个维度上，似乎满足了被告人的在场权，但画面、声音在场与被告人亲历现场完全是不同的概念。至少，视频法庭限制了被告人与各庭审参与者的肢体交流，大部分被告人在视频面前会感觉到不自在，难以保障被告人有效听审。[①] 因此，为确保被告人有效听审，采用远程视频庭审应当在案件类型、审理阶段作出适当限制，保障特定案件中被告人的在场权。比如，对于重大复杂、卷宗材料众多、人数众多、控辩双方存在较大争议的案件，不宜通过远程视频开展举证、质证；在一审阶段，由于所有案件材料都是第一次呈现在控辩审三方面前，需要充分的举证、质证，不宜全面推广远程视频开庭。也即，对于简易案件、认罪认罚案件，争议较小的二审、再审阶段案件，适用远程视频开庭，对被告人的在场权应该是在可容忍的范围内。

四是对被告人辩护权的保障。远程视频模式庭审中，被告人与其辩护人相隔两地，难以实现有效交流。“无自由交流，则无辩护”，故首先应保障被告人与辩护人之间交流的私密性。具体来说，其包括：不可监听辩护方之间的交流通信，设置必要的通道为其交流提供便利；应当赋予辩方充分的交流时间。由于远程视频把物理空间放在了数字空间，被告人与辩护律师的交流受到一定压缩，需要结合律师对案件的熟悉程度、案件本身的复杂程度等情况，给予被告人充分的私密交流时间。

五是对有关人员旁听权的保障。通常，被告人家属都愿意参与旁听，特别是对被长期羁押的被告人家属而言，更渴望亲临现场见到自己的亲人。同时，满足家属等有关人员的旁听权，亦是审判公开的应有之意，可促进法庭审理案件程序的公正性。实践中，很多地方法院以远程视频开庭存在技术障碍的名义剥夺了家属参与庭审旁听的权利，让家属大为不解。有的地方法院在远离开庭地点的场所设置庭审现场录像接收终端供家属观看，有的则通过远程庭审系统单独为被告人家属开设端口让其有机会参与庭审。

---

① Anne Bowen Poulin, Crtiminal Justice and Videoconferencing Technology: The Remote Defendant, y Tulane Law Review, Vol. 78, 1089 (2004), pp. 1111 - 1113.

六是维护电子庭审秩序。远程视频开庭将物理法庭搬至云端，但物理形态的变化并未改变法庭秩序的要求，同样，远程视频也需要维护云端法庭的秩序，可以将其名为电子庭审秩序（E－court order）。当然，电子庭审秩序在形态上有不同于物理庭审秩序的特点。结合实际，主持远程视频开庭的审判长应当通过下列方式维持电子庭审秩序：（1）诉讼参与人不得擅自离开庭审画面，否则可视为擅自退庭处理；（2）不得在庭审画面中展示标语或者其他与庭审无关的信息、物品等；（3）未经法庭许可，不得录制、传播庭审内容；（4）庭审中应当注意仪表，着装规范。

总之，作为一种在线诉讼的方式，随着法庭技术的发展，远程视频开庭将有着更加普及、广泛的运用前景。运用这种科技发展的产物进行庭审，一个核心点在于：它必须是一种输出正义的方式，而不能是一种阻碍正义实现的技术屏障。

（三）庭审直播方式开庭

是否对案件庭审进行直播（含图片文字、视频声音直播），系法院（法官）根据案件的具体情况作出的庭审方式安排，属于法院（法官）诉讼指挥权范畴。“司法审判的民主化程度越高，诉讼的开放程度也越高；反之，司法审判越是具有专制特征，诉讼的封闭性就越强。”① 在诉讼发展趋势上，现代诉讼越来越朝民主化方向发展，诉讼的开放性得到较大提高，其中以审判公开最为典型。

近年来，我国法院将庭审直播作为推进司法公开的主要抓手。早在1998年，北京市第一中级人民法院知识产权庭首次通过电视直播庭审。为增加收视率，该院还特意选择周日开庭。② 经过最高人民法院的倡导，庭审直播日益常态化。2020年5月，在最高人民法院的年度工作报告中，称截止到2020年4月，中国庭审公开网直播案件696万件，观看量237亿人次。③ 截止到

---

① 顾培东：《社会冲突与诉讼机制》，法律出版社2016年版，第208页。

② 马来客：《我所亲历的我国首次庭审直播》，中国法院网 https：//www.chinacourt.org/article/detail/2019/01/id/3640646.shtml，2020年3月15日访问。

③ 参见最高人民法院2020年工作报告“深化阳光司法”部分。

2020年7月14日，我国庭审直播达800万次。最高人民法院审管办、人民法院新闻传媒总社共同为广西壮族自治区高级人民法院颁发“中国庭审公开网第800万场庭审直播”荣誉证书及“庭审直播第800万场法院”牌匾。[①] 甚至，有学者指出，这种在线诉讼模式成为海外人士了解我国法治状况的重要窗口。[②] 庭审直播得到官方的大力推广，认为这是推行审判公开、促进司法公正、提升法官能力的重要路径。某种程度上说，庭审直播已是一种“制度自信”，是“让公平正义经得起围观”（最高人民法院2020年工作报告语）。在律师实践中，特别是一些涉黑、争议较大的案件，辩护律师也倾向于向法院申请以庭审直播方式开庭。

尽管如此，理论界对直播方式开庭依然存在诸多质疑的声音。过多的网络曝光，会使庭审成为一种娱乐表演（Entertainment spectacles）。[③] 在摄像机的镜头之下，法官会感到压力，陪审员也会产生心理负担，甚至有的证人会感到不自在从而作出虚假证言。[④] 左卫民教授对此也表示担忧，认为庭审直播与司法公开的根本宗旨相冲突，不宜成为司法公开的适当路径，可能影响审判公正和审判独立。[⑤] 甚至，有的自媒体裁剪司法人员的某些言论片段无限放大、传播，甚至进行人身攻击，给司法人员带来诸多压力。

不可否认，任何事物都存在两面性，尤其是对一项处于发展中的事物而言，一边倒地支持或者反对，都失之偏颇，犹如我们不能因为驾驶汽车会出现交通事故就否定汽车的价值而禁止使用汽车。笔者认为，在我国当前司法公开、法制宣传依然存在需要深化的空间的情况下，进一步推动和完善庭审直播开庭方式，积极意义大于负面意义。与此同时，为保障庭审直播效果和有利于案件公正审理，应当对以庭审直播方式开庭进行必要的规范。

---

① 韦琪棋：《中国庭审公开网累计庭审直播突破800万场》，载《人民法院报》2020年第7月16日，第1版。

② 刘静坤等：《互联网法院成为世界了解中国法治建设重要窗口》，载《法治日报》2021年1月4日，第6版。

③ Thomas Goodman，Should There Be Cameras in Court，25 Nottingham L. J. 167（2016）.

④ Timothy Dyk & Bernice Donald，Cameras in the Supreme Court - Should Supreme Court Proceedings Be Televised，75 A. B. A. J. 34（1989）.

⑤ 左卫民：《反思庭审直播——以司法公开为视角》，载《政治与法律》2020年第9期，第91页。

首先，应当明确庭审直播的案件类型和启动方式。2010 年，最高人民法院颁布《最高人民法院关于人民法院直播录播庭审活动的规定》（以下简称《直播规定》），将“选择公众关注度较高、社会影响较大、具有法制宣传教育意义的公开审理的案件进行庭审直播、录播”。但是，何为关注度较高、社会影响较大、有法制宣传教育意义，语焉不详，法官自由裁量空间大。比如，实践中大部分涉黑案件，法院通常不组织庭审直播，辩护律师的庭审直播申请也经常遭到拒绝。对此，笔者认为，关注度高、社会影响大、有法制宣传教育意义难以准确定义，可以从除法律规定不可公开开庭审理以及存在妨害案件审理的情形外，从案件的启动方式进一步规范。除“国家秘密、商业秘密、个人隐私、未成年人犯罪”不宜直播外，其余凡是辩护人申请直播的，法院一般应当许可，若不予支持，法院应当说明理由。也即，应当赋予控辩双方建议庭审直播的权利，而不是单由法院依职权启动。

其次，避免过多泄露诉讼参与人的个人信息。经调查发现，庭审中审判长核实诉讼参与人信息时，存在过多泄露诉讼参与人隐私的情况，给诉讼参与人带来潜在安宁生活被侵犯的危险。因此，为保护诉讼参与人的合法权益，诉讼参与人的信息可以安排在直播开始前进行核对。同时，在庭审中若需要进行某些身份具体信息核对的，也可以在庭前会议中予以解决。《直播规定》也明确提出，涉及未成年人、被害人或者证人保护等问题，以及其他不宜公开的内容的，应当进行相应的技术处理。总之，在依法公开直播和保障诉讼参与人合法权益之间，不能顾此失彼，应当两者兼顾。

最后，庭审直播应当满足被告人的知情权。在《直播规定》中，明确“检察机关明确提出不进行庭审直播、录播并有正当理由的刑事案件”“当事人明确提出不进行庭审直播、录播并有正当理由的民事、行政案件”，不进行庭审直播。从上述规定看，刑事案件的庭审直播并不需要征询被告人的意见，但要听从公诉人的意见，有违控辩平等原则，法理上难以站得住。至少，应当告知被告人庭审直播可能产生的正反影响以及注意事项，或者听取被告人对庭审直播方式开庭的意见，满足其知情权。当然，听取意见不是被告人不同意就不得采取这种开庭方式。庭审直播方式不是被告人的程序选择权，是法官的诉讼指挥权。比如，在澳大利亚，是否可以通过推特直播庭审情况，完全取决于法官的自由裁量权，在大多数情况下，只要不妨害法庭审理或者不存在蔑视法庭行为，一般均会许可直播庭审情况。①

（四）法庭地点的选择与安排

法庭地点的安排，此处不是管辖问题，指法院（法官）选择特定所在地具体法庭审理案件的行为。法庭地点的安排是法院（法官）基于案件审理的实际需要，依职权作出的诉讼指挥行为。为直观展现法庭地点的安排及其影响，我们先看一则真实案例：

案例 5－1　内蒙古包头王某明案②

2020 年 7 月，内蒙古包头市稀土高新区法院借用包头市中级人民法院的法庭审理王某明涉案一案。庭审中，只是在包头市中院法庭内的电子显示屏上注明为稀土高新区法院刑事审判庭。辩护律师认为下级法院借用上级法院法庭开庭审理违法且不公正。理由为：一是刑事诉讼法规定了程序法定原则，法无授权则不可为；二为本案大部分指控的事实与包头市中院一审的民事判决、裁定紧密相关，存在利害关系；三是包头市中院在走廊将本案作为扫黑除恶成绩宣传，涉嫌未审先判。因此，本案若上诉，则二审失去意义，架空了被告人的上诉权。控辩双方对此问题发生争执，但法庭并未作出处理。

上述案例中，下级法院借上级法院开庭，被辩护律师强烈质疑，认为是非法且不公正的做法。实践中的法庭地点选择情况远不止如上述所示类型，具体还有下列乱象：

一是开庭地点设在人民检察院。2022 年 8 月，在被告人李某某犯贪污罪一案的审理中，法院将法庭地点设在公诉机关的数字检察室（听证室）。辩护人对此提出异议，认为这种安排违背“控审分离原则”，至少难以让家属

---

① Astha Mathur，Criminal Trial Abuzz @ Twitter：A Study on the Impact of Live Tweeting of Court Proceedings on Fair Trial Rights，8 Nirma U. L. J.，2018，pp. 17－18.

② 《王某明涉黑案在包头开庭，十多名知名律师参与辩护》，http：//k. sina. com. cn/article_5593518540_14d6651cc00100sff9. html，2020 年 8 月 2 日访问。

信服法院会依法独立行使审判权。法院的解释是，受疫情影响，被告人不能提押出所，法院又没有远程庭审系统，故暂借检察院的远程视频庭开庭。

二是“小法庭”审理“大案件”。在一些被告人人数众多、辩护人同样众多的案件中，个别法院将法庭设在一些空间较小、法庭设施不健全的“小法庭”，导致家属无法旁听，部分辩护人甚至没有座椅履行辩护职责，辩护人认为是“法院故意为之”，引发庭审冲突。

三是法院选择“异常开庭地点”而不听取被告人、辩护人意见。实践中，法庭开庭地点关系被告人、辩护人行使诉讼权利，关系到其能否便捷地参与诉讼。当法院任性地选择开庭地点，辩护人提出异议时，法院要么不予理睬，要么以“不违反法律的禁止性规定”为由驳回辩护人的异议，从而引发辩审冲突。

实践中，除上述争议外，还存在一些因法庭设置地引发的争议，比如 A 法院选择在同级别的 B 法院开庭，又或把废弃工厂改为临时法庭开庭（如 2011 年的贵阳小河案），等等。

那么，刑事案件开庭地点乱象原因何在？笔者认为，包括以下几个方面：

一是法律规定不明确。在我国《刑事诉讼法》中，仅规定一审法院开庭地点的通知义务：“人民法院确定开庭日期后，应当将开庭的时间、地点通知人民检察院，传唤当事人，通知辩护人、诉讼代理人、证人、鉴定人和翻译人员，传票和通知书至迟在开庭三日以前送达。”（第 187 条第 3 款）以及第二审法院的开庭地选择权：“第二审人民法院开庭审理上诉、抗诉案件，可以到案件发生地或者原审人民法院所在地进行。”（第 234 条第 3 款）可见，我国《刑事诉讼法》并没有对一审法院可以在哪些地方开庭审理刑事案件作出明确规定。法律规范的阙如是导致一审“自由选择”法庭开庭地的首要原因。

二是开庭地点的选择与安排之权属性质不明。在法院看来，开庭地点的选择与安排是法院的职权，法院可以根据案件需要，自主决定开庭地点，其他单位和个人无权干涉。在理论上，有学者还将此权限划分为诉讼指挥权的范畴，是一种法院（法官）安排庭审进程、控制诉讼流程的“对事之指挥”。在部分律师看来，法庭地点的安排不仅是法院的职权，同样也具有当事人的权利的属性，当事人是诉讼的主体，在哪受审、能否被公正受审，诉讼结果都是由当事人承担，故当事人当然有权对法庭地点的安排主张权利。

三是检察机关的法律监督职能须拓展和深化。据笔者了解，法庭地点的安排暂未进入检察机关法律监督的范围。当法院选择一些引起争议的地点开庭审理案件时，检察机关处于“失声”状态，未进行口头或者书面的纠正，而是配合法院推进庭审。

党的二十大报告指出，我们要严格公正司法，加快建设公正高效权威的社会主义司法制度，努力让人民群众在每一个司法案件中感受到公平正义。法庭地点的选择与安排并非无足轻重，事关人民群众参与诉讼、感知诉讼、评价诉讼的诸多方面。开庭地点存在的一些乱象，让当事人及其家属、辩护人、社会大众怀疑审判的公正性，极大影响了司法机关的公信力。为进一步提升人民群众对刑事司法的信任度，有必要采取措施避免“开庭地点乱象”的发生，促进刑事案件选择法庭地点的规范化。同时，基于本书前述刑事诉讼指挥权行使原则的结论，笔者认为选择刑事案件开庭地点应当遵守的下列规则：

一是以审理法院（本院）法庭为首选开庭地点。法庭是法院的必备基础设施，哪个法院负责审理，庭审地点则设在哪个法院，这是一个常识，符合人民大众对司法的一般认知。更为关键的是，审理法院（本院）法庭为首选开庭地点具有不可替代的重要意义：树立“让审理者裁判、让裁判者负责”的公正形象。如果一个案件拿去别的法院审理甚至去检察院审理，难免让人产生联想，进而怀疑法院能否公正审理。比如，法院去检察院审理，难免让人认为这是“控审不分”“控审一家，审判可能成为走过场”。又如，下级法院去上级法院审理，如果被告人上诉，则被告人感觉两次都是在“这个法院”审理，无异于有架空“两审终审制”之嫌，给人留下司法不公的印象。因此，不管基于什么原因，下级法院去上级法院开庭、法院去检察院开庭等这样的现象应当尽量避免。

二是法院应当确保开庭地点具备安全、安宁的环境。需要强调的是，刑事案件不是民事案件，可以“国徽在，法庭就在”，不能走“马背上的法庭”的路线。有些被告人具有一定人身危险性，有脱逃、伤人、串供等潜在危险。

因此，法庭场所地的安全是重要考虑要素。同时，法庭审理是言词审理，一个嘈杂、有噪声或者空气不通畅的环境显然难以让庭审人员正常履行职责。对被告人而言，若选择一个让其无法自由表达的环境开庭，无异于一次“缺席审判”。因此，不管是基于办案安全考虑，还是从公正审判权角度考虑，法官都应谨慎选择开庭地点。

三是法院应当为群众方便旁听、辩方履行辩护职责提供必要条件。一方面，对于被长期羁押的被告人而言，短日期内其家属能见被告人的机会可能就是法庭，从人道主义角度应满足其家属的旁听权。另一方面，人数众多的案件中，法庭太小，部分辩护人连办公桌椅都没有，辩护人无法记录庭审信息，如何梳理辩护意见？法庭在安排庭审地点时，需要根据辩护人的具体情况作出安排，而不是以这种考虑欠周、违背最基本的法庭礼仪的方式对待辩护人。这绝非仅是一个是否提供桌椅的小细节问题，而是一个法官能否平等对待控辩双方、能否恪守客观中立和司法礼仪的大问题。

四是法院选择“非本院法庭审理”应当充分听取被告人、辩护人意见。从实践来看，“非本院法庭审理”的现象的确不可避免，因为不是每个法院的基础设施都能符合办案需要。是故，法院选择“非本院法庭审理”时，应当充分听取被告人、辩护人意见，最大限度地做好解释、释明工作，同时以行动表明审理程序是公正、不偏不倚的。

五是检察机关履行好选择“异常法庭地点”的监督权。检察机关作为法律监督机关，对刑事诉讼全过程都有监督权。当法院仅仅因为自己办案方便而强行选择“异常法庭地点”（不选择本院进行）抑或诉讼参与人提出异议时，检察机关应当及时进行审查，履行法律监督权。对于明显不当安排法庭地点的，可以通过口头协商或者发检察建议的方式予以纠正。这亦是“做优刑事检察”的题中之义。

2022 年 3 月 8 日，张军检察长在最高检工作报告中指出，“让公平正义更可视、可评、可感”。法庭地点是最直观的正义输出的场所，影响人民群众对“正义的观感”。选择刑事案件开庭地点，既需要考虑安全、顺利地开展庭审，更要保障诉讼参与人便捷地参与诉讼，保障被告人的诉讼权利得到充分行使，切不可只是为了司法机关“办案方便”而任性地选择开庭地点。

三、证据调查顺序、方式安排权

法庭审判程序的变化很大程度上是由法官主导的，在允许辩护律师为被告人在法庭上辩护如此，对辩护律师分配法庭辩护时间更是如此。① 在法庭调查中，证据调查不得不回应三个问题：证据与待证事实相关吗？证据可靠吗？在法庭上出示该证据证明待证事实妥当吗？② 公诉方、辩方、法官均会在这些问题上提出意见，如何公正地引导和回应这些问题与法官如何安排证据调查的顺序、方式息息相关，极其考验法官的诉讼指挥能力。

（一）证据调查顺序、方式安排权的性质及意义

1. 证据调查顺序、方式安排权的性质

证据调查程序，指如何将证据呈现于法庭而认定被告犯罪事实的过程。③ 证据调查程序是整个法庭审理程序的重心。理论界对何为“证据调查”存在一定分歧。有学者认为，法院证据调查是指法院收集证据、主导证据调查程序、审查获悉证据资料等一系列诉讼行为的总称。④ 也有观点指出：“刑事诉讼所称之调查，原有双重之意义，一为发现证据之调查，一为践行证据调查程序之调查。”黄朝义教授认为，上述证据调查的概念扩充至证据收集，混淆了证据调查与证据收集的概念，无法区隔侦查、审判之属性，证据调查的准确定义应该是，证据被收集后，如何在公判庭中显现之问题。⑤ 笔者赞同此观点，证据调查不是证据收集，而是证据收集完毕并经法定程序移交至法院后，法院依职权采取一定方式、顺序对其进行查明、核实的诉讼行为。

在我国，证据调查通过法庭调查程序集中体现，证据的调查顺序、方式主要涉及以下问题：证据调查核心、焦点的把握，言词证据与实物证据孰先

---

① Andrew Watson, Speaking in Court: Developments in Court Advocacy from the Seventeenth to the Twenty-First Century, Springer International Publishing, 2019, p. 329.

② Thomas A. Mauet, Trial Evidence, Aspen Publishers, 2015, p. 26.

③ 黄朝义：《刑事诉讼法》，新学林出版股份有限公司 2017 年版，第 476 页。

④ 李晓丽：《法院证据调查制度研究》，中国政法大学出版社 2014 年版，第 15 页。

⑤ 黄朝义：《刑事诉讼法》，新学林出版股份有限公司 2017 年版，第 477 页。

孰后调查，多个实物证据之间的调查顺序如何安排以及采取何种方式呈现。言词证据的调查顺序、方式如何安排，具体又分为：多个被告人之间的讯问顺序、证人接受询问的顺序、辩护人的发问顺序、举证方法与质证方法安排、特殊证人作证方式安排（含脆弱证人、卧底证人、亲密关系证人等），等等。

在理论和实务上，证据的调查顺序、方式的安排属于诉讼指挥权范畴。林钰雄教授认为，审理诉讼由审判长指挥。审判期日诉讼程序的进行，除法律明文规定之外，一般由审判长调节与安排，如被告或证人有多人的，其讯问（询问）的顺序由审判长安排。① 证据调查顺序、方式并不涉及证据的实体内容（如关联性、真实性），是关系诉讼有序进行的程序性事项，属于法官诉讼指挥权范畴。② 为形成被告人有罪或无罪之心证，审判长需积极发动诉讼指挥权，进行证据调查。理论上，证据要不要、调查哪些证据属于事实查证权，需要合议庭合议以法院名义决定，但是证据的调查方式、顺序是证据调查之执行细节与方法，属于诉讼指挥权范畴，由审判长行使及处分。在立法上，亦有诸多国家通过明文规定对此予以明确。譬如，《日本刑事诉讼法》第 294 条规定："审判日的诉讼，由审判长指挥。"③ 由于审判期日的庭审，主要是事实查明问题，是故日本法律中庭审期日审判长的诉讼指挥主要集中在证据调查和对诉讼参与人进行引导方面。《德国刑事诉讼法典》第 238 条第 1 项规定："审判长负责主持法庭审理、讯问被告人和调取证据。"④ 法庭审理过程中，如何安排证据的调查顺序、方法，集中体现审判长依据职权查明事实、推进庭审的程序控制和程序安排，是审判长依据案件情况和庭审状态而作出相应调整、指引、处置的诉讼指挥行为。总之，如陈中和之研究所言，"证据调查之范围、次序与方法，不论何种诉讼模式，皆属法院诉讼指挥作用之范围"⑤。

2. 证据调查顺序、方式安排权的意义

审判长发动诉讼指挥对证据调查顺序、方式进行安排，具有最直接的现

---

① 林钰雄：《刑事诉讼法》（下），新学林出版有限公司 2017 年版，第 280 页

② 万毅：《论庭审证据调查安排》，载《中国刑事法杂志》2020 年第 3 期，第 143 页。

③ 张凌等编译：《日本刑事诉讼法律总览》，人民法院出版社 2017 年版，第 74 页。

④ 《德国刑事诉讼法典》，宗玉琨译注，知识产权出版社 2013 年版，第 191 页。

⑤ 陈中和：《诉讼指挥权——以刑事一审为中心》，中正大学 2009 年硕士论文，第 95 页。

实意义，主要体现在：

其一，避免庭审无序导致庭审混乱、拖沓。笔者在中国庭审公开网上观摩庭审直播视频发现，对于被告人人数众多的案件，在公诉人宣读起诉书后对被告人进行发问时，有些审判长缺乏庭审指挥能力。比如，辩护人争先恐后向被告人发问，书记员、审判长却记不清到底谁是谁的辩护人，辩护人也记不清自己问的同案被告人到底是哪一个，导致被告人回答问题时不知所措。相反，有的地方法院的审判长就做得较为到位。比如，广西南丹县人民法院审理被告人潘某某、魏某某等48人涉黑案中，依据起诉书指控的次序将被告人、辩护人进行编号并配备一个可以举起来示意的牌子，若发言，则先举牌并按照编号次序轮流进行，不但便于审判长、书记员记忆，而且极大地节约了庭审时间。①

其二，有助于增加庭审效果。通常，庭审效果与庭审秩序、庭审争议的解决息息相关。一场拖沓、无序的庭审，会让人质疑法官的办案能力，也不利于案件事实的查明。本来，庭审作为一种成本高昂的“剧场化”活动，庭审的每一分每一秒都弥足珍贵，必须充分利用起来，才能集中有限的时间解决最核心的争议。有序、合理的证据调查安排必然能促进庭审效率的提高，进而增加庭审效果。

其三，证据的调查顺序、方式影响法官心证形成。合理的调查顺序、方式有助于保障被告人的权益，甚至影响其罪行的确定。在直接言词审理下，在庭人员通过听、看和感觉证据，从而形成事实存在与否的印象。② 不同的证据之间是相互影响的，法官对证据的理解、事实的建构都是在这种证据相互影响的过程中产生的。③ 比如，先出示一个有罪证据或是先出示一个无罪证据，庭审人员的感受是不一样的。尤其是英美国家，陪审团审判中，先让一个蹩脚的证人出庭或是先让一个表达流利、穿戴整洁、有着充分准备的证

---

① 参见广西南丹县人民法院被告人潘某某、魏某某等48人涉黑案庭审直播：http：//tingshen.court.gov.cn/live/13602219，2020年8月31日访问。

② Thomas A. Mauet, Trial Evidence, Aspen Publishers, 2015, p. 28.

③ 金孟华：《证据相互影响论——以刑事证据为中心》，载《中研院法学期刊》2018年第23期，第171页。

人出庭，其结果可能有天渊之别。[①] 这也是庭前对证人、专家证人进行辅导的重要原因。

（二）言词证据与实物证据：孰先孰后调查

言词证据与实物证据是最为直观和普遍接受的证据区分类型。言词证据以“人”为中心，实物证据则以“物”为载体。实物证据是“哑巴证据”，虽如实记录案件事实但却不能主动告知各个事实之间的关联性。言词证据则通过人的语言陈述表达对案件情况的反应、观察、意见而形成的证据形式。正是因为言词证据与实物证据形态和生成机理存在实质差异，所以应当对这两类证据确立不同的证据审查方法。[②]

法庭证据调查，首先面临的问题是如何安排证据调查的顺序。大体上，我国刑事诉讼法遵循这样的调查顺序：公诉人宣读起诉书→法官发问→被告人陈述→对被告人讯问（发问）→证人出庭作证→出示程序性书证、言词证据、物证等其他证据。我国《人民法院办理刑事案件第一审普通程序法庭调查规程》（试行）[以下简称《调查规程》（试行）] 也没有对证据调查顺序作出细化规定。实践中，由于机械地遵循这种调查程序，导致控辩双方出现诸多分歧，同时也不便于辩护方充分质证。比如，在公诉方讯问被告人环节，当被告人否定之前供述而公诉人运用被告人庭前供述内容反驳其当庭的否定性供述（辩解）时，被辩护人打断或者法官制止，称“此为发问阶段，不是举证、质证阶段”；又如，当辩护人需要对证人质疑时，可能需要出示某项书证、物证予以佐证其观点并对对方证据进行弹劾，机械地遵循流程显然不利于辩护人充分辩护。特别是在多人、多起犯罪、多个罪名的案件中，如何在确保庭审效率和查明事实的前提下确定证据调查顺序问题，依然存在诸多需要探究的空间。因此，机械地套用《刑事诉讼法》条文和相关规程，显然不适用庭审实质化和案件多样化的需求。

---

① [美] 詹姆斯·W. 麦克尔哈尼：《美国庭审宝典》，吴宏耀等译，中国人民大学出版社 2012 年版，第 25 页。

② 陈瑞华：《刑事证据法》，北京大学出版社 2018 年版，第 104 页。

证据调查顺序关系到法官的心证形成，言词证据与实物证据的调查顺序绝非孰先孰后的简单排序问题。从实践看，因客观上“先入为主”思维定式的存在，若不遵循科学合理的调查顺序，难以保障结果公正，“1 + 2” ≠ “2 + 1”的情况在案件审理中将必然发生。[①] 研究表明，案件不具备“客观、可验证”的科学特质，法庭调查中不同的顺序和方法会导致不同的印象和结果。“在法学上，一样的原则与方法，经由不同的人操作，很可能会得到相反的结论。这在自然科学上是几乎不会出现的。自然科学上，不同的实验或观测方法，才会得到不同结论。”[②] 笔者认为，就言词证据和实物证据的调查顺序而言，应当遵循以下规则。

第一，先客观后主观：实物证据优先调查。就总的证据调查方向而言，实物证据应先于言词证据调查。主要理由是：长期以来，我国司法实践中，采取的办案模式常是“口供中心主义”。在法定调查阶段，首先由公诉人讯问被告人，第一句话往往如此讯问：“被告人，你之前在公安机关的供述是否属实?”此外，在公安机关移送卷宗时，证据卷也往往把犯罪嫌疑人、被告人供述放在最前面，公诉人、法官看卷时也往往第一眼看到的是被告人的供述与辩解。这种方式无疑与刑事诉讼中的无罪推定原则相违背，且不符合案件调查的内在逻辑顺位：发现实物证据→寻找作案人、证人→做笔录。此外，在我国刑事诉讼法证据种类中，也是将“物证、书证”等客观证据排在首位的。实物证据具有的客观性、稳定性特征，以此作为基础事实而查明其他事实，不仅符合案件的侦破逻辑，也能最大限度避免先入为主的主观预判，更与无罪推定原则相契合。[③]

第二，以案件事实的“桩”为序分别调查起诉书指控事实中的实物证据。在涉众型案件中，有多起犯罪事实和多个罪名，同时也可能存在多件实物证据，在这种情况中，需要考虑以哪种顺序调查实物证据的问题。实务中有以罪名、犯罪事实为顺序和以被告人为顺序进行法庭调查两种方式。应当

---

① 万毅：《论证据分类审查的逻辑顺位》，载《证据科学》2015 年第 4 期，第 416 页。
② 林东茂：《法学不是科学》，载《高大法学论丛》2010 年第 6 卷第 1 期，第 6 页。
③ 万毅：《论证据分类审查的逻辑顺位》，载《证据科学》2015 年第 4 期，第 419 页。

说，这两种方式各有利弊，然而，就整体而言，以犯罪事实为顺序更符合实践需要：一方面，根据“诉判同一”原则，起诉书所列事实是法庭调查的中心，以所列事实为序有助于避免被告人排序混乱而出现相应证据交叉不清的问题；另一方面，以被告人为序调查证据有违无罪推定原则之嫌。

第三，量刑类实物证据应在定罪问题调查完毕后调查。公诉方出具的量刑类证据（除言词证据中关于主从犯等证据外），往往包括被告人的前科、累犯、劣迹材料。这些证据对于被告人而言无疑是“负面的”，若在定罪问题还未解决前先行调查，容易导致定罪偏见。因此，对于这类证据应当在定罪问题调查完毕后，再调查量刑证据。

总之，对于言词证据和实物证据的调查顺序，审判长应在坚持无罪推定原则和平等对待控辩双方原则的前提下，优先调查实物证据；同时，针对个案的差异，从提高庭审效率和最大限度避免主观预断角度，辩护方的实物证据先于公诉方出示；在涉众案件中以案件事实为序逐项进行调查。此外，为便于司法人员审查、庭审举证，公诉机关移送卷宗、材料时应当优化卷宗装订顺序，避免定罪量刑证据不加区分、实物证据装订混乱等情况。①

（三）实物证据调查方式的安排

实物证据的调查方式，即在法庭调查过程中，采取何种方式对实物证据进行出示、质证。实物证据究竟如何开展法庭调查，关系到事实的查明程度和庭审效率。对实物证据调查方式的安排，是法官基于证据本身的实际情况行使诉讼指挥的权限之一。不管是在法庭调查活动或是日常生活中，适当的实物证据证明方法对于事实查明具有非常重要的意义。

实物证据具有客观性、稳定性、间接性的特点，同时实物证据的法庭调查相对言词证据，呈现方式更为烦琐、所需人力物力成本也更高，审判长在主持实物证据调查过程中，应当结合具体实物证据的特定形式，结合多种证据调查方法，高效、合理地进行实物证据的调查。具体可以采取以下规则

---

① 杨勇：《起诉书记载被告人前科信息的多层检视》，载《法治研究》2018年第5期，第39页。

进行：

第一，承办法官在开庭之前应对实物证据进行评估、确认。为确保实物证据顺利在法庭上得到有效调查，法官在开庭前应评估哪一种实物证据的调查方式更科学、合理，并进一步确认实物证据的保管位置、方式等信息。[①]比如，对需要播放的案发现场视频监控，是正常速度播放或是快进式播放？是从头至尾播放或是选择播放关键内容？大概需要多少时间调查此证据？等等，法官对此应在开庭前有所了解。比如，在演员谭某某母亲被撞身亡一案中，公诉人当场播放被告人喝酒现场的视频监控，但是采取的是选择性播放，直接拉至被告人与其朋友吃饭、喝酒时的场景，被害人的代理人对此不予认可并与公诉人发生争执。被害人的代理人认为，播放的视频监控内容没有完整体现被告人喝酒后的醉酒样态，只显示其喝酒了。因此，被害人的代理人又申请法庭重新播放一遍。[②] 鉴于此，审判长应当在庭审前听取控辩双方关于出示物证的具体意见并作出初步安排。

第二，引导证据出示方建立证据基础。所谓建立证据基础（Lay Foundation），即出示物证前应当说明物证的证明目的、来源及相关特征。黄翰义将此称为证据心证主义，目的在于阐明所出示的证据在各阶段的意义和功能，逻辑清晰地达到重建事实的目的。[③] 如上文所言，实物证据不会“说话”，需要通过举证人的言说建立联系而达到证明目的，有利于增强法官心证的形成。下面以一则案例说明如何通过建立证据基础对物证进行调查：

检察官：你是否于 2003 年 1 月 1 日上午 10 时搜索了 A 的住所？

证人甲：是的。

检察官：你在该住所有没有发现什么物品？

证人甲：我在该住所房屋主卧室的枕头下发现一把手枪。

---

① Thomas A. Mauet, Pretrial, Aspen Publishers, 2014, p. 69.

② 四川省叙永县法院 2020 年 8 月 31 日审理的马某某交通肇事一案庭审，案号为（2019）川 0524 刑初 230 号，http://tingshen.court.gov.cn/live/13781772，2020 年 8 月 31 日访问。该案由于被害人家属的明星身份，庭审直播播放次数达 1000 多万次，影响较大。

③ 黄翰义：《论证据心证主义》，载《军法专刊》2009 年 2 月第 55 卷第 1 期，第 84 页。

检察官：请描述一下手枪的特征。

证人甲：那是一把三八口径的左轮手枪，握把上刻着 A 的姓名。

检察官：审判长，请法警带出 1 号物证至法庭。

法官：好的。

检察官：甲警官，请你仔细看看 1 号物证，你认得这把手枪吗？（向证人甲出示手枪）

证人甲：认得。

检察官：你在哪里看过这把手枪？

证人甲：我于 2003 年 1 月 1 日上午 10 时搜索 A 先生住所查获手枪时。

检察官：你如何知道这是同一把手枪呢？

证人甲：这把三八口径的左轮手枪握把上刻着 A 的姓名，并且我查扣手枪时要求 A 先生签名，签名现在还贴在手枪上。另外，我在扣押笔录上记录有这把手枪的序号，这把手枪的序号也与扣押笔录记录的序号相同。

检察官：这把手枪的外观与你查获时相同吗？

证人甲：没错。

检察官：合议庭，刚出示的 1 号证物具有同一性，与尸检报告意见一致，可以说明该物证为 A 的作案工具。

法官问被告人：有何意见？

被告人：没有意见。

法官问辩护人：有何意见？

辩护人：没有意见。①

在上述物证调查过程中，举证方通过建立证据基础，并通过出示物证、进行辨认又证明了物证的同一性，再通过法官听取控辩双方的质证意见，最终让法官获得该物证的心证，整个过程逻辑严密、思路清晰，不失为实物证

① 吴巡龙：《刑事诉讼与证据法全集》，新学林出版股份有限公司 2008 年版，第 551－552 页。

据调查的有效方法。因此，在物证调查过程中，法官应当积极引导控辩双方在物证出示前，通过各种方式建立物证的证据基础，避免证据调查的盲目性和无序性，提高证据调查的效率。

第三，程序性实物证据、友好型量刑实物证据优先调查。程序性实物证据大多表现为程序性的法律文书（书证），通常为侦查、检察机关办案手续、羁押措施等审批、决定、执行之类的法律文书。这些程序性证据关系到案件办理的合法性，甚至影响证据资格。比如，毒品案件中存在大量使用技术侦查的情形，对于技术侦查法须严格遵守程序限制[①]，但如果公安机关采取技术侦查所取得的证据（如监听涉案人员的通话录音）在未出示有关程序性文书的情况下直接出示在法庭中，不仅会导致辩护人质疑，还会影响庭审的顺利进行。因此，应先行出示和调查程序性实物证据。

对于被告人量刑方面的实物证据，依照其证据性质和生成时间的差异进行相应调查顺序的调整。根据量刑证据对被告人的影响，可以将量刑证据分为友好型量刑证据和负面型量刑证据。前者指被告人平时表现良好、获奖、积极参加公益、无社会化危险性等对被告人有利的量刑证据，后者指加重被告人刑罚和社会危险性有关的证据，比如被告人的前科材料、劣迹表现等。对于被告人而言，若先行调查其否定性负面量刑实物证据，难免给庭审人员造成负面印象，形成不可逆转的偏见，这显然对被告人是不公平的，因此，对于此类实物证据，应当在最后出示。

第四，充分利用法庭科技，提高物证调查效率。在英国刑事诉讼规则中，为提高案件管理效率，将法官充分利用法庭科技视为评判其进行积极的案件管理的必备方式之一。[②] 近年来，随着人工智能和5G时代的到来，智慧法院建设大力推进。高科技与法庭相结合，改变着法院输出正义的方式。比如，江西省南昌中院曾自主研发“VR+5G”项目，当事人可以通过戴VR眼镜、

① 《公安机关办理刑事案件程序规定》第265~266条规定，需要在立案、市一级公安机关审批后，方可实施技术侦查，且一般有效期只有3个月。

② The Criminal Procedure Rules（COURTS of ENGLAND AND WALES，2020）3.2（1）（h）：Active case management includes …making use of technology.

连接5G网络，非常直观、逼真地体验诉讼过程；随着人工智能和影像技术的发展，通过高科技手段模拟、重建案发现场也成为可能。又如，厦门市首次用5G和VR直播庭审。[①] 2018年3月1日，北京市第一中级人民法院审理一起故意杀人案时，法庭安排其中一名证人通过头戴VR眼镜在“出庭示证可视化系统”出庭作证，逼真地还原了案发现场。同时，对该案被害人这种VR和3D技术调查证据的方式在全国属于首次。[②]

法官在安排证据调查方式时应与时俱进，充分利用法庭科学技术，引导和鼓励控辩双方利用现代科技展示证据。法庭调查与科技的完美结合，一方面提高庭审效率，另一方面有助于拓宽人们认识实物证据的视角，从而避免不全面、不系统的错误认识，特别是在一些疑难案件中，法庭科学技术的合理运用还可解决某些案件事实的认识盲区。有研究对此指出，通过虚拟现实与3D技术，在法庭上重构犯罪现场，有利于查明犯罪事实，帮助法官清除证据认识上的迷雾。因为真实的犯罪现场通常由于时过境迁已发生诸多变化，但是现场留下的物体、痕迹、微物却因得到提取保管而不至于灭失、毁损，因此据此而模拟的虚拟犯罪现场并通过3D形式在法庭展示，可能看起来比原始现场更像犯罪现场。[③]

第五，综合运用多种调查方式对实物证据去伪存真。在对实物证据建立基础的环节，事实上已使用询问的方式建立了物证与案件事实之间的联系，特殊物证可兼用多种证据调查方式及调查程序。通常，实物证据通过鉴真（Authentication）和鉴定（Identification）两种方式，言词证据经常通过询问和对质两种方式进行调查，但是，某些情况下物证可能存在两种以上证据方法。比如，作案工具委托鉴定，则形成“鉴定意见”，该“鉴定意见”需当庭宣读或者告以要旨；同时，若鉴定人出庭，则对鉴定人适用“证人”的调查程序；此外，法院还应当提示该作案工具让被告人当庭进行辨认，这种辨

---

① 何春晓等：《厦门首次用5G+VR手段直播庭审》，载《人民法院报》2019年6月21日，第1版。

② 张宇：《北京将推广“出庭示证可视化系统”证人戴VR眼镜3D还原真相》，载《北京晚报》2018年3月1日，第5版。

③ 李承龙、方圆：《虚拟现实与3D动画应用于犯罪现场重建之初探》，载《中国司法鉴定》2018年第5期，第85-86页。

认又属于勘验之证据方法。[①] 可见，实物证据的调查方法并非单一，审判长应当充分考虑物证的特点以及与待证事实的关联程度，结合控辩双方的争议焦点，综合采取多种有效调查方式对实物证据去伪存真。

（四）言词证据的调查顺序及方式

言词证据大多来源于知道案件信息的个体，是会“说话”的证据，与待证事实的关联性较为明显。同时，言词证据又容易受个体利益、生理等因素影响。言词证据是先有“人”再有“证”，通过“人”取得“证”，对“人”的出场顺序可直接影响法官对“证”的采信度。由于人受“首因效应”的影响，控辩双方无不重视言词证据的调查顺序及方式。另外，从语言学角度看，“案件事实不仅仅是证据的产物，更重要的，它也是叙事和修辞的产物”[②]。由于人的记忆、知识结构、表达能力以及情绪变化，对案件事实的“叙事和修辞”会有出现不妥当的情形。鉴于此，言词证据调查过程中，法官的诉讼指挥地位更为凸显，正如蔡墩铭教授指出的：“无论任何种类之诉讼，证明活动与诉讼指挥最能表现当事人与法院之互动关系，由于此种关系出现于审判期日，故最容易引起注意。”[③]

两大法系国家都强调法官对言词证据调查的指挥之权。比如，美国《联邦证据规则》第611条a规定：“法庭应合理控制讯问证人及出示证据的方式、顺序，达到下列目的：（1）使讯问及证据出示有助于发现案件真实；（2）避免不必要的浪费时间；保护证人免于受到困扰或者陷于其他困境。”[④]主要大陆法系国家亦在刑事诉讼法中规定了法官（审判长）对证据调查方式、顺序等的指挥职权。《法国刑事诉讼法》第331条第1款规定：“证人按照审判长确定的顺序，先后分开作证。”[⑤]《日本刑事诉讼法》第297条第1

---

① 林钰雄：《严格证明与刑事证据》，法律出版社2008年版，第14页。

② 刘燕：《法庭上的修辞》，中国书籍出版社2017年版，第2页。

③ 蔡墩铭：《刑事证据法论》，五南图书出版公司1997年版，第364页。

④ 《美国〈联邦证据规则〉（2011年重塑版）条解》，王进喜译，中国法制出版社2012年版，第183页。

⑤ 《世界各国刑事诉讼法》编辑委员会：《世界各国刑事诉讼法》（欧洲卷·上），中国检察出版社2016年版，第634页。

款规定："法院在听取检察官和被告人或者辩护人的意见后，可以决定调查证据的范围、顺序和方法。"[①] 总体而言，审判长指挥言词证据的调查顺序、方式主要涉及以下问题。

1. 被告人供述的调查顺序与方法

对于言词证据而言，被告人的供述往往是法庭调查的重点。于审判长而言，被告人供述既反映案件事实，又可从其供述中读出被告人的态度和心理。在人数众多的案件中，审判长须处理以下问题：

第一，一律由公诉方先行发问是否欠妥当？

按照我国《刑事诉讼法》规定，起诉书宣读后，法官询问被告人对起诉书的意见，然后由公诉人对被告人进行讯问。实践中，法庭通常安排公诉人首先对被告人发问。在日本，若被告人放弃沉默权而选择自愿供述，则由审判长先行讯问被告人，其他人对被告人发问需要得到审判长同意。[②] 然而，这种一律排除辩护人先行发问的做法存在先天缺陷。控方先行发问被告人加剧了被告人的客体地位，容易导致审判长先入为主的主观偏见与预断。[③] 在实践后果上，若被告人不认罪，公诉人先行发问往往使法庭调查陷入僵局和对峙状态，有损庭审秩序和效率。黄朝义指出，通常情况下，检察官基于指控义务，应由检察官先行讯问被告、被告进行答辩而认定事实。然而，诉讼程序乃一流动变化的过程，各种情形都有可能在庭审中发生。为保持证据调查之弹性，法院在听取控辩双方意见的基础上，不妨先让被告调查证据，或者采取"穿插式"的调查模式。[④] 具体来说，在被告人认罪的情况下，可以由公诉人先行发问；在被告人作无罪辩解的情况下，被告人在性质上已转为辩护律师的"证人"，应该由辩护人先行发问，发问完毕后，再由公诉人进行发问，最后由审判人员发问。

此处有一个需要注意的问题是：法官对被告人的发问，在内容上应当作出区分。在我国实践中，法官在开庭之初在核实被告人身份阶段，往往会核

① 张凌等编译：《日本刑事诉讼法律总览》，人民法院出版社 2017 年版，第 75 页。
② ［日］田口守一：《刑事诉讼法》，张凌、于秀峰译，法律出版社 2019 年版，第 467 页。
③ 黄琪：《刑事诉讼中法官诉讼指挥权研究》，西南政法大学 2019 年博士论文，第 62 页。
④ 黄朝义：《刑事诉讼法》，新学林出版股份有限公司 2017 年版，第 466 页。

实被告人有无犯罪前科，这种做法有违无罪推定原则，且容易导致对被告人的定罪偏见。① 试想，若法庭正式调查还未开始，被告人就被自我证明是一个“多次进宫、劣迹斑斑”的人，他其后的陈述还有可信度吗？法庭调查后，由审判长进行人别讯问，即通过核实被告人姓名、年龄、籍贯、住所等身份信息以查验其人是否错误，而对于前科等劣迹信息，应当在调查证据阶段最末行之。② 因此，我们应当在核实被告人身份阶段，禁止询问有关职业、前科等可能导致偏见的信息。此外，在理论上，法官对被告人的讯问分为人别讯问和事物讯问。前者指被告人身份信息的有关讯问，讯问内容应当限为确定被告人身份所必要事项即可；后者指被告人生活经历、经济情况、前科信息、宗教信仰等方面的讯问。对人别讯问，被告有陈述之义务，而对事物讯问，被告人享有沉默权。因此，法官之讯问被告人，应当坚持人别讯问在先、履行告知义务，最后才进行实物讯问的顺序。③

第二，共同被告人之间接受发问的顺序如何安排？

如何安排向被告人发问的顺序，是审判长诉讼指挥权的范畴。通常情况下，检察机关在起诉中按照被告人罪行轻重依次排列被告人的顺序，对被告人的发问亦参照起诉书中被告人所列次序进行发问。然而，实践中存在以下问题：一是检察院起诉书中所列次序可能存在错误④，二是共同被告中，特别是在多人共同犯罪案件中，“主犯”往往不认罪，而有的从犯却选择认罪认罚。这两种情况下发问顺序如何安排？

对于第一种情况，检察机关明显将被告人顺序弄错的，审判长可予以纠正。⑤ 在听取控辩双方意见的基础上，按照各被告人罪行轻重进行发问顺序

---

① 杨勇：《起诉书记载被告人前科信息的多层检视》，载《法治研究》2018 年第 5 期，第 37 页。

② 朱石炎：《刑事诉讼法论》，三民书局股份有限公司 2018 年版，第 423 页。

③ 林钰雄：《刑事诉讼法》（上），新学林出版有限公司 2017 年版，第 172－173 页。

④ 在检察信息网检索起诉书和在裁判文书网检索对应的判决书，将之对比发现，起诉书被告人顺序在判决书中得到变更的情况屡见不鲜。比如，贵阳市花溪区人民检察院以花检公诉刑诉［2019］994 号起诉书以及与之对应的贵阳市花溪区人民法院（2019）黔 0111 刑初 353 号判决书所载被告人顺序之变化。

⑤ 此处指明显的主从犯事实，就是通过现有证据一般可以辨别罪行轻重的情况。比如一个被告人实施了多起犯罪事实，而其中一个只实施了一起；又如一个是组织者、策划者，另一个则只是受胁迫者，等等。

排列。如在多人共同犯罪案件中，因为主犯或者组织者、领导者，往往是犯罪行为的发起人、组织者，知道案件大部分信息，先主后从的顺序发问，便于法庭掌握案件事实的内部发展脉络。[①] 对于第二种情况，实践中法院往往先行调查认罪认罚的被告人。这种做法实为不妥，可说是一种图办案便利而轻被告人权利的做法。其原因有：其一，现行调查认罪认罚的被告人，容易形成主观有罪偏见，导致错案风险。道理很简单：从犯人员都认了，作为主犯你还狡辩什么？其二，在当前认罪认罚作为一种考核指标的情况下，从犯的认罪认罚难以确保其真实性。因为作为共同犯罪案件，被告人取保候审的可能性相对小很多。为了避免长期的未决羁押以及由于某种量刑诱惑，被告人可能在无罪或者罪轻的情况下，接受认罪认罚。对于这种情况，不宜先行调查认罪认罚的被告人，更不能将认罪认罚的被告人分案审理，应当在遵循无罪推定原则下，先行调查无罪抗辩的被告人。

第三，根据委托关系、主犯优先原则如何确定辩护人之间发问被告人的顺序？

在被告人数众多的有组织犯罪中，辩护人的人数也随之增多。辩护人发问被告人存在辩护人发问自己的被告人、辩护人发问其他被告人、其他辩护人发问自己的被告人、其他辩护人发问其他被告人四种情况。倘若安排不当，会导致发问活动杂乱无章，庭审秩序混乱、庭审效率降低，因此有赖于审判长发动诉讼指挥权进行合理安排。具体可参照以下方法：（1）将被告人、辩护人分别编号，发问时举牌示意。这样做的原因在于人数众多的庭审中，辩护人、被告人姓名、对应的委托关系难以准确识别，难免“对不上号”，通过编号的方式，既方便书记员记录，同时节约庭审时间。（2）遵循委托关系优先、主犯优先原则进行其他辩护人的发问。即，辩护人先发问自己的被告人，发问完毕后，其他辩护人按照其被告人的主从关系依次对被告人进行发问。（3）律师不可对其他律师直接提出异议，若有异议，应当向法庭明示，然后申请法庭进行裁决。

---

① 对于不区分主从犯的，则可在庭前控辩双方意见的基础上，法官酌情安排。

第四，是否允许出示其他证据支持或者驳斥被告人陈述？

在发问过程中，若被告人供述较为稳定，则无须纠结补充发问问题。但若被告人当庭供述与庭前供述存在重大差异或者控辩双方认为被告人的回答存在疑点，这时是否允许控辩双方利用其他证据进行佐证呢？实践中做法不一，取决于审判长的诉讼指挥，但大多数情况不被法庭许可，因为法庭认为这是发问阶段，其他证据应该在发问完毕后再出示。笔者认为，这种做法有一定合理性，既然法庭确定了一定的调查程序，若反复出示，将导致庭审效率低下。尽管如此，笔者还是赞同在发问阶段利用其他证据佐证或者弹劾被告人的陈述，因为发问不是为了发问而发问，而是为了查明事实真相。如果通过其他证据能够印证被告人的陈述是否真实，相当于当场揭穿被告人的谎言或者佐证被告人的实话，不失为一种有效的调查方式。至于庭审效率的问题，既然在发问阶段对相关证据已作说明，在证据出示阶段简要说明即可。同时，发问阶段查明了案件部分事实，也为后续庭审调查节省了时间。也就是说，发问阶段利用其他证据佐证或者弹劾被告人供述，并非一定导致诉讼效率低下，相反，可能还会提升庭审效率。

第五，如何出示、质证被告人的书面供述？

对于被告人的书面笔录，检察官通常采取摘录宣读，应根据区分认罪与否、庭前供述与当庭供述是否存在实质矛盾视情况而定。按照《人民检察院公诉人出庭举证质证工作指引》第35～36条规定，一为选择性出示与选择性宣读原则。被告人有多份供述且内容基本一致的，一般选择证明力最充分的一份或者几份出示。被告人当庭供述与庭前供述的实质性内容一致的，可以不再宣读庭前供述，但应当向法庭说明；被告人当庭供述与庭前供述存在实质性差异的，公诉人应当问明理由，认为理由不成立的，应当就存在实质性差异的内容宣读庭前供述，并结合相关证据予以反驳。二为区分无罪辩解的出示、宣读方式。被告人作无罪辩解或者当庭供述与庭前供述内容不一致，足以影响定罪量刑的，公诉人可以有针对性地宣读被告人庭前供述笔录，并针对笔录中被告人的供述内容对被告人进行讯问，或者出示其他证据进行证明，予以反驳，并提请法庭对其当庭供述不予采信。对翻供内容需要调查核实的，可以建议法庭休庭或者延期审理。需要说明的是，对于公诉人的举证方法，其参照的是检察系统的内部规定，在以审判为中心诉讼制度下，举证的方式、质证方式应当向法庭说明情况并由法庭在听取双方意见的基础上进一步安排。此外，如上文所言，法庭也可引导双方通过多媒体方式进行笔录出示被告人的书面供述。

2. 证人、被害人的调查顺序与方式

本部分将证人、被害人一起讨论基于以下理由：本质上说，被告人供述与辩解、被害人陈述、证人证言都是人证，上述类别不过是人证的不同类型，没有实质差异。[①] 在欧洲人权法院也持这种观点。在欧洲人权法院的多项判决中，基于《人权和基本自由欧洲公约》第 6 条的精神，不管是被告人、被害人或者证人，当其陈述作为定罪量刑的根据时，都可视为证人并受证人规则的约束。[②]

首先，我们讨论证人、被害人陈述的调查顺序。对于证人的出庭，《欧洲人权法院法庭规则》第 64 条第 1 款规定："庭长应组织和主持法庭审理，并应对出庭证人的发言顺序作出安排。"[③] 通常，审判长在听取控辩双方意见的基础上安排出庭证人的作证顺序，具体分为：出庭顺序和发问顺序。对此，可遵照以下规则安排证人的出庭顺序：其一，基于无罪推定原则，应当按照证人对被告人的影响程度，从有利→中性→不利的顺序传唤证人出庭，最大限度削弱先入为主的定罪偏见思维。其二，发言顺序上，谁申请谁先发言。我国《调查规程》（试行）第 19 条规定："证人出庭后，先向法庭陈述证言，然后先由举证方发问；发问完毕后，对方也可以发问。根据案件审理需要，也可以先由申请方发问。"《刑事诉讼法解释》第 259 条规定："证人出庭后，一般先向法庭陈述证言；其后，经审判长许可，由申请通知证人出庭的一方发问，发问完毕后，对方也可以发问。法庭依职权通知证人出庭的，发问顺序由审判长根据案件情况确定。"可见，《调查规程》（试行）与《刑事诉讼法解释》规定不一致。笔者认为，由于申请者具有特定目的才会申请证人出

---

① 裴苍龄：《论实质证据观》，载《法律科学》2006 年第 3 期，第 102 页。

② ASCH v. AUSTRIA，ECHR，Judgement. para. 25 （1991）；VLADIMIR ROMANOV v. RUSSI，ECHR，Judgement. para. 97 （2008）；S. N. v. SWEDEN，ECHR，Judgement. para. 45 （2008）.

③ Rules of Court Of ECHR （2020）. Rule 64. 1.

庭，因此由申请人先发问，便于法庭及时找准庭审的争议焦点，进而集中调查重点问题。德国刑事诉讼法和我国法律都采纳了此种做法。① 对于法院以职权申请的证人，很多国家的做法是法官先行发问，然后再由控辩双方进行发问。这种做法把握不好，容易使法官偏离中立立场，显露倾向性，因此，法官可将先行发问权交给控辩双方。对于被害人出庭的，其地位与证人无异。由于被害人是对被告人不利的证人，根据上述所说的无罪推定原则，应当将被害人作为最后阶段进行调查。当然，审判长对证人、被害人都享有补充发问权。

其次，证人、被害人的调查方法较为复杂，从大的方向上看，应当从"笔录中心"向"言词中心"转变，更加重视庭审调查和当庭陈述。② 为尽力发现案件事实、保障证人合法权益，应当注重以下几个问题：关于作证前的宣誓或者声明。据报道，2020 年 5 月 6 日，上海市第二中级人民法院首次采纳证人签署保证书并当庭宣读"誓言"："我作为本案证人，保证向法庭据实陈述证言。如有虚假陈述，愿意接受罚款、拘留乃至刑事处罚。"媒体将此誉为"中国版的证人宣誓制度"。③

事实上，证人宣誓在国外非常普遍且历史悠久。宣誓在本质上是一种宗教性宣言（A religious declaration），突出仪式性、神圣性，用以声明事实存在或者不存在。④ 两大法系很多国家都规定了证人宣誓的内容。如，《法国刑事诉讼法》第 331 条第 3 款："不怀仇恨、无所畏惧，说出全部真相，只说事实真相。"⑤《德国刑事诉讼法典》第 57 条："证人在被询问前应被告知如实

---

① 一些地方法院也是采纳谁申请谁先发问原则。比如浙江省高级人民法院颁布的《刑事庭审证人询问规则（试行）》第 2 条规定，证人出庭后，在审判长指引下，先向法庭陈述证言，然后先由申请方询问；询问完毕后，对方也可以询问。审判人员认为必要时，可以询问证人。法庭依职权通知证人出庭的，应当先由审判人员询问。经审判长准许，被告人可以向证人询问。

② 何家弘、刘品新：《证据法学》，法律出版社 2004 年版，第 124 页。

③ 李菁：《中国版的证人宣誓制度来了，证人当庭"宣誓"保证证词属实》，https：//www.thepaper.cn/newsDetail_forward_7278278，2020 年 9 月 15 日访问。

④ Graham McBain，Modernising the Law on Oaths & Affirmations，International Law Research，Vol. 9，No. 2，2020.

⑤ 《世界各国刑事诉讼法》编辑委员会：《世界各国刑事诉讼法》（欧洲卷·上），人民法院出版社 2017 年版，第 634 页。

陈述以及不如实和完整陈述的刑罚的后果。他们应被告知有宣誓的可能性。如果他们需要宣誓，就应被告知宣誓的重要性以及可以进行宗教性的宣誓或者非宗教性的宣誓。"[①] 又如，《奥地利刑事诉讼法》第240a条（1）在主审法官告诫被告人后，应当由本年度尚未宣示的陪审员宣示，否则无效。陪审员起立，主审法官向其宣读："您效忠神并向神宣示，以最认真负责的态度审查针对被告人所提出的不利的和有利的证据，未对任何可能有利于和不利于被告人的事物不予考虑，忠实地关注您应当使之生效的法律，除了和小陪审法庭的成员之外，不与任何人探讨您关于审理对象的发言，不受感情与嫌恶、恐惧与幸灾乐祸的影响，而仅仅以中立性与恒心，按照所提出的有利于和不利于被告人的证据资料以及您建立在此基础上的确信、正如您在神与良心前可以负责的方式作出裁判。"[②] 接着主审法官应当呼唤每一名陪审员，每一位陪审员回答："我宣誓，上帝佑我。"[③] 我国目前刑事庭审中未规定宣誓或者书面声明制度。对此，为增强证人的道德约束和法律约束，同时也提高当庭作证的严肃性、神圣性，有必要在刑事诉讼中也创设类似于宣誓的声明制度。

关于庭审直播中证人作证问题。通常，证人出庭意味着要么支持被告人而不利于被害人，要么支持被害人而对被告人不利，有种"进退两难"的处境。因此，若在庭审直播中让证人出庭，相当于让证人的个人信息和作证内容公之于天下，这明显不利于证人的权利保护。因此，庭审直播案件、严重的暴力冲突案件、涉黑涉恶案件或者可能判处无期徒刑、死刑等重大案件，若证人出庭，应当对其面容、声音、个人信息进行技术处理，避免让证人处

---

① 《德国刑事诉讼法典》，宗玉琨译注，知识产权出版社2013版，第30页。

② 《世界各国刑事诉讼法》编辑委员会：《世界各国刑事诉讼法》（欧洲卷·上），人民法院出版社2017年版，第49页。

③ 普通法系国家的证词有一些差别，但大致相当：美国：I swear（or the person taking the oath may promise）by Almighty God（or the person may name a god recognised by his or her religion）that the evidence I shall give will be the truth，the whole truth and nothing but the truth. Oaths and Affirmations，https：//www. courts. vic. gov. au/court－system/appearing－court/oaths－and－affirmations，2020年10月8日访问；加拿大：I solemnly affirm that the evidence to be given by me shall be the truth，the whole truth，and nothing but the truth。Canada Evidence Act（R. S. C.，1985，c. C－5），https：//laws－lois. justice. gc. ca/eng/acts/C－5/page－2. html，2020年10月8日访问。

于某种危险和恐惧之中。

关于特殊证人的调查方法。特殊证人大致可以分为四类：脆弱证人、污点证人、放弃拒证权的证人及卧底证人。脆弱证人本身身体欠佳、年龄尚幼、精神状况不佳等因素难以常规方式出庭作证。污点证人则因为其本身是犯罪嫌疑人或者被告人，一方面存在一定危险性，另一方面其作证相当于对其他共同被告人的一种背叛，当庭对质容易导致冲突，亦不得不考虑作证方式问题。放弃拒证权的证人，指由于特定职业关系或者身份关系享有拒绝作证权，但行为人放弃该特权而出庭作证的证人，这类证人出庭作证同样容易激化矛盾，也需要注意作证方式。卧底证人由于其秘密性，若出庭作证，不仅暴露其身份，影响后续工作的开展，还可能导致其人身安全问题。因此，对于上述特殊证人，法庭必须做好防范措施，既保障证言的真实性，又保护证人的人身安全和职业安全。具体而言，其防范可以采取两种模式进行：一是隔离式。即通过设置一定屏障或者对证人特征进行技术化处理，让证人隔离于被告人及有关在庭人员的措施。具体措施有设置隔离屏风、拍摄视频作证、在线远程视频作证等方式。二是中间人代为问话式。[①] 即通过具有一定专业背景、立场中立的中间人直接询问证人，然后将证人回答的信息告知法庭的作证方式。目前，《德国刑事诉讼法典》《意大利刑事诉讼法》中有类似规定。

最后，关于证人调查过程中的其他调查方法。证人证言作为言词证据，有时难免陷入空口无凭之尴尬境地。事实上，在法庭调查中存在证据之间关系紧密、不宜分割的情况，把庭审强行分为几个阶段，可能割裂事物的内在联系，有损庭审效果。[②] 证据之间存在逻辑关系，案件事实通过发问过程可能涉及实物证据用以印证，否则当被告人对发问人主张的事实予以否认的时候难以实现发问目的。因此，言词证据调查过程中，可适当结合实物证据予以佐证，能更好地查明真相。此外，未出庭的证人证言，不应局限于只是宣读庭前笔录。比如，在美国法庭上，当某证人不能出庭时，为使证人证言更生动、具体，律师可以向法庭播放证人的同步录音录像。[③]

---

① 黄琪：《刑事诉讼中法官诉讼指挥权研究》，西南政法大学2019年博士论文，第73页。

② 龙宗智：《刑事庭审制度研究》，中国政法大学出版社2001年版，第205页。

③ ［美］托马斯·A. 马沃特：《庭审制胜》，郭烁译，中国人民大学出版社2012年版，第139页。

四、法庭辩论程序之引导

审判长应当积极对辩论程序进行引导。比如，《法国刑事诉讼法》第401条规定："审判长维护法庭秩序，指挥庭审辩论。"审判长维护法庭秩序，指挥庭审辩论。法庭辩论过程中，辩论的轮次、方式、时间分配等不能完全任凭控辩双方自由发挥。为保障法庭辩护提高辩论效率、集中于争议焦点、维持辩论秩序，审判长需要发动诉讼指挥适时引导法庭辩论活动，包括辩论程序的启动与停止、辩论的方式安排、辩论焦点的归纳、辩论的时间分配等。

（一）法庭辩论程序的启动与转换

曾有实务界人士提出，我国当前的庭审存在"套路审"现象，比如"发问的时候催促律师，称有话可以质证时说；质证时催促律师，称有话可以辩论时说；辩论时催促律师，称有话可以写在书面辩护词里"[①]。法庭调查程序的跳跃式安排，实质是无视庭审实质化、将庭审视为"走过场"的体现。尤其是在法庭辩论程序中，该程序的启动与停止，不仅关乎辩方的诉讼权利，更与案件争议焦点是否得到厘定、法律适用分歧是否得到充分论证密切相关。因此，有必要对法庭辩论程序的启动与停止进行全面研究。

在普通法系国家，正式的法庭审判从开庭陈述到结案陈词，法庭调查以人证为中心，其法庭程序中并未设置法庭辩论程序。在结案陈词中，通常由辩护律师首先发言，其向陪审团再次指出控方证据中存在的问题以及证人证言中的漏洞，指控有罪证据不足，而检察官则再次强调证据已充分，陪审团的当前任务就是宣布被告人有罪。[②] 结案陈词的目的是控辩双方给出各自的最终结论而不是相互辩论。此外，由于定罪与量刑分离的二元庭审模式，普通法系国家的结案陈词中只涉及事实问题，不涉及法律适用及量刑

---

① 高文龙：《大龙刑辩手记之七：涉案案件中的"套路审"》，"尚权刑辩学院"公众号2020年9月2日文章。

② G. Larry Mays, American Courts and the Judicial Process, Oxford University Press, 2014, pp. 218 – 219.

问题。

在大陆法系国家（地区）的刑事庭审中，普遍设置有法庭辩论程序，审判长对法庭辩论程序享有诉讼指挥权。比如，《日本刑事诉讼法》第 313 条："辩论的分开、合并和重新启动。法院认为适当时，可以依据检察官、被告人或辩护人的请求，或者依职权，以裁定将辩论分开或合并，或者重新启动已经终结的辩论。法院为保护被告人的权利而有必要时，应当依照法院规则的规定，以裁定将辩论分开进行。"① 《德国刑事诉讼法典》第 258 条也有法庭辩论的规定："终结陈述。证据调查终结后，由检察官、被告人相继发言，阐述他们的意见和申请。检察官有权反驳；由被告人作最后陈述。"② 《意大利刑事诉讼法》第 523 条亦有类似规定，并指出审判长应当对辩论过程中的不当行为进行制止。③ 我国《刑事诉讼法》第 198 条亦规定了经审判长许可后控辩双方相互辩论的权利。

法庭辩论程序的启动意味着法庭证据调查结束，因此启动法庭辩论程序不可任性而为。证据调查完毕，审判长开始安排控辩双方进行法庭辩论之论罪辩论，然后再组织科刑之言词辩论。按照我国现行刑事诉讼法解释的有关规定，需要在"合议庭认为案件事实已经调查清楚的，应当由审判长宣布法庭调查结束"后，方可启动法庭辩论程序。然而，何为"案件事实已经调查清楚"，法律并没有作出规定，以至于实践中审判长强行推进庭审、草草结束法庭调查而开展法庭辩论的情况时有发生。笔者认为，需要对"案件事实已经调查清楚"作一个初步的界定。从逻辑上说，此处的"查清"并非指"事实清楚、证据确实、充分"，若如此，则此后的法庭程序已显得多余。因此，"案件事实已经调查清楚"应当是法庭在保障控辩双方诉讼权利的前提下，对现有证据进行了全面、充分的调查，强调的是调查证据活动的过程

---

① 《日本刑事诉讼法》（昭和二十三年法律第一百三十一号），https：//elaws. e - gov. go. jp/document? lawid = 323AC0000000131，2022 年 12 月 20 日访问。

② 《德国刑事诉讼法典》，宗玉琨译注，知识产权出版社 2013 版，第 205 页。

③ 《意大利刑事诉讼法》第 523 条：在结束对证据的调查之后，由公诉人以及随后由民事当事人的辩护人、民事负责人的辩护人、对财产刑承担民事责任的人的辩护人和被告人的辩护人分别提出并解释各自的结论，包括涉及第 533 条第 3 款之二规定的情况的结论定。庭长主持最后陈述，并制止任何离题、重复和打断发言的做法。

性，而非结果上的评价。因此，启动法庭辩论程序的前提并非事实已经查清，而是控辩双方的证据已经调查完毕。结合实际需要，审判长启动法庭辩论程序前，应当充分听取控辩双方的意见，核实是否还有新的证据需要提交、新的质证意见需要发表。只有控辩双方确认再无证据需要通过法庭调查时，才可启动法庭辩论程序。

辩论程序启动后，一般经过一至三轮辩论，法庭即宣布辩论结束，停止法庭辩论，不再允许控辩双方发表意见，而让被告人进行最后陈述。然而，由于实践中，案件情况复杂多变，可能发生新的证据、控辩双方产生新的意见或者法庭认为有再次辩论的必要，法庭则依职权再次启动辩论程序，引导控辩双方就新的问题或者看法进行辩论。这种再行组织法庭辩论的行为有人称为“再开辩论”。然而，将再次组织辩论的主导权完全交给法院有过于专断之嫌。当事人乃诉讼程序之主体，应容许当事人有申请再次辩论之权利。若否定当事人的此项权利，当事人可能通过上诉或者其他途径寻求救济，反而造成诉讼拖延且浪费诉讼资源，本可眼前就能决定的事情，大可不必舍近求远。

此外，在法庭辩论总结后，若出现新的证据如何处理？实践中有两种做法：一种为通过法庭辩论的形式调查证据，另一种为中断法庭辩论程序，转为法庭调查程序。根据我国刑事诉讼法解释的有关规定，合议庭发现有新的事实需要调查的，则暂停法庭辩论而恢复法庭调查。法庭调查结束后，再继续法庭辩论。同时，在被告人最后陈述中提出新的辩解理由，合议庭认为影响正确裁判的，也可再行组织法庭辩论。[①] 比较而言，我国的做法较为符合实际，若出现新的证据，通过法庭辩论难以进行充分举证、质证，故应恢复法庭调查。然而，遗憾的是，我国法律并未赋予当事人申请再开法庭辩论的权利。在理论上，审判长对当事人之不热心攻击防御不可置而不问，应努力促使其改变态度，方可有利于诉讼之进行，进而促成刑事裁判之出现。因此，在当事人、辩护人申请重启辩论的情况下，法庭一般应当同意组织再行辩论。

---

① 详细内容可参见我国《刑事诉讼法解释》第234、236条。

综上，辩论程序的启动、停止、转变和再开辩论程序，依赖于审判长的诉讼指挥权，审判长应在保障控辩双方充分行使诉讼权利的基础上，本着厘清争议焦点、查明案件事实的目的，妥当处理辩论程序的启动与转变问题。最为重要的是，审判长不可强行进行跳跃式庭审，并应当赋予辩护方申请再行辩论的权利。

（二）法庭辩论方式的安排与控制

审判长作为法庭审理的第一责任人，有职责监管法庭审理的全过程。为确保法庭辩论有序、高效、充分，审判长应当对整个法庭辩论过程进行有效安排和指引。具体而言，在法庭辩论过程中，审判长应当做好以下几个方面的指引与控制：

第一，根据被告人认罪与否、被告人排位确定辩论顺序。通常，法庭辩论首先由公诉方发表公诉意见，如中国、日本、德国、美国等在法庭辩论阶段通常先由公诉方发言。[①] 实际上，在最后的法庭辩论阶段，发言顺序极为关键。从社会心理学角度观之，一般人都会受“新近心理效应”影响（Recency effect）。所谓新近心理效应，即人们在听到某个事情或者某个信息时，最近的内容最容易存留在记忆中（Be remembered best）。[②] 在法庭最后结案陈述之前，提出的证据数量和复杂性可能妨碍有意义地记忆。实践表明，陪审员经常受到信息过载的影响，他们发现自己无法记住控辩双方所提供的所有证词和证据。是否让陪审员清晰地记住重要信息决定了案件最终的成败，因此律师都希望先发制人、抢得先机。[③] 基于指控逻辑和无罪推定的精神，对于认罪案件来说，可以由控方先行发言，然后辩方发言，依次轮替；对于

---

① 其中，美国的做法并不统一。比如，按照《美国联邦刑事诉讼规则》第 29.1 条规定，由检察官先发言，律师后发言，再由检察官进行回应。但是，实践中也有辩护人先进行结案陈词的情况（Go first），see G. Larry Mays，American Courts and the Judicial Process，Oxford University Press，2014，p. 219.

② H. M. Caldwell，L. T. Perrin，Richard Gabriel & Sharon R. Gross，Primacy，Regency，Ethos，and Pathos：Integrating Principles of Communication into the Direct Examination，76 Notre Dame L. Rev. 423，2001，pp. 437 – 438.

③ Thomas A. Mauet，Trial Techniques，Aspen Coursebook，2002，p. 76.

不认罪案件，应当由辩方先行发言。另外，在存在多名辩护人的场合，则应根据其代理被告人在起诉书中的排位依次进行发言。

第二，将法庭辩论分为事实、规范、量刑三个阶段依次进行辩论。为使法庭辩论集中在争议焦点上，法庭辩论程序分为三个阶段，更能明晰存在的问题。首先，在事实辩论上，着重围绕事实是否存在、有哪些可采纳的证据证明而进行辩论；其次，解决事实问题后，再进行法律规范层面的辩论，即在现行法律规定下，围绕法律适用展开辩论；最后，对量刑问题展开辩论。2015 年，最高人民法院、最高人民检察院、公安部、国家安全部、司法部发布《关于规范量刑程序若干问题的意见》（以下简称《量刑意见》），明确法庭审理中应当保障量刑程序的相对独立性。《量刑意见》第 15 条规定："在法庭辩论阶段，审判人员引导控辩双方先辩论定罪问题。在定罪辩论结束后，审判人员告知控辩双方可以围绕量刑问题进行辩论，发表量刑建议或者意见，并说明依据和理由。被告人及其辩护人参加量刑问题的调查的，不影响作无罪辩解或者辩护。"这种规定具有合理性，符合案件审理的实际需要，各级法院应当严格遵守。

第三，及时引导控辩双方的辩论应当针锋相对，不能偏离主题。实践中，法庭辩论容易演变为"你说你的，我辩我的"分离式辩论。犹如，辩方向控方传了一个球，控方却躲避而不接住球。特别是在多名辩护人对一名或者少数几名公诉人的场合，最容易出现公诉人"避而不答"的情况，甚至当审判长提醒公诉人注意回应辩方意见时，有的公诉人竟然说："请法庭依法裁判。"法庭依法裁判是其职责，但公诉履行指控义务、完成举证责任更是其职责。因此，审判长应当耐心、全面听取控辩双方的意见并及时归纳双方的争议焦点，积极引导控辩双方辩论要遵守"有来有往、针锋相对"，避免出现"避而不答"的情况。

第四，许可立体式辩论方式。传统上，法庭辩论几乎全靠口头言词辩论，是一种平面式的辩论方式，难以让人集中注意力和加深印象。因此，在当今法庭设备日益电子化、科技化的情况下，法庭辩论过程中应当许可控辩双方通过多媒体形式全面、立体、多维地展示辩论意见。毕竟，较之耳朵听到的资讯，人类更倾向于吸收眼睛看到的资讯。具体来说，控辩双方在法庭辩论过程中，不应限制表达方式，可允许其以更为丰富、多样的路径呈现各自意见。当然，控辩双方应当提前作好安排，并与审判长进行必要的沟通，以便法庭作好准备。

第五，时时制止不当辩论内容。鉴于法庭辩论的针对性、律师角色的多重性（法律角色、社会角色、经济人角色），法庭辩论难免出现辩论内容不当的情形，比如重复性观点、人身攻击性观点、偏离主题的观点。这些不当内容不仅无助于厘清盲点和争议点，更导致诉讼效率低下，甚至引发庭审冲突，审判长对此应当及时予以制止。对于反复规劝、制止而不听从指挥的，审判长有权剥夺其继续辩论的资格。比如，《美国联邦最高法院法庭规则》第 28 条第 1 款规定："口头法庭辩论应当强调和澄清控辩双方先前提交的书面材料中的重要论点。法庭不赞成控辩双方从准备好的书面材料中宣读意见。"[①] 若辩护人拿着书面辩护词进行照本宣科的朗读，法庭应予以提醒，避免其发表意见重复、啰唆。此外，若辩护人引经据典进行理论阐释时，审判长对此应当宽容，只要其理论阐释与庭审事实问题和法律问题存在关联性，就应当允许其畅所欲言。

（三）法庭辩论的时间分配

在法庭辩论阶段，审判长通常给控辩双方设置一定的发言时间，其目的在于促使控辩双方提高发言质量，限制重复、啰唆和偏离主题的发言。然而，这种方式被人诟病已久，认为法庭是在剥夺律师的辩护权，违法且不正当，应当予以禁止。法庭辩论阶段，审判长到底有无权力进行辩论时间的分配呢？法庭如何分配辩论时间才符合公正审判的要求？似乎有必要回答这些问题。

1. 分配法庭辩论时间的正当性

回答上述第一问题，我们可以美国联邦最高法院为例。在美国联邦最高法院的法庭辩论中，一个非常明显的事实是，给予控辩双方法庭辩论的时间一度被限制、压缩。美国联邦最高法院每年从 10 月的第一个星期到第二年的 5 月底，安排上诉案件的法庭辩论，时间为星期一至星期三上午 10 点到中午

---

① Rules ofthe Supreme Court of the United States（2019），Rule 28. 1.

12点以及下午1点到下午3点。这样的时间安排意味着每年最多只能辩论168个案件。[①] 一个案件若被安排复审，一般都会排期在至少4个月以后了。然而，在1个世纪以前，案件量较少时，法庭辩论几乎不受时间限制，比如吉本斯诉奥格登案（Gibbons v. Ogden）一案中，法院在5天时间里给予了控辩双方20小时的口头辩论。但从1970年开始，控辩双方只允许各自30分钟的时间发言，并且控辩双方只允许一名律师出庭发言。[②]《美国联邦最高法院法庭规则》第28条第3项内容为："除非法院另有安排，诉讼各方只有半小时的辩论时间。律师不需要使用所有分配的时间。任何要求增加额外辩论时间的请求，应根据第21条及时提出动议，应在口头辩论之日之前和不迟于被申请人或被上诉人提交关于案情的简要说明后7天内提交，以便日程会议小组审议。并且，申请人应具体和简明地说明为何不能在半小时时限内发言完毕。增加额外时间很少被许可。"[③] 可以看出，美国联邦最高法院严格限制诉讼两造的辩论时间，平均分配各方的发言时间仅为半个小时，若要申请增加时间，不仅有严格的申请限制、理由限制，被批准的可能性还微乎其微。尽管如此，美国联邦最高法院的法庭辩论时间分配制度并未受到质疑，反而促使律师提高出庭技能。能在美国联邦最高法院出庭的律师，被视为一种身份和荣耀。[④] 此外，在美国证据规则下，法官应当指挥庭审，避免不必要的法庭时间损耗（Avoid needless consumption of time）。[⑤]

从实践来看，法庭之所以需要对法庭辩论的时间进行分配，源于庭审时间的有限性和法庭辩论本身的分散性。在案件逐年上涨、办案程序日益烦琐

---

① 实践中，美国联邦最高法院每年只举行70—80个案件的法庭辩论，https：//www.supremecourt.gov/oral_arguments/oral_arguments.aspx，2020年10月1日访问。

② Lawrence S. Wrightsman，Judicial Decision Making：Is Psychology Relevant? Springer US，1999，p.31.

③ Rules of the Supreme Court of United States of America（2019），Rule 28.1，https：//www.supremecourt.gov/ctrules/2019RulesoftheCourt.pdf，2020年10月1日访问。

④ Sahr A. M. Brima，Admission to U. S. Supreme Court Bar，Admission to U. S. Supreme Court Bar，https：//www.americanbar.org/groups/litigation/committees/minority-trial-lawyer/practice/2020/admission-to-us-supreme-court-bar/，2020年10月1日访问。

⑤ The 2020 Florida Statutes，Chapter 9090.612，http：//www.leg.state.fl.us/statutes/index.cfm?App_mode=Display_Statute&Search_String=&URL=0000-0099/0090/Sections/0090.612.html，2020年10月2日访问。

的当代，庭审时间的有限性日益突出。同时，辩论活动极具分散性，或旁征博引或声东击西，控辩双方都想抓住最后的机会给予对方“致命一击”。于是，平等分配辩论时间成为一个重要且现实的问题。犹如在任何形式的辩论比赛中，各方辩手发言都必须严格遵守规定的发言时间。另外，法庭辩论通常是安排在证据调查程序结束以后立即进行，这时审判人员都很疲惫，对冗长的辩论发言难免失去耐心。[①] 一个每天跟海量案件“斗争”的法官，没时间和精力去解释法律或者做别的事情，其心思都在案结事了上。[②] 因此，有经验的辩护人都会预估法庭辩论发言的时间长度，充分考虑时间长到足以阐明主要观点，同时又短在审判人员能集中聆听的时间内。

对于诉讼而言，时间是生命线，没有时间就没有诉讼。某种程度上而言，司法资源（如法院人力、财力、时间等）的合理分配与运用是程序正义的保障。[③] 正如《日本刑事诉讼规则》第212条规定：“审判长认为必要时，只要不损害检察官、被告人或辩护人的实质性权利，可以限制上述人员在证据调查以后陈述意见的时间。”[④] 可以说，法庭分配控辩双方辩论时间完全具有正当性，特别是在人数众多的共同犯罪案件中，法官合理分配发言时间是一个极其现实和紧迫的问题。

2. 法庭分配辩论时间的规则

实践中，特别是在辩护人较多的案件中，审判长通常限制每个辩护人的发言时间，比如每个人发言不得超过多少分钟，这种做法通常容易引起辩护人不满。实际上，尽管审判长、合议庭有权分配控辩双方的辩论时间，但这并不意味着审判长可以因此剥夺辩护人的正当权益，否则构成有损公正审判的情形。

总的来说，对于辩论时间的分配应当坚持适度限制原则。具体而言，审判长在辩论程序中的时间管理应当注意以下问题：一是在庭前提醒控辩双方

---

① Roger Haydock and John Sonsteng, Trial: Advocate before Judges, Jurors and Arbitrators, West Group, 1999, p. 587.

② Lawrence Baum, The Puzzle of Judicial Behavior, the University of Michigan Press, 1998, p. 15.

③ 林俊益：《程序正义与诉讼经济：刑事诉讼法专题研究》，元照出版公司2000版，第89页。

④ 张凌等编译：《日本刑事诉讼法律总览》，人民法院出版社2017年版，第188页。

作好出庭准备，避免打无准备之战而浪费宝贵的庭审时间。二是在分配时间前，应当全面听取控辩双方意见并将其意见作为分配时间的重要参考。三是控辩双方时间分配应当大致均等并略向被告人方倾斜。公诉方由于占据国家力量的优势，已与辩护方处于不平等地位。同时，比较而言，由于辩护人的人数、辩护行为多维性等方面原因，辩护人法庭辩论所需的时间肯定远远大于公诉人。四是灵活安排法庭辩论活动的重启、分离与合并。其中，特别是辩护人若发现新的意见、事实，或者被告人最后陈述提出新的辩解影响定罪量刑的，审判长应当依职权或者依当事人申请重开法庭辩论或者恢复法庭调查，以求得审判之全面公正。

第六章

刑事诉讼指挥权之保障

徒善不足以为政，徒法不足以自行。

——孟子

刑事诉讼指挥权的内部要素包括权力主体、行使方式、行使对象以及行使后果，任何一个部分存在瑕疵或缺陷，势必影响诉讼指挥权运转之效果。孟子曾云："徒善不足以为政，徒法不足以自行。"刑事诉讼指挥权之健康运行，离不开多项制度、多种素养、多方力量相互作用、相互促进。为保障和规范诉讼指挥之权良善运行，可从理念转变与规范建构（立法保障）、法官素养提升（内在保障）、惩戒督促（外部保障）三个方面进行完善。

一、刑事诉讼指挥之理念转变与规范建构

刑事诉讼指挥权，其内涵丰富并随着时代发展而被赋予新的内容。在司法实践中，刑事法官发动诉讼指挥时常面临法律授权不明、理念错位等问题，同时，即使在个别权限具有法律赋权的情况下，常又面临实践操作性不强的缺陷。对此，从更新诉讼指挥理念、明晰法律授权、完善配套规范等方面进行探索，或许能克服上述问题。

（一）正名：更新诉讼指挥理念

理念，指"思想、观念"[①]，通俗地说，就是对待某事物、行为的认识和

① 《现代汉语词典》，商务印书馆2019年版，第799页。

概括印象。据此，诉讼指挥理念可理解为（法院）法官行使诉讼指挥权时所秉持的基本观念、态度。理念影响人的思维方式，同时指引人的行为方式。一定程度上说，法官有什么样的诉讼理念，就会以何种方式行使诉讼指挥权。

当前，我国法院（法官）诉讼指挥理念在形式和实质上都与审判公正的要求存在一定距离，可以从以下三个方面更新诉讼指挥理念：

1. 名称上更新，克服“名不正、言不顺”的问题

在《论语·子路篇》中有如此记载：子路问孔子，如果卫君让孔子去治理国家，该先做些什么。孔子回答：“必先正名乎。名不正，则言不顺；言不顺，则事不成。”① 古人对混乱的名称是持否定态度的，只有规范名称，才能顺利地执行法令、做成事情。法官诉讼指挥权这一议题也存在“名不正、言不顺”的问题。比如，实务中将法官审判过程对庭审行为进行指引、安排、决定、介入等诉讼行为予以抽象概括，称其为“驾驭庭审”，笔者认为这种名称或者说法有待进一步商榷。

从最高人民法院的规范性文件和实务部门的理论认识来看，“驾驭庭审”似乎是一个达成共识、普遍接受的专有名词。通常认为，“驾驭庭审”是法官的必修课，是法官的必备技能。最高人民法院《人民法院第一个五年改革纲要（1999—2003）》第15条就规定，“审判长要努力提高驾驭、指挥庭审能力”。在司法实务部门或工作人员所编著的书籍中，大多以“驾驭庭审”来表述法官主持、引导、安排、控制庭审的行为。比如，沈志先主编的《驾驭庭审》指出，对一名称职的法官而言，庭审驾驭能力的要素包括五种能力：预测、筹划和安排能力，庭审控制和引导能力，协调和应变能力，语言表达能力，分析裁判能力。② 最高人民法院刑三庭编著的《刑事审判方法》用的也是“庭审驾驭”一词，意思与之一致。③ 在丁寿兴《庭审中的审判长》一书中，审判长的庭审驾驭能力被表述为自我控制能力、引导能力、指挥能力等几个方面。④ 在落实司法责任制的有关意见中，庭审驾驭能力成为审判

① 《论语》，中华书局2010年版，第114页。

② 沈志先：《驾驭庭审》，法律出版社2017年版，第21-22页。

③ 南英、高憬宏：《刑事审判方法》，法律出版社2015年版，第112页。

④ 丁寿兴：《庭审中的审判长》，上海三联书店2006年版，第201页。

长的必备要素。最新修改的《法官教育培训工作条例》亦将“庭审驾驭”作为法官司法能力培训的重点。在某些法院组织的培训活动中，“如何驾驭好庭审”成为一项重要的实训内容。[①] 可以说，无论是观念还是活生生的实践，“驾驭庭审”早已在法官群体中深入人心。

然而，“驾驭庭审”这一命名并不准确，存在进一步商榷的空间。按照《现代汉语词典》（第7版）的解释，“驾驭”有两层意思，一是指“驱使车马前进”，二是指“使服从自己的意志而行动”。[②] 在《说文解字》中，驾，指驾车时将曲木搁在马颈上。驭，指统帅、控制。可见，驾驭一词的两层含义都突出主动性和强制性、命令性。在法官“驾驭”之下，似乎庭审人员只是处于“客体”地位，没有主动参与权，亦没有协商的空间。也就是，法官是驾驭方，其他在庭人员是被驾驭的对象，只能服从而不可协商。通常而言，观念影响概念的形成，概念反过来又塑造和强化着人们的观念。长期在这种“驾驭庭审”的观念主导下，很难创造出一种高效、和谐、民主的庭审生态。可以说，理论界和实务界长期以来对“驾驭庭审”的说法不以为然，这种现象一定程度上使法官以职权之名驾驭庭审，甚至把操控庭审当成想当然的事情。

正如本书开篇所言，诉讼指挥之“指挥”是一个源远流长、内涵极其丰富，且与我们日常生活密切相关的词语，可以说，“指挥”无处不有，无时不在。同时，比较“驾驭”而言，指挥一词在语义上更加中立、温和。职权主义庭审不是与当事人主义对立的庭审，更不是排除控辩双方参与、法官“一手遮天”的庭审，而是在坚持若干诉讼原则和规则的前提下，法官为实现公正审判，采取一系列措施发现案件真实、推动庭审有序进行的庭审模式。在职权主义模式庭审中，应当由“法官驾驭庭审”向“法官指挥庭审”转变。

2. 态度上转变，杜绝视辩方为异见者的观念

庭审中的法官诉讼指挥“越位”，部分原因是长期以来审判方对辩方的

① 比如，广西南宁法院系统驾驭庭审能力业务竞赛，http://nnzy.chinacourt.gov.cn/article/detail/2011/07/id/1008000.shtml，2020年10月1日访问。

② 《现代汉语词典》，商务印书馆2019年版，第629页。

态度存在偏见造成的。在我国古代传统观念中，律师的职业形象并未得到真正认可，甚至遭到官方的打压[①]，即使在当前，公检法“一家人”的观念依然具有普遍性。在司法机关眼中，辩护律师常被视为“一种异己的力量、搅局的因素”[②]。一方面，被告人的辩解被视为“认罪态度不好”，庭审中很少有法官耐心听取其全面的陈述；另一方面，律师的意见不受尊重甚至被视为“胡搅蛮缠”，系麻烦制造者。一旦出现律师异议或者强烈的抗议，则会被认为打乱法官预先安排的“剧本”，律师被当作不受欢迎的角色。甚至在实践中有司法人员奉劝当事人家属解除律师的委托，其目的不过是将某些律师排除在审判程序之外。

显然，带着偏见看待辩护律师，法官必视辩方为“搅局者”，法官与辩方的关系难免紧张。在紧张、对立的庭审氛围中，法官诉讼指挥的尺度容易拿捏不准、模糊不清：要么“报复式指挥”进行强势打压，要么“缺位式指挥”而放任不管。也即诉讼指挥时常滑向两个极端：要么所谓“驾驭庭审”，使诉讼参与人沦为没有自由意志的配合表演者；要么所谓“消极听审”，以保障参与权之名放纵诉讼参与人在庭审活动中“乱作为、不作为”。简言之，法官诉讼指挥所秉持的尺度偏离客观公正立场，最终导致诉讼指挥越位或缺位。

因此，刑事法官应当转变司法态度，杜绝视辩方为异见者的观念。也就是说，法官应当改变这种“敌对”态度，律师与法官的关系才会转为寻求正义道路上的伙伴关系，而非“敌对”关系。[③] 态度的转变是和谐审辩关系的必要保障，也是法官中立的体现，更是保障诉讼参与人“感受公平正义”的最直接方式。

3. 自身定位转变，强化独立身份的认同感

从实践来看，我国法官对自身应该拥有独立地位的意识不强。在理论领域，虽然讨论法官独立地位的文献已汗牛充栋，其中“法院独立”或者是

---

① 陈光中：《中国古代司法制度》，北京大学出版社 2017 年版，第 287 页。

② 王敏远等：《重构诉讼体制——以审判为中心的诉讼制度改革》，中国政法大学出版社 2016 年版，第 86 页。

③ 姜世明：《律师伦理法》，新学林出版股份有限公司 2008 年版，第 9 页。

"法官独立"也争论不止[①]，但是，鲜有文献关注法官对自身独立性地位的看法。实际上，大部分一线办案法官认为自己审理案件不具备独立性，尤其是一些敏感性案件，更无多少独立裁判的空间。比如，笔者曾试探性询问法官案件意见时，个别法官会回复"这个得上面领导同意才行"，但若进一步追问细节时，法官则脸露难色、欲言又止。同时，有的法官对自己是否具有独立地位也不是很关心，反正办理案件只是一份工作而已；相反，相当一部分法官认为，若有更多的人决定案件走向，反而在一定程度上给自己分担了办案风险。总之，有的法官对自己独立办案的权限是心存疑虑的，相信每一个有司法实践经历的法律人对此现象都有所了解。

如法官不能独立进行案件审理，庭审必然沦为走过场。诚然，或许每一个人对"独立"的看法存在差异，但是对"不独立"的认识却高度一致，即不独立的法官意味着判决由其他人或者其他机构作出。这种情况与前民主德国"电话司法"（Telephone Justice）的情况类似，即当法官在办理一起敏感案件时，他会接到更高级官员的电话，被要求他按照领导的意思处理案件。[②]显然，就公正审判的要求而言，不能独立审判，就一定没有公正审判。

在审判为中心制度的推进下，"让审理者裁判，让裁判者负责"的精神日益深入人心，国家也逐步建立和保障法官依法独立办案制度。2015 年 3 月，中共中央办公厅、国务院办公厅下发《领导干部干预司法活动、插手具体案件处理的记录、通报和责任追究规定》，明确禁止领导干部干预司法活动，若有违反将被全程记录、通报，甚至追究相应责任。随后，最高人民法院下发《人民法院落实〈领导干部干预司法活动、插手具体案件处理的记录、通报和责任追究规定〉的实施办法》，进一步细化领导干部过问案件的规定，确保法官能够不受干扰地独立办案。2019 年 4 月，新修订的《中华人民共和国法官法》（以下简称《法官法》）中，规定了设立法官权益保障委员

---

① 代表性成果如蒋惠岭《"法院独立"与"法官独立"之辩——一个中式命题的终结》（《法律科学》2015 年第 1 期）、顾培东《法官个体本位抑或法院整体本位——我国法院建构与运行的基本模式选择》（《社会科学文摘》2019 年第 4 期），等等。

② EInga Markovits, Children of a Lesser God: GDR Lawyers in Post - Socialist Germany, 94 Mich. L. Rev. 2288 (1996).

会、任何单位或者个人不得要求法官从事超出法定职责范围的事务，进一步以国家法律的形式保障法官办案的独立性。

笔者认为，在当今政治生态下，司法公开与司法为民理念日益得到强化，很少有人会冒着自己的政治生命强行干预案件，更何况，法官作为国家工作人员，对法律负责、对良心负责，坚守自己的底线，又有何惧？法官应当将维护司法尊严作为核心使命。只有法官首先内心认同并确信独立裁判的价值和尊严，法官独立才能够真正落实到位。法官站起来在阳光下办案，是司法规律的必然要求，也是中央司法体制改革的要求。只有法官独立了，才能平等对待控辩双方，从而提供优质的司法服务，最终提升司法公信力。

（二）赋权：明晰重要指挥权限

1. 诉讼指挥权系固有权理论之实践困境

诉讼指挥权系法院的固有权，意味着法官基于审判者地位，当然、天生就该拥有之权限，并非靠后天立法予以授予。“固有权系法院组织性质所衍生，且为法院之存在、维护并保障司法权之适当地运作所不可或缺。”① 在日本，诉讼指挥权系法院固有权限已是理论界和实务界之共识。“考虑法院的诉讼地位，只要不违反法律法规的明文规定或者诉讼的基本结构，法院有权力和职责进行公正的诉讼指挥，使诉讼活动顺利进展。”② 诉讼指挥权并非法律赋予法官之后天权限，也并非法律没有规定就不可以行使，因为“如果对于诉讼指挥，制定像法律条文那般一条一条具体之规范时，反而会让审判有窒息而死之危险”③。我国也有学者认为，法官行使诉讼指挥权时可遵循“非授权非法定行使原则”，即若法律有明文规定，则依照法律规定行使诉讼指挥；若否，法官则可在坚持客观、公正的原则下自由行使。④

上述观点从法院固有权理论的角度出发，指出法院在坚持一定原则下可

---

① ［日］伊藤正己：《关于法院的固有权》，载《法曹时报》第1卷9号，第66页。

② ［日］田口守一：《刑事诉讼法》，张凌、于秀峰译，法律出版社2019年版，第373页。

③ ［日］铃木茂雄：《刑事诉讼方面的证据宣告（二）》，载《神户法学杂志》第14卷2号，第286页。

④ 黄琪：《刑事诉讼中法官诉讼指挥权研究》，西南政法大学2019年博士论文，第40页。

以自主行使诉讼指挥权的观点具有一定合理性。毕竟，诉讼样态千差万别，庭审状况各不相同，法律不可能穷尽一切现实可能而作出具体规定。同时，法律若事无巨细加以明文规定，一定程度上确会限制法官能动性的发挥，甚至束缚法官手脚以至于不能根据个案灵活地安排案件审理。

然而，一方面，我们不得不考虑这样一种现实：在法律没有明确规定的情况下，会推高法官权力恣意的风险，尤其是在有的法官素质参差不齐、公信力不高的情况下更是如此。实践中，在一些重大诉讼程序争议领域，法官基于诉讼指挥权进行处置，却往往还面临“法不授权不可为”的质疑。在重大事项上，法官的自由处置也令诉讼当事人，尤其是辩护律师难以接受。民众难以接受法官充当一个创造性的、立法者的角色，法官应当执行正义，而非创造正义（The judge is supposed to do justice，not make it up.）。[①] 此外，在我国现行的明文规范中，与“诉讼指挥”直接相关联的是《法庭规则》。《法庭规则》第 17 条规定：“全体人员在庭审活动中应当服从审判长或独任审判员的指挥，尊重司法礼仪，遵守法庭纪律。”该条规定虽然明示了审判长、独任审判员指挥庭审的权力，但过于笼统且法律位阶较低，难以适应审判实践的需要。

另一方面，我国法律共同体中相当一部分人对诉讼指挥权有关理论及实践认识不足，缺乏系统了解。比如，一些律师认为，对法院、法庭的安排需要严格落实“法不授权即禁止”的原则，在这种原则下，法院、法官的每项决定、安排、处置都必须有严格的法律依据，否则就是“违法审判、恣意妄为”。比如，法院剥夺律师辩护人资格的现象就被律师界普遍质疑。显然，诉讼指挥之固有权理论在当下难以满足司法实践的需要，应当根据我国的实际情况进行一定程度的修正。

2. 诉讼指挥固有权理论的修正：法典化

虽然诉讼指挥权系法院之固有权难以完全契合司法实践的需要，但理论与实践之间的高度融合需要时间、培育的土壤。实际上，承认诉讼指挥权系

---

① Lawrence M. Friedman，Judging the Judges：Some Remarks on the Way Judges Think and the Way Judges Act，in John N. Drobak，Norms and the Law，Cambridge University Press，2006：142.

法院固有权的国家、地区，都在刑事诉讼法中明示了法官的诉讼指挥权限，如日本、德国、意大利等都有相关规定。黄翰义指出，诉讼指挥权作为一项高度抽象的权力集合，法官应具备如何之指挥权限，规范上付之阙如，故在诉讼指挥之基本规范缺乏指导性原则的情况下，诉讼指挥之内涵难免使人捉摸不清，不利于法律的统一实施。① 因此，在《刑事诉讼法》内，明确规定法官诉讼指挥的原则性权限，对于规范法官诉讼指挥行为、提高全体在庭人员对诉讼指挥的认识、增强法官诉讼指挥的可接受度，均具有必要性和紧迫性。

结合实际需要，将诉讼指挥之权限写入《刑事诉讼法》，首要的问题是体例安排。鉴于法庭调查阶段是整个诉讼的中心，同时实践中因法官诉讼指挥发生的争议大多亦在法庭调查过程中产生，因此诉讼指挥的内容应规定在第一审程序中；又因第一审程序中的第一条（186 条）系法院应当开庭审理案件的规定，按照逻辑，可将诉讼指挥的内容规定在其后，凸显开庭后诉讼指挥之地位。具体而言，建议在我国《刑事诉讼法》“审判篇”第 186 条之后增加一条，具体内容可为：

第一百八十七条　为维持庭审秩序、促进公正审判，人民法院有权可就审判进程、法庭调查、庭审秩序等方面进行诉讼指挥。

全体在庭人员应当服从审判长或者独任审判员的指挥。

在庭人员对上述诉讼指挥有异议的，法庭按照有关规定及时处理。

提出此建议的理由是：第一，明确诉讼指挥的目的为“维持庭审秩序”和“促进公正审判”。需要指出的是，两者没有孰轻孰重的关系，法官行使诉讼指挥权时应当兼顾。第二，在对外主体上规定为“人民法院”，理由是，一方面大部分诉讼指挥权限是以法院之名行使，另一方面在我国语境中，审判长、独任审判人员虽主持庭审，但作出书面决定时均系以法院的名义。在对外宣示上，用“法院”之名亦淡化法官个体因素，强调司法运行的整体性。第三，规定诉讼指挥的主要范畴。诉讼指挥权内涵丰富且随着时代变化

---

① 黄翰义：《程序正义之理念》（三），元照出版有限公司 2010 年版，第 244 页。

而增加新的内容，但主要内容体现在审判日程安排与管理、法庭调查程序的介入与指引、庭审秩序的维护与处置三个方面。第四，第 2 款规定全体在庭人员的服从义务，同时将主体细化为审判长或者独任审判人员，表明诉讼指挥的直接行使者且系代表法院意志。第五，第 3 款规定诉讼参与人的异议权。赋予诉讼参与人诉讼指挥异议权，有利于纠正法官的不当指挥，让诉讼参与人有救济的途径，从而为优化诉讼指挥的运行提供可能。

（三）兑现：完善相应配套规范

虽然理论上把诉讼指挥权视为法院的固有权限，但仍需法律予以明示基础性规范。从瞬息万变的司法实际考虑，立法技术上均采“立法宜粗不宜细”，不宜在《刑事诉讼法》中详细列举诉讼指挥的方方面面，宜通过相应配套规范予以细化其内容，明确重大诉讼指挥的操作规范，以实现诉讼指挥之权力兑现。犹如各国宪法都规定了一系列基本权利，但宪法并没有细化具体的操作指引，而是通过其他配套法律、规范来保障权利的实现。若没有配套规范保障，权利也将是无源之水。根据我国的实际情况，就现状而言，需要在以下四个方面进一步建立、完善配套规范。

1. 建立健全法庭异议规则

异议及异议处置与审判长诉讼指挥紧密相连，对此问题的研究有助于优化诉讼指挥权的行使，然而，我国现行法庭异议规则阙如。经统计，我国现行《刑事诉讼法》共出现 12 处有关“异议”的规定①，但这些异议针对的是案件事实、程序本身的意见，不是指控辩双方举证、质证、发问的异议，也不包括对法官行为的异议。最新颁布的《刑事诉讼法解释》“异议”规定增加至 39 处，在刑诉法有关异议的基础上增加庭前会议异议处理、发问方式异议处理等情况，但依然没有规定异议的提出方式、举证方式、法官行为有关的异议及处理方式。在实践中，法官与辩方发生冲突的一个原因在于未能妥善处理异议，规范的阙如是造成这一现象的关键。比如，《律师法》第 49 条

---

① 我国《刑事诉讼法》第 174、192（两处）、201、214（两处）、215、223、234、282、295（两处）条。

第1款第（6）项规定律师不得“扰乱法庭、仲裁庭秩序”，否则将被最低处以6个月以上暂停执业处罚。实践中，确有律师反复提出异议被认为是扰乱法庭秩序而拟被处罚，有的辩护律师提出对公诉方的举证有异议而被法庭驱逐出庭。①

鉴于上述情况，建立健全异议规则具有必要性、紧迫性。结合实际可以采取以下措施：一是明确控辩双方均有权提出对举证质证方式、发问内容及方式、法官异议处理安排等提出异议。二是明确异议的提出对象、方式、时机、次数及处置。提出的对象上，是控辩双方以及不同被告人的辩护人以及合议庭成员②；提出的方式上，应当是通过审判长进行表达而不是直接未经许可打断对方发言；提出的时机上，应当及时提出，过期不候；提出的次数上，对于同一问题基于同一事由，不得两次以上提出异议，否则审判长可以制止；提出的处置上，审判长应当及时对异议进行裁决并说明理由，不能当庭裁决的，可以休庭裁决。三是异议规则可以在《刑事诉讼法解释》或者《调查规程》中予以明确。这样做的理由是，这两份规范性法律文本都有类似的异议规定，但均未具体、完善，可以进行修正、补充。

2. 进一步完善法庭规则

当前，我国规范法庭秩序的法律依据主要为最高人民法院2016年版《法庭规则》。实践表明，近年来辩审冲突频频出现，一定程度上可归因于《庭审规则》的不完善。比如，海外很多国家和地区的法庭规则极其细密，操作性极强，给予诉讼参与人较好的指引，可以拿来参考借鉴。③ 结合实际，笔者认为可以在当前《法庭规则》的基础上，完善以下内容：

一是补充、完善对法官行为的规则。《法庭规则》第16条规定：“审判人员在庭审活动中应当平等对待诉讼各方。”该条规定显然过于笼统，在约束法官行为上指引力度不够，应当具体明确，比如，可细化为：法官应当严

---

① 《海南一审判长庭审时疑爆粗口并驱赶律师被直播》，https://www.sohu.com/a/402523387_120503760，2020年10月5日访问；山东省司法厅鲁司罚告字（2021）第3号听证权利告知书。

② 如某被告人的辩护人发表对另一被告人的不当言论或者不当发问，另一被告人的辩护人可以提出异议。

③ 比如，《欧洲人权法院法庭规则》（Rules of Court of ECHR）、《美国加州法庭规则》（Trial Court Rule）等值得借鉴。

格遵守庭审规则及其他有关法律规定；审判人员应当公平、合理地分配控辩双方陈述、辩论的时间，不得向任何诉讼方或者诉讼参与人表现有亲密或者厌恶的言行，不得随意打断陈述、发言，等等。

二是完善有关发言、提问许可的规定。《法庭规则》第 17 条第 2 款规定："检察人员、诉讼参与人发言或提问，应当经审判长或独任审判员许可。"该条规则的问题在于：许可的依据为何以及不许可后如何处置？对此处理不当，也容易引发冲突。此条规定可修改为：检察人员、诉讼参与人发言或提问，应当先向审判长或独任审判员示意并说明发言、发问理由，审判长或独任审判员认为有必要的，应当允许其发言、发问。审判长或独任审判员不允许其发言、发问的，应当说明理由。检察人员、诉讼参与人可以对审判长或独任审判员不许可其发言、发问的行为提出一次异议。

三是规范处置程序。《法庭规则》第 19 条规定的处置类型为警告、训诫、责令其退出法庭、令司法警察将其强行带出法庭四种类型。但是，这几种类型的适用步骤存在争议，且与《刑事诉讼法》《刑事诉讼法解释》中的规定存在差异。[①] 这几种处置程序之间是否存在递进关系？有观点认为不存在递进关系，关键看行为的严重程度。[②] 实务界的很多律师则认为这几种处置存在递进关系，应当逐步行使。对此，笔者认为合适的做法是，一般应当遵循梯度原则，按照《法庭规则》规定的次序进行处置，只有在情节特别严重的情况下，才可以适用更重的处罚。[③] 另外，鉴于《法庭规则》的专门性、特殊性，在《刑事诉讼法》《刑事诉讼法解释》未进行修改之前，适用《法

---

① 《法庭规则》第 19 条规定：审判长或独任审判员对违反法庭纪律的人员应当予以警告；对不听警告的，予以训诫；对训诫无效的，责令其退出法庭；对拒不退出法庭的，指令司法警察将其强行带出法庭。《刑事诉讼法》第 199 条规定：在法庭审判过程中，如果诉讼参与人或者旁听人员违反法庭秩序，审判长应当警告制止。对不听制止的，可以强行带出法庭；情节严重的，处以一千元以下的罚款或者十五日以下的拘留。《刑事诉讼法解释》第 250 条规定：法庭审理过程中，诉讼参与人或者旁听人员扰乱法庭秩序的，审判长应当按照下列情形分别处理：（一）情节较轻的，应当警告制止并进行训诫；（二）不听制止的，可以指令法警强行带出法庭；（三）情节严重的，报经院长批准后，可以对行为人处一千元以下的罚款或者十五日以下的拘留。……

② 最高人民法院中国应用法学研究所：《人民法院案例选》（2014 年第 1 辑），人民法院出版社 2014 年版，第 151 页。

③ 杨勇：《辩护律师退庭的三种形态及规制》，载《湖南科技大学学报》（社会科学版）2020 年第 6 期，第 124 页。

庭规则》的处置类型更为符合实践的需要。

3. 制定远程视频开庭和庭审直播规则

远距视讯的采用与否，属于审判长调查证据之执行方法或者细节之指挥事项，为审判长诉讼指挥权行使范畴。① 远程视频开庭和庭审直播均是法院推进智慧法院建设以适应现代科技发展的产物，不仅有助于提高庭审效率、方便群众参与诉讼，且有助于促进司法公正。

然而，我国现行《刑事诉讼法》并未规定远程视频开庭和庭审直播的相关内容。域外有不少国家、地区将此规定于刑事诉讼法或者刑事诉讼规则之中，比如，德国、美国均规定了远距视讯等内容。笔者认为，在《刑事诉讼法》规定了诉讼指挥范畴的情况下，无须再在法典中明示远程视频开庭、庭审直播的问题。对于庭审直播，当前最高人民法院将此作为推进审判公开的重要举措，很多地方法院颁布庭审直播的操作规程，对庭审直播的程序、案件范围、各部门人员的协调作出规定。

远程视频开庭和庭审直播方式开庭，毕竟给诉讼参与人的参与方式带来颠覆性变革，一定程度上会影响其庭上的行为方式，且需要各个部门的分工负责与协调。因此，较为妥当的做法是，最高人民法院、最高人民检察院、司法部、公安部等关联部门，可在相互协调、沟通的基础上，共同制定有关远程视频开庭、庭审直播的具体操作规程，整合法庭技术资源，打破各办案部门之间的信息壁垒，实现资源优势互补。②

4. 进一步明确法院剥夺律师辩护人资格的依据

剥夺律师辩护人资格，是法院基于诉讼指挥权对失范辩护人进行的一种排除妨碍的措施。当前，我国法院剥夺律师辩护人资格的规范性文件分别为：最高人民法院、司法部于2018年4月21日联合发布的《关于依法保障律师诉讼权利和规范律师参与庭审活动的通知》（以下简称《关于律师参与庭审的通知》）以及最新颁布的《刑事诉讼法解释》。③ 《关于律师参与庭审的通

---

① 黄翰义：《程序正义之理念》（三），元照出版有限公司2010年版，第243－244页。

② 杨勇：《重大疫情期间远程视频在检察办案中的运用》，载《人民检察》2020年第7期，第22页。

③ 《刑事诉讼法解释》第310条照搬了《关于律师参与庭审的通知》的内容。

知》第3条规定："具有擅自退庭、无正当理由不按时出庭参加诉讼、被拘留或者具结保证书后再次被依法责令退出法庭、强行带出法庭的，不得继续担任同一案件的辩护律师、诉讼代理人。"可以说，上述规定内容不全、依据不清，容易导致法院随意剥夺律师辩护人资格。

在《关于律师参与庭审的通知》及《刑事诉讼法解释》中，规定了三种情形，律师将失去辩护人资格：一是辩护人擅自退庭；二是辩护人无正当理由不按时出庭；三是具结保证书后再次被依法责令退出法庭、强行带出法庭。下面详细分析三种依据。

关于擅自退庭，实际上是一种以违法方式对抗法庭审判的行为。擅自退庭不仅导致诉讼进程阻断，且有损法庭权威。在普通法系国家，擅自退庭（In the face of the court by absenting himself from court）是一种严重蔑视法庭的行为，将会受到刑事处罚。[①] 司法部《律师执业管理办法》对此也予以明确禁止。因此，对于擅自退庭的，可以作为剥夺律师辩护人资格的事由之一。要知道，刑事司法是面向公众的制度，不是一个私营的市场。"刑事司法不是给予被告人他们想要的，而是给他们所应得的。"[②]

关于无正当理由不按时出庭：在被告人人数众多的案件中，安排开庭成本高昂，主审法官须协调众多车辆、法警押送，还须协调众多诉讼参与人的开庭档期，好不容易确定了开庭日期，若辩护人无故不到庭参加庭审，将导致法官所有的庭前准备归零，并有损程序有序进行，因此可作为剥夺辩护人资格的法定事由。"辩护人不及时到庭（Tardiness of an attorney）是一种蔑视法庭的行为，可受法庭处罚，严重的还会被判处监禁刑。"[③] 问题在于，何为正当理由？何为不按时到庭？《关于律师参与庭审的通知》中此项规定过于笼统，容易成为法官排除辩护人的手段。实践中，有辩护人因为庭审档期冲突未能参加庭审而被剥夺辩护人资格。笔者认为，应当对"正当理由"和

---

① C. J. Miller, Miller On Contempt Of Court, Oxford University Press, 2017, p. 110; Re Gates, 478 F. F. 2d 998 (1973).

② ［美］斯蒂芬诺斯·毕贝斯：《刑事司法机器》，姜敏译，北京大学出版社2015年版，第121页。

③ Thomas L. Esper, Tardiness of Attorneys as Contempt of Court, 19 Clev. St. L. Rev. 541, 1970, p. 541.

"不按时到庭"予以具体明确。下列情况应当被视为"正当理由"：辩护人因庭审档期冲突的、辩护人生病难以参加庭审的、辩护人因不可抗力难以如期参加庭审的，等等[①]。至于不按时到庭，比如辩护人因为交通堵塞而导致迟到少许时间，不宜认为是可以剥夺律师辩护人资格的"不按时到庭"，当然，辩护人应提前及时与审判长进行沟通，告知实时情况。

关于具结保证书后再次被依法责令退出法庭、强行带出法庭，对此，必须首先规制审判长责令退出法庭、强行带出法庭的权力。目前，我国法庭驱逐辩护律师存在诸多有违程序公正之处。[②] 法庭一般不宜对辩护律师采取责令退出法庭、强行带出法庭措施，只有严重违反法庭纪律并扰乱法庭秩序的，方可采取该措施。鉴于扰乱法庭秩序的标准不明确，应当提交合议庭讨论决定。当辩护律师确实恶意挑战法庭权威、扰乱法庭秩序的，经训诫并签署保证书后，依然实施严重扰乱法庭秩序行为的，在驱逐其出庭的同时，可以剥夺其辩护人资格。

当然，健全的配套规范并非一劳永逸。正如证据法大师威格摩尔指出："归根结底，人要比规则来得更为重要。如果运用规则的精神并没有得到相应的提升，则更好的规则将无用武之地。如果法官和律师对实质正义没有正确的现实道德态度，那么在这个世界上所有的规则都无法使我们获得实质正义。"[③] 优质的诉讼指挥运行模式离不开法官的个体素质。法官诉讼指挥权能否得到行为对象的忠实服从，亦与其诉讼指挥是否妥当、适度有关。只有那种保障诉讼参与人诉讼权利，同时又促进庭审有序进行，最终实现公正审判的诉讼指挥才会赢得全体在庭人员的尊重。正所谓"民众对权力机构的信任，如同恋人之间的信任，来之不易而又脆弱不已……民众对法院的信任，

---

① 笔者曾跟法官就此问题作过交流。法官认为，律师庭审档期繁忙，你可以请所里的其他律师代为出庭，法院难道因为律师档期一直繁忙，就迟迟不开庭？此观点忽略了三个现实：其一，律师参与刑事诉讼，基础在于律师与委托人之间的信赖关系。实践中，大多数委托要么熟人推荐、要么慕名而来，其基础就在于信赖。这种信赖基础具有严格的人身属性，如教师授课一样，因而不可替代和转让。其二，没有任何辩护律师档期会一直繁忙，开庭档期冲突也只是极个别的情况。其三，法院完全可以提前告知辩护律师以便做好安排，而不是机械地卡在开庭前三天告知开庭安排。

② 陈学权：《法庭驱逐辩护律师问题研究》，载《法学评论》2015 年第 5 期，第 112 页。

③ ［英］威廉·特文宁：《证据理论：边沁与威格摩尔》，吴洪琪、杜国栋译，中国人民大学出版社 2015 年版，第 247 页。

是因为法院在源源不断地提供合乎人们基本价值体系的‘公共善’”[①]，即是此理。

二、刑事法官诉讼指挥素养之提升

法官诉讼指挥素养，集中体现了法官的综合素质。如果说诉讼指挥是法官言行的集中表现，那么法官的综合素养则是法官言行的决定因素。为提升法官诉讼指挥之素养，可从调适法官审判心理、规范法官庭审语言、充实法官知识储备等方面着手。

（一）调适法官审判心理

1. 个案窥视：法官心理失控带来的影响及成因

法官的审判心理通常通过一定情绪表现出来。若法官心理失衡、情绪失控，其诉讼指挥必然随之失控，法庭将沦为其权力恣意驰骋的舞台。对此，我们可以从美国芝加哥七君子审判一案（The Trial of the Chicago 7）了解法官审判心理失衡所带来的负面影响：

案例6－1　美国芝加哥七君子案

1969年9月24日，8名反越战人员涉嫌违反《民权法案》（1962），在芝加哥煽动暴乱而被霍夫曼法官主持的法庭受审。[②] 在庭审中，整个法庭完全处于失控状态。在开庭的前几分钟，霍夫曼法官下令逮捕4名辩护律师，因为他们没有按时出庭。不久之后，他拒绝了被告希尔（Seal）的延期请求，因为他的律师在医院就医。[③] 希尔坚称自己可以询问证人、要自主辩护。霍夫曼法官警告他不能这样做，须听法庭安排。希尔怒吼要自行辩护，霍夫曼法官将其驱逐出庭。当希尔越来越大声地要求为自己辩护时，霍夫曼法官对其进行警告：“根据法律，你可能会

---

① 刘瑜：《观念的水位》，江苏文艺出版社2014年版，第205页。

② Nick Sharman. The Chicago Conspiracy Trial and the Press, Springer Nature, 2016, p. 15.

③ Arthur Niederhoffer & Alexander B. Smith, Power and Personality in the Courtroom: The Trial of the Chicago 7, 3 Conn. L. Rev. 235 (1970).

被堵住嘴，绑在椅子上。”尽管在接下来的两天里试图让他安静下来，但希尔继续要求有权盘问证人和为自己辩护，并对法官大声辱骂，他显然认为他受到了不公正的待遇。随后，希尔被胶带封住嘴并被捆绑在椅子上。三天之后，霍夫曼法官没有作任何解释，决定把希尔身上的镣铐和胶带摘下来。随即，希尔又开始要求他有权为自己辩护。庭审中，有人朗读演讲稿，有人在法庭上睡觉，有人穿着法官服然后被责令脱下后，将法官服扔在地上。霍夫曼法官被彻底激怒，在后续的庭审中蛮横霸道地拒绝了辩护律师的许多动议。其中，由于希尔所造成的混乱，法官将其与其他七名被告分开审理，并以藐视法庭罪分别判处希尔16次蔑视法庭罪，每次3个月，总共4年监禁。①

“芝加哥七君子案”被很多作者、媒体描述为“一场宏大的审判阴谋”（A great conspiracy trial），各类报道、文学作品不下20种，激起了关于法官司法心理、法庭秩序、被告人尊严、法官职业伦理等一系列话题的广泛讨论。② 何帆法官对此评论道，在审判历史上，法庭秩序之混乱、法官与律师、被告对抗之激烈、判决影响之恶劣简直创世界之最，是美国历史上“最滑稽的一场审判”，是一场闹剧式审判。对于法官而言，应当低调、深沉、内敛、保持独立，不应该受政治形态和愤怒情绪所左右。同时，律师和当事人也应当遵守法庭秩序、尊重法庭权威，否则只会造成“法官与被告人的双输”③。正所谓“任何人不能凌驾于法律之上。如果法官不能身先士卒地遵守这一原则，那么他也很难让处于他面前的人遵守法律的规定”④。

---

① Nick Sharman, The Chicago Conspiracy Trial and the Press, Springer Nature, 2016, P. 53.

② John Schultz, The Chicago Conspiracy Trial, University of Chicago Press, 2009; Jon Wiener, Conspiracy in the Streets: The Extraordinary Trial of the Chicago, The New Press, 2006; Lee Weiner, Conspiracy to Riot: The Life and Times of One of the Chicago 7, Belt Publishing, 2020; Abbie Hoffman, Steel the Book, Da Capo Press, 2002; Illinois v. Allen: The Unruly Defendant's Right to a Fair Trial, 46 N. Y. U. L. Rev. 120 (1971); Arthur Niederhoffer & Alexander B. Smith, Power and Personality in the Courtroom: The Trial of the Chicago 7, 3 Conn. L. Rev. 233 (1970), etc.

③ 何帆：《法官与被告的双输："芝加哥七君子"审判》，载《看历史》2012年第4期，第31－32页。

④ Arthur Niederhoffer, Alexander B. Smith, Power and Personality in the Courtroom: The Trial of the Chicago 7, 3 Conn. L. Rev. 243 (1970).

可以说，法官之健康审判心理与妥善行使诉讼指挥权极为相关。何谓法官审判心理？广义上说，法官审判心理指一切与审判有关的心理现象，审判心理对于公正审判之实现具有重要意义。[①] 在法庭审判过程中，诉讼一方作出一定行为，另一方则作出回应行为，在这种法庭互动过程中，法官、诉讼两造均会产生一定的心理反应。法官之庭审审判心理，则是指法官在审理案件过程中，作出一定诉讼行为之心理反应、情绪状态。[②] 在庭审中，审判法官通常容易出现以下不符合“形象正义”的审判心理。

一为心态失衡，用权力恣意以求心理满足。在最高人民法院每年的工作报告中，均提到“案多人少”的问题，同时由于司法责任制、案件终身负责制等制度的深入推进，法官办案压力日益增大。此外，对法官纪律约束、绩效考评也日趋严格。然而，比较其他党政部门，甚至与检察院相比，法官的晋升空间极其有限。一个多年的法官感叹：“法官，是一个让我困惑且充满魅力的词汇……但当提起笔想探究一下中国法官的真正含义却备感困难。要接受科层制下的晋升体制，要靠结交和利用体制内的朋友获得稀缺的上升空间。”[③] 与此同时，法官的待遇却没有实质性变化，特别是相对律师行业而言，法官的收入处于“养家糊口”的水平。[④] 也就是说，由于法律和社会对法官有着崇高的定位和期待，但是现实难以支撑和保障法官的尊荣，于是个别法官心态陷入失衡状态。[⑤] 一旦心理失衡，难免寻找情绪出口，尤其是在被告方本身存在一定失范行为的情况下，法官极容易以“报复性诉讼指挥”对被告人、辩护人进行打压。

二为情绪失控，应对行为失范能力不足。情绪失控是一种普遍存在的心理现象，对于普通人而言，当感觉自己受到挑衅或者其他不公正对待时，容

---

① 蔡墩铭：《法官与审判心理学》，载《法令月刊》1971 年第 2 期，第 10 - 11 页。

② 蔡墩铭：《审判心理学》，水牛出版社 1981 年版，第 15 页。

③ 叶竹盛：《法官晋升的错位与回归》，载《南风窗》2014 年第 11 期。

④ 《律师收入调查报告（附：法官、检察官、律师收入对比大数据）》，https：//www. sohu. com/a/345549022_120054445，2020 年 10 月 28 日访问。

⑤ 有学者将法官诉讼指挥心态失衡归因于检察官诉讼地位非当事人化、检法关系权力耦合，从而导致不能平等对待控辩双方，但笔者认为这非个体因素，而是结构性的体制问题。参见蔡杰、冯亚景：《我国刑事法官庭审指挥权之探讨》，载《法学研究》2006 年第 6 期，第 120 页。

易出现情绪失控，从而做出过激的行为。当法官面对所谓“胡搅蛮缠”的被告人、辩护律师时，也难免情绪失控，从而导致诉讼指挥失范。比如，2019年12月10日，广西玉林市玉州区人民法院审判长第22次直播开庭审理（2019）桂0902刑初487号余某某等20人组织、领导传销活动中，辩护人质疑检方的举证方式不合适、审判长的警告不合适，审判长说：“不合适是吗？法警把他架出去！”随后，辩护人被赶出法庭。[①] 又如，2020年6月16日，海口市中级人民法院在公开审理王某章等21人涉黑案过程中，王某章的辩护人指出法院要求的质证方式违反规定，法官采纳控方打包式集中举证质证方式使被告人难以有效质证，后辩护人申请审判长回避。审判长不仅不对回避作出处理，还令法警拿掉其话筒，将其驱逐出庭。[②] 显然，这些都是审判长情绪失控的过激反应，不管从哪个角度看，都难以认定辩护律师是扰乱法庭秩序而可以被驱逐出庭。一方面，法官心态不正、情绪不稳定，容易做出过激行为；另一方面，法官指挥庭审的能力不足，应对庭审状况的经验欠缺，反过来又容易导致情绪失控。

三为有罪推定心理固化，容易导致主观偏见。在我国无罪推定原则没有落到实处的情况下，法官容易强调被告人的有罪供述、形成主观偏见，被告人稍有解释反会被当作“狡辩、认罪态度不好”，这种有罪推定、打击犯罪的思想牵引着部分法官行使诉讼指挥权的方式。[③] 可以说，一旦法官形成有罪推定的思维，对案件定性就难以改变了。在此基础上，为了推动案件进行，早点完成庭审这项“手续”，辩方的辩解、质证和辩护意见都显得是多余甚至是妨碍诉讼进行的。这种诉讼指挥模式，除了追求早一点“案结事了”外，不仅不利于事实真相的查明，还极大地损害了程序正义。这种求高速度而忽视好态度的做法，与法官正义化身的定位格格不入。正所谓“以

---

① 广西玉林市玉州区人民法院第22次直播开庭审理（2019）桂0902刑初487号余某某等二十人组织、领导传销活动罪一案庭审直播，http：//tingshen. court. gov. cn/live/9591510，2020年5月1日访问。

② 海口市中级人民法院（2019）琼01刑初137号庭审直播，http：//tingshen. court. gov. cn/live/12168831，2020年6月30日访问。

③ 蔡杰、冯亚景：《我国刑事法官庭审指挥权之探讨》，《法学研究》2006年第6期，第120页。

审判为中心”的诉讼制度要求审判人员应当“努力让人民群众在每一个司法案件中都感受到公平正义”[①]，法官应杜绝这种心理状态的出现。

2. 调适法官审判心理的方法

法官是法律人，也是普通人。“他们之中有聪明的，也有愚钝的；有坚强的，也有软弱的；有沉稳的，也有轻浮的；有冷血的，也有温情的；有诚实的，也有满嘴谎言的……虽然某种程度上，他们的行为都会受到法律规则的制约，但是对不同性格的法官，该影响千差万别。”[②] 然而，正如陈长文、罗智强在《法律人，你为什么不争气？——法律伦理与理想的重建》一书中所言，判人是非乃“上帝”之责，欲为神之事，必先修神之德。[③] 那么，法官之审判健康心理应符合哪些要求呢？法官应该有健康的审判心理，心理健康的关键因素在于心理平衡，认知正常，情感协调，遇到障碍和困难，心理不会失调，会以“社会上认可的行为进行克服”[④]。蔡墩铭教授将法官健康的心理要素概括为 10 个方面：仁爱、自制、谦虚、精细、勤勉、忠诚、勇气、牺牲、缄默、反省。[⑤] 笔者认为，从诉讼指挥角度观之，法官之审判心理应着重向以下三个方面转变：

第一，多一些耐心与克制。从实践中法官行为失范的种种表现来看，一旦审判长、审判员是缺乏耐心的，没有耐心倾听意见就难以克制随时恣意的权力任性。当今社会的法官，不应当认为处理完结案子就是工作完成，应当提升司法实效、关注诉讼当事人、被害人和社区真正需要什么、期待什么。[⑥] 一个好法官，必然是一个认真对待被告人各项诉讼权利的法官，要做到“认真对待”，不可缺少耐心与克制。“一个好的法官与其说是一个斩钉截铁的英

---

① 王敏远等：《重构诉讼体制：以审判为中心的诉讼制度改革》，中国政法大学出版社 2016 年版，第 178 页。

② Jerome Frank, Are Judge Human?, 80 U. Pa. L. Rev. 42, 1931.

③ 陈长文、罗智强：《法律人，你为什么不争气？——法律伦理与理想的重建》，法律出版社 2007 年版，第 125 页。

④ 陈增宝：《法官心理与司法技巧》，中国法制出版社 2012 年版，第 318 页。

⑤ 蔡墩铭：《审判心理学》，水牛出版社 1981 年版，第 612 页。

⑥ Judith S. Kaye, Delivering Justice Today: A Problem - Solving Approach, 22 (No. 1) Yale Law & Policy Review, 2004, 150.

雄或义正词严的斗士，不如说是一个啰啰嗦嗦、犹犹豫豫、不断掂量‘一方面’‘另一方面’的学究——正是这种啰嗦和犹豫显示出一个法官的审慎和平衡感。”[①] 蔡墩铭教授亦指出：“审理刑事诉讼之审判官须有耐心与自制之修养，始可期其审理顺序并为合理之诉讼指挥，且此必有裨于实质真实之发现。”[②] 法官的耐心和克制，体现的是一种对个体人格尊严的重视，是一种理解人、尊重人的人本主义精神的体现。法官的耐心和克制要求法官行使诉讼指挥权或者作出裁判时，应当慎之又慎。

第二，多一些仁慈与宽容。卡多佐法官曾言：“诉讼于大多数而言，都是不常遭遇但却是灾难性的经历。同时，这样的灾难，最容易引起争议的地方是事实而不是法律。”[③] 一方面，大多数诉讼参与人没有法律专业知识，对诉讼程序、法律知识不熟悉，法庭上的误会和失范在所难免；另一方面，大多数法官都没有被告人的个人经历和背景，且大多数案件是知识水平不高、社会地位较低的人所为。[④] 这种情况易导致被告人与法官之间理解上的鸿沟，或者说，导致部分法官不易有同理心看待被告人之犯罪行为。“正义”模糊不清，一千个人有一种对“正义”的看法，但是“同理心”不一样。同理心是具体的，就是站在对方的立场看问题。法官应当“少点正义感，多点同理心”，因为“法官有了同理心，才能为受自己判断影响的当事人多多想想，谨慎地运用权力。如此，反而能作出比较正确的判断，而不是打击着想象出来的敌人，实现着想象出来的正义”[⑤]。法官多一些仁慈和宽容，才能体现司法的温度，才更有可能让当事人“感受到”公平正义。

第三，多一些勇气与果敢。法官审理案件是否需要勇气和果敢？答案是肯定的。没有勇气的法官很难独立作出判断，因为司法必然牵涉到各种利益

---

① 刘瑜：《观念的水位》，江苏文艺出版社2014年版，第207页。

② 蔡墩铭：《审判心理学》，水牛出版社1981年版，第613页。

③ Cardozo Benjamin, The Nature of the Judicial Process, Yale University Press, 1921, pp. 128 – 129.

④ 比如，在裁判文书网以“小学文化、无业”为关键词检索刑事判决，最近一年仅辽宁省就有近2000份上网的判决。

⑤ ［德］汤玛斯·达恩史戴特：《法官的被害人：德国冤案事件簿》，郑惠芬译，卫城出版有限公司2018年版，第379–380页。

和权力的制约。“非独立型的法官，如果他们违背政府意愿进行裁判，他们可能丢掉工作甚至丢掉脑袋。”① 在面对外部重重压力时，法官如何抵抗？除结构性的制度保障外，法官的道德要求也极为重要。道德勇气就是捍卫价值，法官的道德勇气就是捍卫公正司法的价值。道德勇气就是意识到风险并能直面这些风险引发的困难。“道德勇气三要素：坚守原则、对捍卫原则的危险有充分的认识、对危险心甘情愿的忍耐。”② 总之，面对内外各种非法势力的围堵，“审判法官应有威武不能屈、不畏外界压力、不向权势低头之勇气，方能为独立之审判”③。

在普通法系国家，有许多伟大的名字属于法官，“在我们看来，法官是有修养的人，甚至有着父亲般的慈严”④。总之，法官应当调适与审判公正相违背的心理定式，向耐心、克制、仁慈、宽容、勇气、果敢型法官靠近。这些心理特质是铸就法官优良品质的必备要素。“谁是法官的法官？”答案是：“法官对自己的良知期许与道德要求。”⑤

（二）规范法官诉讼指挥的语言

1. 法官庭审语言的特点及影响

没有多少职业像法律职业一样离不开语言。法国哲学家利科曾指出：“诉讼的原始功能是把冲突从暴力的水平转移到语言和话语的水平。”⑥ 庭审语言于司法而言，其重要性不言而喻。语言是司法系统的工具，也是司法的产品。法律权力存在于语言之中。⑦ “司法权力通过语言之车得以运行，甚

---

① Lawrence M. Friedman, Judging the Judges: Some Remarks on the Way Judges Think and the Way Judges Act, in John N. Drobak, Norms and the Law, Cambridge University Press, 2006, 141.

② ［美］拉什沃思·M. 基德尔：《道德勇气：如何面对道德困境》，邵世恒等译，北京时代华文书局 2016 年版，第 9 页。

③ 蔡墩铭：《审判心理学》，水牛出版社 1981 年版，第 617 页。

④ ［美］约翰·亨利·梅利曼：《大陆法系》，顾培东、吴荻枫译，法律出版社 2004 年版，第 34 页。

⑤ 陈长文、罗智强：《法律人，你为什么不生气？——法律伦理与理想的重建》，法律出版社 2007 年版，第 105 页。

⑥ 杜小真编：《利科北大讲演录》，北京大学出版社 2000 年，第 5 页。

⑦ Zariski, Archie M, Legal Literacy: An Introduction to Legal Studies, AU Press, Athabasca University, 2014, p. 179.

至，语言就是法律权力。在司法领域的许多重要方面，司法权力都是通过无数的语言进行互动的结果。”[①] 在对抗制诉讼中，法庭调查以言词为中心，语言表达具有重塑案件事实的重要地位。“律师的真正工作（Real work）就是在法庭上讲故事。”[②]

如果说法官的司法理念、心理健康状况是影响法官行为的内部决定因素，那么法官的语言则是内部因素的集中体现。庭审中法官诉讼指挥是一种诉讼行为，而作出诉讼行为需要用准确、简洁而又通俗易懂的语言传达于诉讼指挥对象。比较而言，庭审中审判长的庭审用语，具有不同于其他场景的以下特点：

第一，法官庭审语言承载的功能具有多样性。庭审中发动诉讼指挥时，法官庭审语言大致具有6个方面的功能：一为告知功能，即向诉讼参与人告知有关权利义务；二为解释功能，即法官向诉讼参与人解释有关法律、程序规定；三为发问功能，即法官主动向诉讼参与人发问，进一步了解有关案件信息；四为制止功能，当诉讼参与人行为失范时，法官通过口头发布禁止令，制止失范行为；五为教化功能，即法官向被告人进行法制、警示教育；六为裁决功能，即法官向被告人口头宣布庭审异议的裁决情况。可见，法官语言使用场域包含程序面和实体面，法官庭审语言的上述功能是由法官的职责所决定的。

第二，法官庭审语言的互动性。法庭是一个社会，是多个诉讼参与人作出诉讼行为进行互动的结果。法庭活动中的互动行为是由规则事先确定的法庭参与者的不同角色决定的，法庭参与者的每种诉讼行为都有强烈的目的性，但都受制于法庭的监督和制约。同时，这种互动性特征使法官语言也随之发生变化，一方面，诉讼参与人的语言会刺激法官，法官会受到影响，另一方面，法官说出的话语同样会对在庭人员产生影响，在庭人员的发言方式、态度、内容都会因法官的庭审言语而产生某种反应。

---

① John M. Conley, William M. O´Barr, Just Words: Law, Language, and Power, University of Chicago Press, 2019, p. 15.

② Janet Cotterill, Language and Power in Court: A Linguistic Analysis of the O. J. Simpson Trial, Palgrave Macmillan UK, 2003, p. 36.

第三，法官庭审语言的针对性。所谓法官庭审语言的针对性，指法官庭审语言受案件类型、当事人的文化差异等具体个案因素影响，法官在说话方式、内容、语调、音量等方面作出针对性的调整。比如，在某些少数民族地区，法官一般使用方言进行庭审，曾有法官坦言，若使用普通话庭审，则会出现某些当事人表达存在困难从而导致理解歧义，最终庭审效果并不理想。又如，对于认罪认罚的案件，许多法官往往采取较为温和的语气询问被告人认罪的自愿性，但对于不认罪的被告人，部分法官在语气上往往显得有些咄咄逼人；在制止某些失范诉讼参与人时，大多法官庭审语言变得威严、坚决。总之，法官语言的速度、态度、方式都与说话对象的个体情况有关，具有较强的针对性。

法官庭审语言具有多功能性、互动性、针对性，实践中由于法官措辞不当从而导致庭审指挥失范的案例频频发生。“语言不当造成的伤害有些是直接的，有些是潜在的。识别语言和语言造成的伤害之间的联系，是避免因语言不当造成危害的有效路径。”① 法官语言不当表现形式多样，但由于法官在法庭上代表“活的法律”，法官语言不当则可概括为用语不规范。规范法官庭审用语，不仅有助于避免庭审冲突、提升庭审效率，还可树立正义的法官形象。可以说，提升法官的语言能力、规范法官的庭审表达是一个极具现实性、必要性和紧迫性的话题。

2. 规范法官诉讼指挥语言的方法

结合我国司法实践，法官行使诉讼指挥权时，在语言方面，应当注意以下问题：

首先，遵从语言礼仪，体现法官“形象正义”。在最高人民法院《法官行为规范》中，提出法官应当“确保实体公正、程序公正和形象公正”。实体公正与程序公正易于理解，但何为“形象公正”？所谓形象，指“能引起人的思想或感情活动的具体形态或姿态”②。在法庭上，法官穿着法袍、指挥

---

① Mary Kate McGowan, Just Words: On Speech and Hidden Harm, Oxford University Press, 2019, p. 3.

② 《现代汉语词典》，商务印书馆 2019 年版，第 1468 页。

庭审，能直观体现法官形象的非法官谈吐、行为举止莫属。服饰、道具使用、礼仪等是否得体，直接关乎法官在庭审人员中的形象。尤其是在网络庭审直播案件中，法官用语更应该符合礼仪、规范，体现法官正义、威严、庄重。具体来说，法官指挥庭审的语言礼仪应当做到：在语气上，不轻不重，刚柔并济。法官说话过于“轻言细语”，难免让人觉得缺少威信，但若语气过于激昂，又使人感觉法官像是在“控诉犯罪”，因此语气方面的拿捏极为关键。法官语言表达要清晰、流畅，避免出现漏读、错读、破句等情况。试想，一个说话口齿不清、吐字不明的审判长，如何有效传达诉讼指挥的意思表示？在语速上，应快慢适中，同时须保持节奏分明。过快，可能导致诉讼参与人难以跟上节奏，过慢则导致庭审拖沓。[①] 总之，刑事法官的语言礼仪须体现法官的正义形象，需要法官在日常办案过程中，注意提升语言表达能力。

其次，确保语言措辞的中立性，避免使用具有明显倾向性的语言。司法权本质上是裁判权，裁判的灵魂和核心在于中立而确保公正。因此，在法官进行口头遣词造句过程中，应当避免歧视性、赞扬性、批判性等倾向性语言，保障用语中立、客观。比如，在庭审中，审判长如此发问被追诉人：“被告人，你是什么时候着手实施犯罪活动的?”“先给你讲清楚，你的认罪态度对你的量刑有重要影响，你自己看着办!”法庭还没调查清楚事实，也没有作出有罪判决，如何马上确定被告人的行为是犯罪了呢？显然，这种法庭用语是不规范的。实践中，有法官因问话不当、存在胁迫被告人、有罪偏见而被举报，法官拟被作出记过等处分的案例。在域外地区的法庭审判中，审判长几乎没有称呼被追诉人为“被告人”，一般称“先生”或者直呼“名字”，而我国法官在法庭上往往称受审者为“被告人”，是值得商榷的。法官行使诉讼指挥权时，用语的中立性不仅是一个语言问题，更是反映了法官的法律观念和法学素养。无罪推定、不偏不倚等理念和思想应当贯彻落实在法官的一言一语中。

最后，保障用语准确性，避免使用模糊性、歧义性甚至错误的语言。法官在审判中具有双重角色：一为司法的代言人，二为从互动行为学的角度来

① 丁寿兴：《庭审中的审判长》，三联书店2006年版，第242－243页。

看，更重要的是其作为法庭参与者发言过程中的控制者和协调人（As controller and moderator of the talk produced by all the other participants）。[①] 也就是说，在法庭上，法官不仅代表“行走的活的法律”，还是权威和正义的代表。因此，法官用语必须准确、清晰，避免模糊和错误，否则不是让诉讼参与人无所适从，就是让法官自身陷于被控辩双方质疑的不利境地。比如，在河北北戴河某法院一起涉黑案件庭审中，外地律师听不懂被告人的方言，请求法庭配备翻译。法官是本地人，能听懂本地话，法官就说：现在找翻译肯定来不及了，要不你问，我给你翻译吧？辩护人听了立即质疑：翻译是诉讼参与人，一个人怎么能既当法官又当翻译呢？我申请你回避，你的业务能力难以胜任审判工作。[②] 可想而知，整个场面异常尴尬。

综上，规范法官庭审语言，需要从法规用语的礼仪性、中立性、准确性三个角度着力。庭审中，法官语言规范、准确、得体，是重塑法官职业形象的集中体现，也是法官业务能力的“看家本领”。提升审判长的语言能力对于优化诉讼指挥权的行使、提升诉讼指挥的可接受度，均具有重要的现实意义。

（三）充实法官知识储备

在电影《守法公民》中，主人公（被告人）的保释请求权被法官驳回，这时被告人煞有介事地引用一起先前可以保释的判决并声称他的情况完全可以适用这一判例，法官于是撤回了不得保释的决定而批准了其保释申请。实际上，这则判例是不存在的，是其随意编造的。当然，电影属于艺术作品，有夸张成分，然而，实践中同样存在类似的情况。据澎湃新闻报道，多地法院曾在裁判文书中引用“假的最高法意见”作为裁判的依据判处多起民事纠纷，最高人民法院曾确认该“意见”是不存在的——最高人民法院没有出台过该意见。该新闻披露后，引起法律界人士广泛关注。[③] 甚至在我国还出现

---

① Janet Cotterill, Language and Power in Court: A Linguistic Analysis of the O. J. Simpson Trial, Palgrave Macmillan UK, 2003, p. 93.

② 秦皇岛市北戴河区人民法院审理的魏某顺涉黑案。

③ 王选辉：《多地法院曾引“最高法意见”判案，最高法裁定书：没出台过》，https://www.thepaper.cn/newsDetail_forward_8505409，2020 年 10 月 5 日访问。

过集文盲、法盲、流氓为一身的“三盲法官”，极大损害司法公信力。[①] 虽然近年来我国法官的个体素质整体上得到提升，但在广大的一线基层法院，特别是西部地区的基层法院，法官综合素养水平依然有待提高，对现行法律规则理解不透、机械司法，对法学之外的领域缺乏了解，庭审中对控辩双方的异议和观点不能及时、准确地作出判断等现象时有发生。

“法学是一门高深的学问，它必须立足于多学科的基础之上，没有哲学、逻辑学、修辞学以及其他人文社会科学的教养其实并不适合从事法学研究。”[②] 不管是从事司法实务或者是法学研究，只了解法律可以说是不懂法律。对于适用法律的法官而言，能否精准作出决定、裁决而不是机械地对照法条，很大程度上取决于其知识储备。从某种程度上可说，法官的知识储备是其业务能力的重要保障。

当前，各级人民法院正采取各项措施推进审判能力建设。所谓审判能力，是指法官在审判活动中应当具有的查明案件事实、分析法律关系、解决矛盾纠纷的基本素质和能力，集中表现为法官运用法律解决和处理各类案件的能力。其中，庭审指挥能力是审判能力的最好体现。[③] 要提升庭审指挥能力，充实知识储备是基础。因为如果把诉讼指挥视为法官的“输出”(Output)，法官的知识及经验则是“输入”（Input)。道理很简单，没有输入，何来输出？可以说，精通法理是一个优秀审判长的基本条件，否则，审判长面对控辩双方的异议，不是不知所措，就是“胡作非为”。充实法官的知识储备，加强输入，亦是保障法官科学合理地行使诉讼指挥权的手段之一。大体而言，为更好地指挥庭审，法官至少应当在以下几个方面进行知识结构的完善：

第一，强化修辞学和逻辑学知识的学习。修辞学，作为语言学的一个分支，研究的是如何使语言表达准确、鲜明而生动有力。修辞学是研究提高语言表达效果的规律的一个语言学分支学科，其目标是建立一个语言表达效果

---

① 严青、杨刚：《一个“三盲”法官的劣迹》，载《正气》2000年第1期，第42-43页。

② 舒国滢：《法学的知识谱系》，商务印书馆2020年版，“序言”第3页。

③ 卢上需、樊玉成：《审判权运行机制改革研究》，人民出版社2017版，第208页。

规律的系统。[①] 庭审以言词审理进行，审判长的庭审语言表达是否得体、准确，关系到诉讼指挥的效果。比如修辞语气，审判长就得对之加以重视，因为“说话有各种语气，或实或虚，或表欣慰，或表示不满，变化多端，措辞出语，必须一一恰当，否则就会引起误会”[②]。语言得体是修辞的灵魂，需要从语言材料、谈话主体、场景等方面综合考虑。[③] 审判长行使诉讼指挥权时掌握一定的修辞方法和技巧，可避免沟通不畅，提升指挥效果，塑造法官聪慧的形象。此外，在修辞活动中，通过“争点论”提供一种理论工具，帮助人们在法庭辩论中找出控辩双方真正的“争点”，从而根据争点找到辩护和反驳的理由。[④] 可以说，法官深入修辞学的研究，对庭审指挥大有裨益。除此之外，逻辑知识在司法活动中同样具有重要意义，无论是安排诉讼进程或是作出裁决，都离不开其行为的内在逻辑。“逻辑是一种学说或证明的理论……它是理性的一切知识的原理。”[⑤] 从诉讼认识论角度看，审判过程可以看作审判主体认定案件事实活动的总称。诉讼认识不是探索普遍问题的一般规律，而是查实某一历史事实的单一问题，是“针对特定命题”的社会性认识活动。基于此，审判长办理案件、查明事实，需要遵循认识规律、遵循法律规定。[⑥] 在此过程中，都离不开逻辑。

第二，初步掌握伦理学基础知识。司法过程是认识过程和价值判断过程的统一。在进行价值判断过程中，不可避免地进行伦理考虑。“在司法运行中绝不能排除伦理考虑，就如一个人不能排除他赖以生存的空气一样。”[⑦] 对于审判长而言，其行使诉讼指挥应当最大限度保障被告人、被害人以及社会公共利益之间的平衡。既要考虑法律规则，也要考虑法律背后的深层次社会问题，关心和回应社会热点。曾为美国联邦最高法院大法官的史蒂夫·菲尔德（Stephen Field）曾言：“作为法官，我们不会对那些引起极大民愤的事情

---

① 王希杰：《汉语修辞学》，商务印书馆 2014 版，第 8 页。
② 吕叔湘、朱德熙：《语法修辞讲话》，商务印书馆 2013 年版，第 277 页。
③ 郑荣馨、黎运汉：《得体修辞学》，暨南大学出版社 2014 年版，第 14 页。
④ 舒国滢：《法学的知识谱系》，商务印书馆 2020 年版，第 249 页。
⑤ [德] 康德：《逻辑学讲义》，许景行译，商务印书馆 2010 年版，第 13 页。
⑥ 姚显森：《法官能动性研究》，法律出版社 2015 年版，第 125－126 页。
⑦ Cardozo Benjamin, The Nature of the Judicial Process, Yale University Press, 1921, p. 66.

(Matters of public notoriety) 视而不见。当我们坐在审判席上，我们的双眼并非被蒙蔽。对法官而言，了解那些普通人所熟知的事情并不违反禁止性规定。"[①] 虽然伦理规则并非完全规范化，但伦理规则并非抽象而遥远的理论范畴。社会伦理规范往往隐藏在一般大众的朴素正义观里，通常通过民意体现。审判长行使诉讼指挥权，如延期审理、介入讯（询）问、制止不当访问，应当考虑当事人及其家属可能面临的各种困境，而不是只求办案方便或者凸显自己的权力欲望。

第三，其他与审判有关的知识。对于诉讼指挥而言，其他与审判有关的知识类别主要包括：（1）心理学知识。古人曾以"五听"识别言词证据的真伪，这是行为心理学运用的早期实践。庭审中，法官通过言语状况（语调、节奏、速度等）和面部表情可以初步判断诉讼参与人陈述之真伪，从而为是否主动介入询问以及如何询问作好判断依据；对于行为异常的被告人，做好庭前预案以免导致庭审失序，等等，都与心理学知识有关。（2）与审判对象专业相关的知识。比如，在侵害知识产权有关犯罪庭审中，若审判长对背景知识不了解，必然把握不住庭审分歧点。广州知识产权法院在审理计算机技术相关案件时，面对极其专业的计算机术语，法官与当事人之间的沟通如同"鸡同鸭讲"，最后法庭不得不求助于技术顾问以解决专业难题。[②]（3）法庭科学知识。随着智慧法院改革的推进，法庭科学日益运用于法庭调查，因此，法官不能在高科技面前只当"看客"，起码应当了解其优势和缺陷，并懂得如何运用于庭审实践，而不是一个"技术法盲"。

总之，"司法的源头与初衷何在？它既不是法学家的设计，也非司法者的创构，而是根植于生活的现实需求"[③]。一名法官可以不是一名充满智慧的法官，但他一定是见多识广、充满人生经验、博学的法官。在办理案件过程中，法官不仅受到个人背景的影响，更会受到他的人生经历的影响。比如，做过法学教授的法官，判决书越长，论证越充分，以便更好地引导

---

① Ho Ah Kow v. Nunan, 12 F. Cas. 252, 255 (1879).

② 贺林平：《广州知识产权法院启用技术调查官，提高审理质量和效率》，http: //politics.people.com.cn/n1/2017/0523/c1001 - 29292867.html，2020 年 10 月 8 日访问。

③ 汪习根：《司法权论》，武汉大学出版社 2006 版，第 1 页。

今后的判决。[①] 正如霍姆斯大法官这句名言指出："法律的生命不在于逻辑，而在于经验（The life of the law has not been logic：it has been experience.）"。经验从何来？从实践中来，从学习知识中来。各级法院应当结合本院实际，不定期、高效率地组织法官培训，不要出现"20 年的老法官其实是一条经验用了 20 年"。

三、刑事法官诉讼指挥之考评、培训与惩戒

法官的心理、语言、知识属于个体素养层面，是内部问题，构成法官审判内部保障的三个支点。此外，考评、培训、奖惩等方式则是外部保障的举措，从外部形成刺激，从而促使法官提高业务水准和业务能力。内部保障虽说起决定性作用，但难免动力不足、积极性不高；外部保障虽充满刺激力，但若设置不当，可能导致"无人办案"或者"投机取巧"的极端。构建科学合理的考评机制、培训机制、惩戒机制，既可保障法官不踏雷区、守住底线，又能促进法官发挥主动性，高效、优质办理案件。因此，有必要对此问题进行系统研究。

（一）考评渠道多元化

1. 法官考评存在的主要问题

通常，法官的好坏，需要通过考评予以识别。法官绩效考评与法官诉讼指挥存在一定关系。正如前文所言，法官的诉讼指挥水平是法官综合素质的集中体现。法官对程序、实体各方面的指挥构成其业绩表现的部分内容，公平公正的考评反过来能促进法官改进工作方式、提升案件指挥能力。

通过考评对法官履职情况作出评估，并以此作为奖励、教育培训的依据；通过惩戒促使法官能守住底线，不越过红线，不踏足雷区。通过奖励使法官获得实质性利益（如升职、物质奖励等）从而增加其积极性，为法官带来尊

---

① ［美］弗兰克·克罗斯：《美国联邦上诉法院的裁判之道》，曹斐译，北京大学出版社 2011 年版，第 91－100 页。

荣感、归属感和成就感。通常，惩戒往往由于法官的过错或者失误而致，一般争议不大；但不可回避的问题是，以什么标准和依据来进行奖励？这就不得不考虑如何设置考评制度来保障公平与效率问题。

当前，我国现行法官考评制度主要规定于《法官法》第 38 条至第 43 条以及《法官考评委员会暂行组织办法》《中华人民共和国公务员法》等规定。目前，法官考评主要存在以下四个方面的问题：

首先，法官考评主体单一。依照现行法律规定，我国法官评价的组织是法官考评委员会。法官考评委员会设在各级法院内部，组成人员为 5 ~ 9 人。其中，法官考评委员会主任由本院院长担任，其余成员由副院长、有关部门负责人组成。这种主体构成完全是一种科层化结构，与党政机关管理如出一辙。事实上，考评主体很大程度上决定了评价的方式、标准和最终的考评结果。有学者指出，在大型组织科层制下，占据高位的人具有极大的权威，这种权威并非来自其个人才华，而是来自他所处的位置。① 高度行政化的评价主体，容易导致身居领导职位的法官对其他法官的审判行为进行某种干预，形成对无职位法官的层层压制，最终损害法官的独立审判权。同时，法院内部完全封闭的评价主体也存在两大弊端：一是易形成利益集团，导致“站队盛行”，助长拉帮结派之风；二是评价结果是自己人评价自己，人情因素容易导致结果的不公正。如江必新法官指出，法官考评委员会单纯由法院内部人员设立，具有较强的行政色彩，可能对法官独立审判的行使造成负面影响。从各级人民法院资深法官组成专门法官考评委员会，同时吸收部分科研单位、高等院校的专家学者以及人大代表、律师参加，或许不失为一种有益的探索。②

其次，考评的信息依据来源单一。对法官考评的依据，主要来自案管部门的统计数据。虽然案管部门通过每月报表数据，使案件信息数据化，从而在量化管理上更加全面、便捷。但是，由于数据完全来源于法院内部，只是“看得见的数据”，难以全面反映法官的实际表现，不利于发现审判法官存在

---

① ［美］皮特·布劳、马歇尔·梅耶：《现代社会中的科层制》，马戎等译，学林出版社 2001 年版，第 64 页。

② 江必新：《审判人员职能配置与分类管理研究》，中国法制出版社 2016 年版，第 303 页。

的真正短板和缺陷。比如，由于法律素养的差异，当事人较少能对法官的诉讼指挥行为提出异议，但是辩护律师却清楚法官行为是否存在失范之处，这些失范之处只要没有产生较大影响，都不会被考评委员会注意到，如法官的受贿行为往往是被外部举报。可见，信息来源单一必然导致评价结果的不客观、不全面，且不能排除潜在的人事干扰风险。

再次，考评方式单一。虽然法官考评的内容已很全面，即依照《法官法》第 41 条规定，“对法官的考核内容包括：审判工作实绩、职业道德、专业水平、工作能力、审判作风，重点考核审判工作实绩”，但实际上，当前各地法院对法官的考评方式均聚焦于对办案数量进行量化打分，从而进行分数累加再确定各自评价等级。这种方式看似客观、公正，但不切实际，主要原因在于：一方面，不是所有审判工作都可以量化，比如法官对待诉讼参与人的态度、道德品质等，难以量化评价，但这方面内容极其重要的，因为关系到当事人是否“感受到正义”，即主观程序正义的实现，同时又关乎司法公信力。另一方面，量化数据难以保障客观真实。[①] 实践中，为了“数据好看”进行数据造假的情况并不鲜见。可以说，单一的评价方式，远远不能满足人民日益增长的对司法正义的需求。

最后，考评评价结果运用单一。《法官法》第 42 条规定：“考核结果作为调整法官等级、工资以及法官奖惩、免职、降职、辞退的依据。”也就是说，法官考评的结果关乎法官切身利益，是升职、奖励、解聘的依据，理论上也是进行针对性教育培训的主要依据。然而，根据实际情况来看，考核结果除了在年终评优方面起一定作用外，在职位升迁、惩戒方面几乎不发挥任何作用。[②]

2. 优化法官考评的路径

当前法官绩效考评存在以上四个方面的“单一”问题，制约了法官的办案积极性和自我提升的积极性，影响法院队伍建设，不利于整体提升司法人

---

① 孙海龙等：《审判权运行机制改革》，法律出版社 2015 年版，第 309 页。

② 甚至就评优而言，考评结果都不是主要依据，有的地方法院为实现所谓的奖评公正，实行优秀名额轮流分配制；对于职位升迁，则大多数由院党组、同级组织部门协同进行；对于惩戒，亦非依据考评结果作出，大多数是在失范法官被举报、立案调查后，由同级纪检、监察通过政务处分的方式进行处置。

员的各项素质。就考评而言，它本质上是一种法院管理的手段，核心是调整和服务案件审判及与审判有关的业务。① 针对上述情况，为建构更加科学、合理的考评制度，可在以下几个方面进行改进：

第一，调整考评主体组成人员。评价主体的差异会影响评价结构的客观性、公正性。“价值和评价的主体总是具体的，对同一对象的评价，总会因为主体的不同而有不同的结果。”② 这种单一主体模式一直备受质疑，有学者曾呼吁成立司法观察的民间组织，如实记录检察官、法官的司法表现，作为考评法官的重要依据。③ 在美国，即使在联邦最高法院，大部分判决在法律界之外几乎不会引起关注，法院的裁决意见主要受众是律师，法官们认为律师才是最经常、最专业的评论者。④ 我国同样也有人对法官考评主体组成人员持否定意见：法院内部考评者与考评对象同在一个屋檐下共事，容易陷入关系网的纠葛，难以做到客观公正。⑤

合理配置考评主体，需要考虑三个因素：一是避免利益冲突，二是保障评价视角的宽广度，三是确保专业底线。结合这几个方面的要求，一个民主、专业的考评主体可以由资深法官、律师、法学专家学者、人大代表、政协委员等组成。重庆市第四中级人民法院成立的法官评价委员会中，邀请律师成为评价委员会委员，就法官业绩评估、瑕疵错案认定提出意见、建议。⑥ 总之，通过合理的人员配置，改变单一的评鉴主体，是保障评鉴结果公正的必要手段。

第二，丰富考评材料、依据的信息源。实践中，考评参考依据主要为法官的办案数据。比如，重庆市第四中级人民法院《法官审判业绩评价办法（试行）》第4条规定的评价范围为：“凡进入信息管理系统、可验证可核查

---

① 沈志先：《法院管理》，法律出版社2013年版，第4页

② 李德顺：《价值论》，中国人民大学出版社2007年版，第227页。

③ 陈长文、罗智强：《法律人，你为什么不生气？——法律伦理与理想的重建》，法律出版社2007年版，第97页。

④ Lawrence Baum, Judges and Their Audiences: A Perspective on Judicial Behavior, Princeton University Press, 2008, p. 98.

⑤ 孙海龙等：《审判权运行机制改革》，法律出版社2015年版，第317页。

⑥ 冉景红、杨伟：《亲疏有度：重庆四中院与律师“君子之交”》，载《人民法院报》2020年6月30日，第8版。

的案件和审判事项全部纳入评估。非案件的工作事项不纳入本办法的评价范围。”这种材料依托方式较为单一，难以全面反映法官的综合表现。为此，除导入案件管理系统的办案数据外，还可通过以下方式丰富考评材料、依据的信息源：一是让考评对象依照考评实施细则进行自评。通过自评，一方面可增强法官的参与度，另一方面也可强化法官的自查意识。通过自我评价，个人可以借此主动调节其行为去适用考评中的标准，进而提高个体素质和修养。[①] 二是通过法律职业共同体互评，将互评结果作为参考依据之一。律师、法官、检察官是经常打交道的，也是最了解对方表现的，因此通过相互匿名评价的方式，可以获取更多法官实际表现的信息。三是允许当事人对法官庭审表现作出评价。比如，重庆市第四中级人民法院实行向案件当事人随案发放“回访问卷调查表”，对法院总体印象及裁判文书情况作出实名评价。[②] 四是吸纳不特定对象的评价信息。比如，将法官信息挂在法院官网，开通社会评价通道，允许社会大众对其进行评价。五是随机抽样考评法官的庭审录像进行核查。当前，庭审直播得到广泛推广，考评委员会可通过观摩庭审直播录像的方式，综合评定法官指挥庭审的能力及表现。总之，法官作为公职人员，理应接受社会公众监督。广开评鉴渠道、吸纳更多群体、阶层参与法官评鉴活动，是推进司法公开和强化法官责任制的应有之义，同时也是重塑司法公信力的探索路径，值得深入探索、实施。当然，渠道通畅并不必然导致信息就完全真实，需要强调的是，通过广开言路、倾听不同的声音，更能全面评估法官的履职表现。

第三，规范评分标准。波斯纳曾指出，一个法官需要被同行认可为“好法官”，他必须遵守审判规范。若法官存在收受贿赂、抛硬币裁决案件、法庭上打瞌睡、忽视法律原则、缺乏主见、看诉讼当事人或律师的颜值判案、根据政治要求判案等，那么这个法官不可能被认定为一个好法官。[③] 好法官与负面缠身的法官一般不难判断，关键问题是：如何区分好法官中更好的法

---

① 陈昌文：《公共部门人力资源开发与管理》，四川人民出版社 2000 年版，第 329 页。

② 王洋、谢春艳：《重庆四中院结合回访当事人改作风》，载《人民法院报》2013 年 8 月 7 日，第 4 版。

③ Richard A. Posner, How Judges Think, Harvard University Press, 2008, p. 62.

官？这关系到考评的评分标准。对此，考评的评分标准应当把握几个原则：一是可量化的信息确保准确度。如案件受理数、被告人人数、涉及的罪名数等。二是对于违规违纪的情形实行一票否决制。比如，违规会见当事人、吃拿卡要、无理剥夺当事人诉讼权利等违反法官伦理规范的行为，这是底线问题，应当实行“零容忍”。三是不可量化的地方结合其他考评信息材料综合判断。四是坚持全面评价和分类评价相结合。五是适时根据全院情况，调整考评指标的分值和考评程序。

第四，完善考评程序。当前的考评程序在考评的启动、过程、结果公布、异议机制等方面都较为粗糙，不符合程序公正的要求。比如，当前大部分法院考评只重视年终考评，忽略平时的日程考评；评价过程不听取评价对象意见，评鉴结果反馈不够。对此，应当加强平时考评和年终考评相结合；对于需要查清某些事实的，可听取被考评对象的意见；对于考评结果，应当及时反馈给被考评人，“评价结果信息反馈是绩效管理的关键环节，只有将评价结果及时反馈给被评价者，才能达到改进工作之目的”①。此外，应当保障被考评对象的异议权，避免给异议者“穿小鞋”。整个过程中最为关键的是，测评结果应当具备重要的功能，否则形同虚设，不具任何意义。如有的地方法院明文规定：评价结果作为重要内容存入法官业绩档案。评价结果用于对法官和合议庭的动态管理，并作为确定法官是否任职、职级待遇、审判津贴、年度考核等级、评先评优、晋级晋职的重要依据。②

总之，“法官评价是权、责、利互动的桥梁”③。无论如何强调法官的伟大和神圣，法官都是一个劳动力市场的参与者（Labor - market participant）④，对于一个劳动者来说，他必须权衡其成本和收益。在这种权衡过程中，法官之间还会形成竞争甚至敌对关系。⑤ 不管是基于获得稳定的薪水，还是获得尊重（体现为尊荣、升职、奖励），或者两者兼之，成为一名好法官是每一

---

① 孙海龙等：《审判权运行机制改革》，法律出版社 2015 年版，第 311 页。

② 重庆市第四中级人民法院《法官审判业绩评价办法（试行）》第 11 条。

③ 孙海龙等：《审判权运行机制改革》，法律出版社 2015 年版，第 318 页。

④ Richard A. Posner, How Judges Think, Harvard University Press, 2008, p. 57.

⑤ ［美］李·爱波斯坦、威廉·M. 兰德斯、理查德·波斯纳等：《法官如何行为：理性选择的理论和经验研究》，黄韬译，法律出版社 2017 年版，第 27 - 28 页。

个理性的法官的共同选择。如何鉴定好法官并使法官考评成为法官专业化建设的重要推手，需要科学设置考评标准、方式、程序，考评制度的重要性日益凸显。

（二）教育培训专业化

1. 当前法官教育培训存在的问题

法官的诉讼指挥能力既是一种综合素质，也是一种审判技能。虽然说法官是行走的法律，是“法律帝国”的“国王”，但是法官同样也是普通人，在智力、经验、知识上，法官不可能无所不知、无所不能、总是正确，所谓“术业有专攻，闻道有先后”，法官也会犯错。面对日益增多、纷繁复杂的各类案件，面对庭审的各种突发情况，对法官的司法经验和技能提出更高的要求。建立科学有效的法官教育培训制度，着力提高法官的综合素质，成为法官职业化建设中一项亟待解决的课题。

我国《法官法》第 31 条规定：“对法官应当有计划地进行政治、理论和业务培训。法官的培训应当理论联系实际、按需施教、讲求实效。”第 32 条规定：“法官培训情况，作为法官任职、等级晋升的依据之一。”我国《法官法》将法官培训作为一项基本制度确定下来，接受教育培训是法官的义务，确立了培训的原则和对培训结果的效力认定。2020 年 8 月，最高人民法院颁布《法官教育培训工作条例》，提出“法官教育培训是建设高素质法官队伍的先导性、基础性、战略性工程”，进一步细化了培训内容、方式、师资以及考核方式。应当说，在制度上，《法官法》为法官培训提供了法律依据，指明了正确的方向。然而，实践中的法官教育培训虽引起各级法院的重视和推进，但依然与立法及高层指导意见存在一定距离。主要表现在如下四方面。

一是课程内容理论性有余，实践性不足。当前的法官培训中理论培训较强，在实践技能培训方面有所不足。据笔者了解，参加法官培训的人员普遍反映培训主讲老师存在“掉书袋”、大谈理论的情况，但法官是解决实际难题的办案人员，更需要掌握的是在现行法律框架下，如何正确适用法律、解决办案中的疑难问题、真问题。

二是实体法内容有余，程序法关注不够。从很多地方法官培训的课程看，大多注重实体法的学习与强化，较少关注程序性法律的学习与培训。主要体现在：对实体法授课老师的重视，比如实体法领域经常邀请知名教授讲课，但程序法往往较少邀请全国性的知名专家授课；对程序、司法制度、证据制度等关注不足，事实上庭审中影响法官诉讼指挥的领域，大多来自程序性争议和证据调查规则。

三是全面性有余，针对性不足。每次法官培训内容过于宽泛，力求全面以完成上级培训任务。比如，有的地方人民法院组织法官培训中，在短暂的期限内进行“政治能力、职业道德素养、司法能力、综合素质”等四个方面培训，实现培训内容全覆盖。这种面面俱到的做法，往往缺乏针对性，重点不突出，难以适应实际需要。此外，针对性不足还体现在：对于参加培训的个体，不作区分地通知其参加培训。比如，有的法官本身是刑法学博士，具备较深的理论和实务水准，每次还通知其参加刑法有关培训；又如，对于情绪容易失控、心理负担较重的法官，未提供任何心理辅导、指引课程，“综合素质”培训也就无从说起。

四是对培训结果的认识和运用重视不够。某些地方人民法院，把对法官的培训当作一种福利待遇予以分配，毕竟参加培训意味着不用坐班、办理案件，还可满足“世界那么大，我想去看看”的旅行式游学心理。对于培训结果，几乎不进行严格考核，只要参加都发给培训结业证书。此外，对于培训结果在年终考评、职业晋升方面未给予应有的参考作用。

总之，就诉讼指挥这个主题而言，当前的法官培训存在专业化不强的问题，培训教育专业化应当是在培训教师、培训教材、培训方式、培训考核等方面突出实践导向、问题导向的专业化。

2. 改进法官教育培训的建议

可以从三个方面，提升法官教育培训的专业化程度。

第一，以实践为中心，紧密结合办案实际。作为一线法官，办案是最核心的工作，一切知识和技能应当服务于办案。法官不同于法学科研人员，法官的工作应当是在现行法律框架之下准确查明事实、适用法律，因此，培训课程设置内容、目的、方式应当最大限度与实践相结合，避免空中楼阁式的理论空谈。曾有某教授在给法官培训中，大谈英美国家如何保障人权、如何排除非法证据，对我国当下的规则除了批判还是批判，这样的授课有意义何在？司法实践中，较少有法官阅读法学期刊，觉得学术期刊上的“长篇大论”不切实际，无法解决办案中的实际问题，但法官对《刑事审判参考》这样的实务性刊物情有独钟。为此，为强化实践导向，可采取下列措施：一是注重培训教师的选拔。培训教师的经验、学识和授课能力是保障授课质量的关键。江苏、上海、浙江等地探索的“法官教法官”、法官与教师的双向交流模式值得借鉴，此模式最大限度保障了授课质量。[①] 二是培训主办方应当广泛调研、听取意见，了解实务中的真问题、难问题，在此基础上，精心编写培训教材、组织授课方式，避免“水课”，多出“干货”。

第二，以问题为导向，突出培训针对性。美国律师协会（ABA）《司法行为评价指南》第2.2条指出，根据法官的司法行为评价情况而制订法官培训教育计划，能够将法官培训教育资源利用最大化，提高培训实效。对法官进行业绩评估的目的之一就是合理设计培训计划（Improved design of continuing education programs）[②]。也就是说，法官培训应当具有针对性，也就是“有什么病，就有什么药”，立足现实中司法的普遍问题、人民群众最为关心的问题，有针对性地进行培训，如此，才能提高培训的效率，真正提高法官的司法能力。

第三，以考核为抓手，强化培训效能。法官的培训目的不是为了培训而培训，而是提高法官素养，更好地履行法官职责。但是，法官职业培训并非学业教育，缺少必要的外在激励和约束机制，需要增强法官的培训积极性。为此，可通过两种方式促进法官参加培训教育的积极性：一是加强培训的纪律约束。如《法官教育培训工作条例》第50条规定：法官必须严格遵守教育培训规章制度和廉洁自律各项规定。法官在培训期间违反有关纪律规定的，视情节轻重，给予批评教育直至纪律处分。二是将培训考核结果作为评优、晋升等依据之一。

---

① 吴道富：《法官培训概论》，人民法院出版社2012年版，第105页。

② Commentary on ABA Black Letter Guidelines on Judicial Performance Evaluation (2005), https://www.americanbar.org/content/dam/aba/publications/judicial_division/aba_blackletterguidelines_jpe.wcom.pdf，2021年1月10日访问。

法官教育培训是建设高素质法官队伍的先导性、基础性、战略性工程。一名优秀的审判长不是天生的，也不是一蹴而就的，古人云："问渠那得清如许？为有源头活水来。"只有坚持学习、善于学习，才能让法官在日新月异的当今社会，具备辨是非、明事理、定分止争的能力。

（三）惩戒程序司法化

法官亦得食人间烟火，"外界之引诱，物欲之蒙蔽"在所难免，世界上大多数国家都存在法官徇私枉法、贪污贿赂的现象[①]，总有法官因各种原因作出不符合法官伦理道德的行为，甚至违法犯罪行为。若对法官失范行为缺乏必要的惩戒，可能导致"破窗效应"，最终将失去公众对司法的信任。惩戒，不仅在于处罚，本质上更是一种教育和预防的重要方式。曾有这样一个希腊神话：一位名叫坦塔罗斯的国王，因其杀死自己的儿子，天神宙斯甚为愤怒。宙斯为惩罚坦塔罗斯，令其站在一块摇摇欲坠的巨石下面，让他时刻感受巨石随时可能坠下的恐惧。此即为"坦塔罗斯之石"，以警示人们应当忠于职守，否则越过红线必受处罚。[②]

对法官失范行为的惩戒[③]，世界各国做法不一，归结起来，存在三种模式：第一种为司法化模式，即由专门机构进行调查，然后移交法院纪律法庭进行公开审理，并以判决形式作出处置的模式；第二种为行政模式，即政府或者司法机关纪律检查部门通过行政处罚的方式作出处置的模式；第三种为混合模式，即既可通过诉讼也可通过行政处置的模式。其中，行政模式较为封闭，不注重程序公正，当事人的参与度极为有限，不利于法官权益保障，亦与严格司法、司法责任制改革目标不符。法官办理案件，具有复杂性、专业性和内在规律性，要判断法官行为是否失范违法，同时又保持判断公正，对法官惩戒应当坚持走司法化道路。

所谓惩戒程序司法化，即由专门机构受理、调查法官失范行为并由第三方进行裁决的处置模式。惩戒程序诉讼化具有四个特征：一为评鉴主体专业

---

① 如汤玛斯·达恩史戴特所著《法官的被害人：德国冤案事件簿》等著作的记录。

② 陈长文、罗智强：《法律人，你为什么不生气？——法律伦理与理想的重建》，法律出版社2007年版，第81页。

③ 本书所指惩戒，非指法官涉嫌犯罪行为之追诉活动。

化，即由专门的评鉴主体受理并调查法官失范行为；二为惩戒依据证据化，即惩戒的事实必须有证据证明且必须达到一定的证明标准；三为惩戒过程公开化，即由第三方主持召开庭审，听取调查方、被调查方意见及辩论后依法依规作出裁决并将裁决上网公开；四为救济路径审级化，即当事双方可以向上一级部门申请救济。结合国内外的有关经验具体说明如下：

第一，评鉴主体专业化：合理配置组成人员。

在当今世界范围内，对于存在行为失范的法官，各国都会根据其情节轻重作出不同内容的处置。对于处置行为失范的法官，首要问题是由哪一个部门来评鉴其司法失范行为。国内外的学者对此意见并不统一，大致而言，可分为两种意见：一种意见认为评鉴机构由法院内部人员组成并设在法院系统内部，另一种意见认为应该由系统外部的其他部门（如行政、立法部门等）来行使司法惩戒权。事实上，两种意见都存在弊端或者难以让人信服之处。人们会质疑前者公正性，毕竟是自己人处理自己人；人们同样担忧后者：外在权力对审判独立会造成侵害，且对审判事务不专业。① 对法官失范行为进行准确评价，是公正惩戒法官的前提和基础。为此，合理配置评鉴主体的组成人员极为关键。鉴于两种做法都有弊端，一种折中的选择是合理配置评鉴主体的组成人员。一个合理化的惩戒主体具有法定、专业、独立、中立、常设等几个特征。② 其中，最为关键的是确保惩戒主体的中立性，即保障组织机构的中立和职能层面的控审分离。③

评鉴主体的人员不宜过多或者过少，过多会导致意见庞杂且增加评鉴成本，过少又会导致意见单一、不客观。④ 同时，刑事法官审判行为是在控辩双方互动参与下的诉讼行为，因此评鉴主体应有检察官、律师、法官代表。

---

① William T. Braithwaite, Judicial Misconduct and How Four States Deal with It, 35 LAW.

② 陈铭强：《论法官惩戒委员会的法律地位》，载《政治与法律》2020 年第 2 期，第 109 – 110 页。

③ 白冰：《论法官惩戒主体的中立性——以中立性的双重内涵为切入点》，载《法商研究》2021 年第 1 期，第 122 页。

④ 大部分惩戒委员会成员为 7 – 13 名，如美国阿肯色州纪律和反失职委员会成员为 9 名，由 3 名法官、3 名律师（1 名检察长任命、1 名参议院议长任命、1 名为众议院议长任命）以及 3 名一般公民组成，参见 Rules of Procedure of the Arkansas Judicial Discipline and Disability Commission, Rule 1. Organization of Commission；内华达州惩戒委员会为 7 名成员，其中 2 名州最高法任命的法官、2 名州律师协会的律师、3 名社会大众成员，参见 The Constitution of the State of Nevada. Article. 6. Judicial Department. 21. Commission on Judicial Discipline；Code of Judicial Conduct.

有研究表明，当法官的意见或者判决将面临法律界和公众的批评时，会促使法官作出更加合理和理性的判决。[①] 法官的受众会对其司法行为产生重要影响，即便是终身任职的最高法院大法官，也有一个他们需要认可的群体：他们所来自的律师协会，与之交往的社会和文化精英，以及希望得到其称赞的一般公众。[②] 因此，为增加法官评价的民主性，接受社会监督，评鉴主体还应吸纳其他社会成员加入。

第二，惩戒依据证据化：证据印证失范事实。

我国香港司法机构制定的《如何就法官的行为作出投诉》（Complaints Against a Judge's Conduct）在第1条引言中开宗明义地指出："司法机构的使命，是维持司法制度的独立及其至高的专业水平，以维护法治、保障个人权利和自由，及取得香港、内地及其他地方对香港司法制度的信任。因此，司法机构十分重视法官的专业才能及品格操守。任何人投诉法官，只要有事实根据，司法机构定当秉公处理。"[③] 可见，对于法官的投诉，其目的在于维护司法制度的独立和司法公信力，故对投诉的处理应注重事实和公正处理。如何注重事实？当然只能靠证据。比如，2020年2月26日，香港司法机构发布《有关法官和司法人员的投诉》。据统计，2019年，香港司法机构共受理法官投诉368件，其中，对司法决定不满的353件；同时对司法决定和法官行为不满的10件；对投诉处理结果不满的5件。上述投诉经调查，均没有证据证明属实。[④] 在美国，司法惩戒委员会调查完毕后，将由特别检察官（Special Counsel）法庭提出充足有说服力的证据，以证明被投诉人的失范行为属实。[⑤] 就实践而言，证明法官存在失范行为至少应包含以下证据材料：

---

① ［美］克里斯托弗·沃尔夫：《司法能动主义》，黄金荣译，中国政法大学出版社2004版，第149－150页。

② ［美］劳伦斯·鲍姆：《法官的裁判之道：以社会心理学视角探析》，李国庆译，北京大学出版社2014版，第49页。

③ 《如何就法官的行为作出投诉》（2020年7月第5版）（Complaints against a Judge's conduct），https：//www. judiciary. hk/zh/about_us/judicial_conduct. html，2020年11月1日访问。

④ 《有关法官和司法人员的投诉》（2019），https：//www. judiciary. hk/en/publications/annu_rept_2019r/txtchi/complaints_against_judges. html，2020年11月1日访问。

⑤ Michael L. Seigel，James Kelley：《越界的法律人：十个真实故事》，李淑珺等译，新学林出版股份有限公司2016年版，第180页。

举报人的投诉、陈述必不可少[1]；庭审录音录像、庭审笔录等材料；案件当事人及律师的陈述；被举报人的自述，等等。总之，即惩戒的事实必须有证据证明且必须达到一定的证明标准。

第三，惩戒过程公开化：惩戒过程公开与惩戒结果公开。

惩戒过程公开化，非指调查过程公开，而是指由一方主持召开庭审或者听证，传唤证人、听取调查方、被调查方意见及辩论后依法依规作出裁决并将裁决文书上网公开。惩戒过程公开，主要保障的是拟被惩戒人的参与权和公众的知情权。比如，在美国内华达州，哈弗森法官被惩戒委员会指控曾在庭审中多次睡着、在律师不在场的情况下多次与陪审员讨论法律问题，还与陪审员一起吃东西、粗鲁对待法院同事等失范行为（Sleeping on the bench and treating her staff like servants），违反州司法行为法典第2A条规定“法官应遵守法律，且不论何时，其行为均应有助于维护大众对司法威信与中立之信心”。惩戒委员会为此调取了2000多页的证据材料[2]，但在公开听审中，指控方传唤了多名证人出庭作证，除被指控方自己申辩外［其申辩称在审判期间睡着是因为其焦虑症，还引用《美国残疾人士法》（Americans With Disabilities Act）进行辩解］，被指控方也申请多名证人出庭。随后，哈弗森法官被判永久停职，且再也不能在内华达州担任任何司法职位。该决定书被永久公布在内华达州司法惩戒委员会（Sate of Nevada Commission on Judicial Discipline）官方网站上。[3]

第四，救济路径司法化：赋予当事人向法院寻求救济的权利。

对被惩戒委员会惩戒的法官，应当赋予其向更高一级法院申诉的权利。一方面，便于更权威的机构有纠错的机会，最大限度避免处置不当；另一方面，通过更高一级法院进行复核、审理，也可增强惩戒委员会决定的可接受

---

① ［美］克里斯托弗·沃尔夫：《司法能动主义》，黄金荣译，中国政法大学出版社2004版，第22页。

② New Development in Judge Halverson Case, Las Vagas Valley (Feb. 12. 2008), https://www.reviewjournal.com/news/testimony-ends-in-halverson-case/, 2020年10月8日访问。

③ Findings of Fact in Re Halverson, Case No. 0801-1066, http://judicial.nv.gov/uploadedFiles/judicialnvgov/content/Discipline/Dicisions/2011-01-31_0801-1066_Halverson_FindingsofFact-ConclusionsofLawandImpositionofDiscpline.pdf, 2020年10月8日访问。

性，同时还可为司法机关制订培训计划提供更有针对性的方案。考察域外经验发现，很多地方对司法惩戒不服的申诉，都由所在辖区最高司法机关统一受理。[①] 法院受理后，通常有两种做法：一是确认处罚意见并驳回上诉；二是改变处罚意见，作出新的判决意见。

当前，我国的法官惩戒程序中，存在程序粗糙、救济不力的问题。比如，当法官存在失范行为，被投诉者举报往往处置不力，但若经媒体曝光，往往处置极为迅速且严厉。[②] 同时，处置主体往往是各级人民法院纪检组、党组，有关部门作出处置措施往往简单粗暴，一罚了之，不考虑处罚的梯度性、教育性，要么过于严厉，要么又“隔靴搔痒”，处罚过轻。在推行严格司法和法官责任制改革的背景下，这种处置措施，不仅不利于查明真相和正确厘清权责关系，还容易导致对法官独立审判权的过度干预，让法官处于人人自危之中，挫伤法官的办案积极性和创造性。因此，在未来，应当结合实际，借鉴域外地区的成功经验，逐步建立和完善法官惩戒程序司法化制度。对此，可以考虑借鉴佛罗里达州的做法。此做法可以 John P. Contini 法官被惩戒案（案号为 15 - 200）为例：John P. Contini 法官在一起刑事案件的开庭过程中存在三起违规行为：在公开庭审中发表不当言论、未自行回避、单方面发邮件建议公诉辩护人采取某诉讼意见。最后，佛罗里达州最高法院认定指控成立，对 John P. Contini 法官进行四项惩戒：公开谴责（Public reprimand）、书面向当事人道歉（A written apology letter）、接受心理健康课程的学习（Complete a stress management program）、承担审理本次惩戒程序所产生的费用（Be assessed the costs of these proceedings）。[③]

---

① 需要说明的是，美国各州的惩戒程序存在较大差别。比如，在佛罗里达州，对于法官的惩戒则是由“司法资格委员会”（Judicial Qualifications Commission）进行调查并提出处罚意见，然后将调查报告及处罚意见报州最高法院审核，最后由最高法院以判决（Opinion）的形式同意、变更或者驳回建议，参见美国佛罗里达州宪法第 5 章第 12 条（art. V， § 12， Fla. Const）。但是，在内华达州，则是由惩戒委员会调查并主持听审后作出处罚决定，最后可上诉至州最高法院。

② 比如，上海某人民法院某法官三次取消开庭案，某法官被党组处分；又如广州高院法官说律师水平不够案，该法官被院纪检组诫勉谈话；又如广东省四会市人民法院作出判决后，被告人喝农药自杀在法院围墙外，承办法官以玩忽职守被追诉，直至三年后才被广东省高级人民法院终裁为无罪。

③ Inquiry Concerning A Judge No. 15 - 200 （2016） Re：John Patrick Contini，Supreme Court of Florida.

正如我国香港法律改革委员会（The Law Reform Commission Of Hong Kong）在其关于蔑视法庭的报告（Report on Contempt of Court）中指出："我们认为这是不容置疑的：在一个文明社会，法庭如果失去制裁蔑视法庭行为的权力，司法权将不复存在……另一方面，在一个健康的社会中，司法制度和司法行为必须接受审查和适当的批评。"[①] 法官惩戒别人和别人惩戒法官，核心目的都不在于惩戒本身，而在于维护司法独立和司法公信力，让司法真正成为守护正义的最后一道防线。

① The Law Reform Commission of Hong Kong, Report on Contempt of Court, pp. 3-4, https://www.hkreform.gov.hk/en/docs/rcontempt-e.pdf, 2020年10月7日访问。

结　语

让刑事诉讼指挥权在法治轨道内运行

在世人眼中，法官就是法律与公正的化身。法官享有诸多美誉，正如拉德布鲁赫所言，法律因法官而降临尘世。一定程度上说，法官的一言一行，彰显着法律的运行状况，体现着正义的观感。刑事法官的诉讼指挥，更是全面展现法官的学识、立场和态度。一个参加旁听的普通公民，可能不懂法律的技术和语言，但他能够识别一个审判长业务能力如何、是否熟悉案情、是否客观中立。优化和提升审判长的诉讼指挥能力，对于保障和彰显实体正义、程序正义和形象正义，具有不可替代的重要意义。

要保障诉讼指挥权在法治的轨道上运行，除健全的司法制度、良善的法治环境等宏观因素外，更重要的是提升法官的个人综合素养。“法官独立性的保障只能使法官不受外来影响，但难以确保法官不受下意识的冲击。”①“下意识的冲击”与人的心理、态度、知识储备等密切相关。如果说制度、配套规范等制度性建设是诉讼指挥权运行的宏观外部法律环境，那么法官个体的素养（心理能力、知识构成、裁判经验等）则是支配诉讼指挥权健康运行的内部要素。所谓“内因是事物发展的根据”，内部个体素养更具决定意义。犹如一架飞机的外观、设备等是“外部问题”，飞行员则是“内部问题”，无论这架飞机的外观多么精美、配置多么高端，但决定飞机安全行驶的关键因素是飞行员的个人能力（精准的操作、敏锐的判断）。法官行使诉讼指挥权亦是如此。

一个优秀的审判长，犹如一个优秀的乐团指挥。乐团指挥需要精通乐理，

① ［德］拉德布鲁赫：《法学导论》，米健译，商务印书馆2013年版，第160页。

了解每种乐器的特性，熟悉乐谱，然后富有节奏地进行指挥，才能呈现高水准的演出效果。同样，一个优秀的审判长需要精通法理，对控辩双方的职责和意见能有较深的理解和认识，同时熟悉案件审理的重点、难点和分歧点，如此，方能根据庭审的实际需要，对整个庭审进程指挥若定，使庭审有对抗也有合作，富有节奏、重点突出、和谐有序，最终实现庭审目的。这种庭审的和谐状态，无疑对审判长、承办法官提出了更高的素质要求。总之，“整个刑事诉讼的过程就像在演一出戏，每个角色都必须要把自己的功能确实地弄清楚，这样才可以演什么，像什么”①。

就实践而言，做好诉讼指挥，离不开法官的庭前准备。很难想象一个未做庭前准备、未做庭审预案的法官可以镇定自若地对庭审的人和事作出合理安排。做好这两方面工作极有必要：一方面，法官应当熟悉卷宗材料，吃透案情，充分听取各方意见，亲自接触当事人；另一方面，法官应当做好庭审预案，永远留有一个 Plan B。如此，方能找准庭审焦点、把握庭审节奏、灵活应对冲突，进而确保庭审有序进行，正如培根所言：“一个法官，要作出公正的判决，应当做好庭前准备，就像上帝为了铺路而填满山谷、削平山峦一样。”②

做好诉讼指挥，需要法官全神贯注且保持中立。法官是程序的守护者，不管是一来一往的对话，或是一物一证的过堂，都在法官的监控与守护之下。因此，法官必须全神贯注、精力集中地审理案件，绝不能充当看客、观众。同时，法官应无偏私地居中裁判，而不能当运动员。也就是说，法官既不能当观众放任庭审不管，更不能偏向诉讼一方而显示倾向性。“法院存在的理论基础，并不是法官比检察官、辩护人更能发现真实，而是法官比检察官、辩护人更为中立。没有中立、超然的裁判者，人民就失去了权利的最后一道防线，人民与政府间的纠纷也永无休止。”③

值得注意的是，法官发动诉讼指挥仅仅保持中立是远远不够的，中立并非终极目的，公正才是。公正是司法永恒的主题，更是司法的生命。为达公

① 吴俊毅：《辩护人论》，正典出版文化有限公司 2009 年版，第 13 页。
② Francis Bacon, The Essays, Mozambook, 2011, p. 189.
③ 王兆鹏：《辩护权与诘问权》，华中科技大学出版社 2010 年版，第 2 页。

正之彼岸，刑事审判必以探求案件真相为基础。虽然在法官通往真相的道路上荆棘密布，如何接近时空另一端的真相，将是法官面临的永久性话题，也是刑事司法不可回避的难题。因此，法官进行诉讼指挥时，需要做到“四个一”：一个立场，不偏不倚地对待控辩双方；一个前提，熟悉案情、做好庭前准备；一个核心，围绕庭审争议焦点这条主线，在遵守证据调查规则上展开法庭调查；一个关键，耐心听审并及时引导、处置各项异议。

美国社会历史学家理查德·克鲁格曾言：权力恰似一条大河，约束得当则水光潋滟，泽润万物；水漫堤岸则来势汹汹，势不可当；它排山倒海，所到之处灾难重重。[①] 刑事诉讼指挥权作为权力的分支之一，同样存在被滥用的危险，需要受到有效的约束与制约。只有当刑事诉讼指挥既不越位、亦不缺位，诉讼指挥权才能在法治的轨道内运行，才能发挥其应有的功能。

---

① ［美］理查德·克鲁格：《永不消逝的墨迹：美国曾格案始末》，杨靖、殷红伶译，东方出版社 2018 年版，第 307 页。

主要参考文献

一、中文著作（原著类）

[1] 陈瑞华. 刑事审判原理论 [M]. 北京：北京大学出版社，1997.

[2] 黄朝义. 刑事诉讼程序基础理论 [M]. 台北：新学林出版股份有限公司，2020.

[3] 黄宗智. 中国的新型正义体系：实践与理论 [M]. 桂林：广西师范大学出版社，2020.

[4] 于同志. 刑事实务十堂课：刑事审判思路与方法 [M]. 北京：法律出版社，2020.

[5] 贺红强. 司法权威视域下的刑事庭审秩序研究 [M]. 北京：法律出版社，2020.

[6] 王兆鹏. 刑事诉讼法（上）[M]. 台北：新学林出版股份有限公司，2020.

[7] 郭恒. 辩护律师忠诚义务研究 [M]. 北京：中国政法大学出版社，2020.

[8] 梁治平. 变化中的法律与社会 [M]. 北京：商务印书馆，2020.

[9] 张保生，张中，等. 中国司法文明指数报告 2019 [M]. 北京：中国政法大学出版社，2020.

[10] 林钰雄. 刑事诉讼法实例解析 [M]. 台北：新学林出版有限公司，2019.

[11] 邓子滨. 刑事诉讼原理 [M]. 北京：北京大学出版社，2019.

[12] 徐宗新. 刑事辩护实务操作技能与执业风险防范 [M]. 北京：法律出

版社，2018.
［13］刘静坤．证据审查规则与分析方法：原理、规范、实例［M］．北京：法律出版社，2018.
［14］陈卫东．中国刑事诉讼权能的变革与发展［M］．北京：中国人民大学出版社，2018.
［15］朱石炎．刑事诉讼法论［M］．台北：三民书局股份有限公司，2018.
［16］花满堂．刑事诉讼法争议问题研究［M］．台北：新学林出版有限公司，2018.
［18］卞建林，韩旭．刑事庭审实质化和有效性问题——第九届中韩刑事司法研讨会论文［M］．北京：法律出版社，2018.
［19］冀祥德．控辩平等论［M］．北京：法律出版社，2018.
［20］林钰雄．刑事诉讼法（上、下册）［M］．台北：新学林出版有限公司，2017.
［21］易延友．证据法学：原则、规则、案例［M］．北京：法律出版社，2017.
［22］胡平仁．中国传统诉讼艺术［M］．北京：北京大学出版社，2017.
［23］卢上需，樊玉成．审判权运行机制改革研究［M］．北京：人民出版社，2017.
［24］李春福．刑事诉讼法论［M］．台北：新学林出版股份有限公司，2017.
［25］沈志先．驾驭庭审［M］．北京：法律出版社，2017.
［26］李贵连．现代法治：沈家本的改革梦［M］．北京：法律出版社，2017.
［27］胡铭．审判中心与刑事诉讼［M］．北京：中国法制出版社，2017.
［28］林铁军．刑事诉讼中法院职权调查问题研究［M］．北京：法律出版社，2016.
［29］卜开明．刑事司法职权配置论［M］．北京：中国法制出版社，2016.
［30］吴道富．司法改革语境下的法院、法官和法案［M］．北京：法律出版社，2016.
［31］王敏远．重构诉讼体制：以审判为中心的诉讼制度改革［M］．北京：

中国政法大学出版社，2016.
[32] 江必新．审判人员职能配置与分类管理研究［M］．北京：中国法制出版社，2016.
[33] 姚显森．法官能动性研究［M］．北京：法律出版社，2015.
[34] 南英，高憬宏，最高人民法院刑事审判第三庭．刑事审判方法［M］．北京：法律出版社，2015.
[35] 朱明勇．无罪辩护［M］．北京：清华大学出版社，2015.
[36] 季卫东．法治秩序的建构［M］．北京：商务印书馆，2014.
[37] 王兆鹏．美国刑事诉讼法［M］．北京：北京大学出版社，2014.
[38] 刘静坤．法庭上的真相与正义：最高法院刑庭法官审判笔记［M］．北京：法律出版社，2014.
[39] 张升星：司法言论之专业伦理与民事责任［M］．台北：元照出版有限公司，2014.
[40] 李步云．中国法治之路［M］．北京：中国社会科学出版社，2013.
[41] 夏勤．刑事诉讼法要论［M］．郭恒，点校，北京：中国政法大学出版社，2012.
[42] 黄翰义．程序正义之理念（三）［M］．台北：元照出版有限公司，2010.
[43] 王兆鹏．辩护权与诘问权［M］．武汉：华中科技大学出版社，2010.
[44] 吴俊毅．辩护人论［M］．台北：正典出版文化有限公司，2009.
[45] 姚孟昌，等．法律伦理学［M］．台北：新学林出版股份有限公司，2009.
[46] 姜世明．律师伦理法［M］．台北：新学林出版股份有限公司，2008.
[47] 陈长文，罗智强．法律人你为什么不争气——法律伦理与理想的重建［M］．北京：法律出版社，2007.
[48] 丁寿兴．庭审中的审判长［M］．上海：三联书店，2006.
[49] 姚莉．反思与重构——中国法制现代化进程中的审判组织改革研究［M］．北京：中国政法大学出版社，2005.
[50] 林山田．刑事程序法［M］．台北：五南图书出版股份有限公司，2004.

[51] 邓云. 刑事诉讼行为基础理论研究［M］. 北京：中国人民公安大学出版社，2004.
[52] 王兆鹏. 当事人进行主义之刑事诉讼［M］. 台北：元照出版有限公司，2004.
[53] 徐阳. 刑事审判权主体问题研究［M］. 北京：中国人民公安大学出版社，2004.
[54] 蔡墩铭. 刑事诉讼法论［M］. 台北：五南图书出版有限公司，1993.
[55] 龙宗智. 刑事庭审制度研究［M］. 北京：中国政法大学出版社，2001.
[56] 熊秋红. 刑事辩护论［M］. 北京：法律出版社，1998.
[57] 蔡墩铭. 刑事证据法论［M］. 台北：五南图书出版有限公司，1997.
[58] 蔡墩铭. 刑事审判程序［M］. 台北：五南图书出版有限公司，1992.

二、中文著作（翻译类）

[59]［德］托马斯·魏根特. 德国程序法原理［M］. 江溯，译，北京：中国法制出版社，2021.
[60]［美］朱迪丝·N. 施克莱. 不正义的多重面孔［M］. 钱一栋，译，上海：上海人民出版社，2020.
[61]［美］琼·E. 雅各比，爱德华·C. 拉特利奇. 检察官的权力——刑事司法系统的守门人［M］. 张英姿，等译，北京：法律出版社，2020.
[62]［日］田口守一. 刑事诉讼法［M］. 张凌、于秀峰译，北京：法律出版社，2019.
[63]［日］伊藤真. 民事诉讼法［M］. 曹云吉，译，北京：北京大学出版社，2019.
[64]［美］伊森·凯什，等. 数字正义：当纠纷解决遇见互联网科技［M］. 赵蕾，等译，北京：法律出版社，2019.
[65]［德］汤玛斯·达恩史戴特. 法官的被害人：德国冤案事件簿［M］. 郑惠芬，译. 新北：卫城出版有限公司，2018.

[66] [英] 佩妮·达比希尔. 坐堂审案：英国法官的职业生活 [M]. 韩永强，译. 北京：社会科学文献出版社，2018.

[67] [美] 史蒂芬·沙曼. 比较刑事诉讼：案例教科书 [M]. 施鹏鹏，译. 北京：中国政法大学出版社，2018.

[68] [日] 佐伯仁志. 制裁论 [M]. 丁胜明，译. 北京：北京大学出版社，2018.

[69] [美] 艾伦·林德，汤姆·泰勒. 程序正义的社会心理学 [M]. 冯健鹏，译. 北京：法律出版社，2017.

[70] [美] 李·爱泼斯坦，威廉·M. 兰德斯、理查德·A. 波斯纳，等. 法官如何行为 [M]. 黄韬，译. 北京：法律出版社，2017.

[71] [德] 迪特玛尔·冯·德尔·普佛尔滕. 法哲学导论 [M]. 雷磊，译. 北京：中国政法大学出版社，2017.

[72] [德] 黑格尔. 法哲学原理 [M]. 范扬，张企泰，译，北京：商务印书馆，2017.

[73] [美] 詹姆斯·J. 汤姆科维兹. 美国宪法上的律师帮助权 [M]. 李伟，译. 北京：中国政法大学出版社，2016.

[74] [美] 戴维·克雷因，等. 司法决策的社会心理学 [M]. 陈林林，张晓笑，译，北京：法律出版社，2016.

[75] [德] 拉德布鲁赫. 法学导论 [M]. 米健，译，北京：商务印书馆，2013.

[76] [美] Michael L. Seigel，James Kelley. 越界的法律人：十个真实故事 [M]. 李淑珺，等译. 台北：新学林出版股份有限公司，2016.

[77] [美] 米尔伊安·R. 达玛什卡. 司法和国家权力的多种面孔——比较视野中的法律程序 [M]. 郑戈，译. 北京：中国政法大学出版社，2015.

[78] [美] 汤姆·R. 泰勒. 人们为什么遵守法律 [M]. 黄永，译. 北京：中国法制出版社，2015.

[79] [瑞典] 亚历山大·佩策尼克. 论法律与理性 [M]. 陈曦，译. 北京：

中国政法大学出版社，2015.
[80] [美] 斯蒂芬诺斯·毕贝斯. 刑事司法机器 [M]. 姜敏，译. 北京：北京大学出版社，2015.
[81] [美] 劳伦斯·鲍姆. 法官的裁判之道：以社会心理学视角探析 [M]. 李国庆，译. 北京：北京大学出版社，2014.
[82] [美] 艾伦·德肖维茨. 最好的辩护 [M]. 唐交东，等译. 北京：法律出版社，2014.
[83] [日] 高野隆，等. 法庭辩护技术 [M]. 张家瑜，等译. 台北：台北律师公会，2013.
[84] [美] 萨达卡特·卡德里. 审判为什么不公正：西方审判史 [M]. 杨雄，译. 北京：新星出版社，2014.
[85] [德] 施塔姆勒. 正义法的理论 [M]. 夏彦才，译. 北京：商务印书馆，2012.
[86] [以] 巴拉克. 民主国家的法官 [M]. 毕洪海，译. 北京：法律出版社，2011.
[87] [俄] 尤·彼·加尔马耶夫. 俄罗斯刑事诉讼律师违法活动面面观 [M]. 刘鹏，丛凤玲，译. 北京：中国政法大学出版社，2013.
[88] [美] 詹姆斯·W. 麦克尔哈尼. 美国庭审宝典 [M]. 吴宏耀，等译. 北京：中国人民大学出版社，2012.
[89] [德] 阿克塞尔·文德勒，赫尔穆特·霍夫曼. 审判中询问的技巧与策略 [M]. 丁强，高莉，译. 北京：中国政法大学出版社，2012.
[90] [美] 丹宁勋爵. 法律的正当程序 [M]. 李克强，等译. 北京：法律出版社，2011.
[91] [日] 森际康友. 司法伦理 [M]. 于晓琪，沈军，译. 北京：商务印书馆，2010.
[92] [美] 兰博约. 对抗式刑事审判的起源 [M]. 王志强，译. 上海：复旦大学出版社，2010.
[93] [美] 戴维·J. 博登海默. 公正的审判：美国历史上刑事被告的权利

[M]. 杨明成，等译，北京：商务印书馆，2009.
[94] [日] 大出良知，川崎英明，神山启史. 刑事辩护 [M]. 日本刑事法学研究会，译. 台北：元照出版有限公司，2008.
[95] [美] 布莱恩·肯尼迪. 证人询问的技巧 [M]. 郭乃嘉，译. 台北：元照出版有限公司，2002.

三、中文论文

[96] 白冰. 论法官惩戒主体的中立性——以中立性的双重内涵为切入点 [J]. 法商研究，2021 (1).
[97] 林钰雄. 刑事诉讼法的发展趋势——从公平审判原则出发 [J]. 月旦法学杂志，2020 (5).
[98] 左卫民，彭昕. 物证的直接式调查：实证研究与理论思考 [J]. 中国刑事法杂志，2020 (6).
[99] 万毅. 论庭审证据调查安排 [J]. 中国刑事法杂志，2020 (3).
[100] 蒋红珍. 比例原则位阶秩序的司法适用 [J]. 法学研究，2020 (4).
[101] 李红勃. 通过政策的司法治理 [J]. 中国法学，2020 (3).
[102] 李奋飞. 论刑事庭审实质化的制约要素 [J]. 法学论坛，2020 (4).
[103] 约翰内斯·卡斯帕. 德国刑事诉讼法中的误判及其纠正 [J]. 王芳凯，唐志威，译. 中国应用法学，2020 (4).
[104] 梅扬. 比例原则的适用范围与限度 [J]. 法学研究，2020 (2).
[105] 左卫民. 反思庭审直播——以司法公开为视角 [J]. 政治与法律，2020 (9).
[106] 丁朋超. 中国大陆互联网法院庭审制度之理念选择与制度完善 [J]. 月旦法学杂志，2020 (7).
[107] 王纪轩. 人工智慧于司法实务的应用 [J]. 月旦法学杂志，2019 (10).
[108] 施鹏鹏. 刑事诉讼中的诉讼行为理论研究 [J]. 比较法研究，2019 (4).

[109] 肖仕卫. 庭审实质化目标下庭审指挥之改进 [J]. 江汉论坛, 2019 (4).
[110] 冯健鹏. 主观程序正义研究及其启示 [J]. 环球法律评论, 2018 (6).
[111] 贺红强. 论比例原则视角下的法庭秩序维护权 [J]. 法律科学, 2018 (5).
[112] 任重. 我国民事诉讼释明边界问题研究 [J]. 中国法学, 2018 (6).
[113] 陈实. 刑事庭审实质化的维度与机制探讨 [J]. 中国法学, 2018 (1).
[114] 徐霄飞. 司法治理中的决策模型研究 [J]. 浙江社会科学, 2018 (1).
[115] 高旭晨. 近代司法运行及其展开 [J]. 现代法学, 2018 (6).
[116] 杨勇. 起诉书记载被告人前科信息的多层检视 [J]. 法治研究, 2018 (5).
[117] 蔡元培. 论法庭警察权的形态及其界限 [J]. 法商研究, 2017 (5).
[118] 左卫民. 时间都去哪儿了——基层法院刑事法官工作时间实证研究 [J]. 现代法学, 2017 (5).
[119] 顾永忠. 以审判为中心背景下的刑事辩护突出问题研究 [J]. 中国法学, 2016 (2).
[120] 蔡碧玉. 法官办案品质之提升 [J]. 月旦裁判时报, 2016 (54).
[121] 陈学权. 法庭驱逐辩护律师问题研究 [J]. 法学评论, 2015 (5).
[122] 王彪. 刑事诉讼中的“辩审冲突”现象研究 [J]. 中国刑事法杂志, 2015 (6).
[123] 姚磊、甄贞. 刑事诉讼指挥权研究 [J]. 河南社会科学, 2015 (4).
[124] 陈瑞华. 法官责任制度的三种模式 [J]. 法学研究, 2015 (4).
[125] 胡铭. 司法公信力的理性解释与建构 [J]. 中国社会科学, 2015 (4).
[126] 张建伟. 审判中心主义的实质内涵与实现途径 [J]. 中外法学, 2015 (4).
[127] 汪海燕. 论刑事庭审实质化 [J]. 中国社会科学, 2015 (2).
[128] 施鹏鹏. 为职权主义辩护 [J]. 中国法学, 2014 (2).
[129] 魏胜强. 司法公正何以看得见——关于我国审判方式的思考 [J]. 法

律科学，2013（6）.

[130] 李章仙．绝对的消极被动抑或适度的积极主动——对刑事法官庭审职权的探讨［J］．证据科学，2017（5）.

[131] 于增尊．为刑事审限制度辩护——以集中审理原则之功能反思为视角［J］．政法论坛，2014（6）.

[132] 张彦．法官庭审语言的情感信息［J］．中国政法大学学报，2012（3）.

[133] 李昌盛．刑事庭审的中国模式：教化型庭审［J］．法律科学，2011（1）.

[134] 何家弘．刑事庭审虚化的实证研究［J］．法学家，2011（6）.

[135] 左卫民．职权主义：一种谱系性的“知识考古”［J］．比较法研究，2009（2）.

[136] 张卫平．民事诉讼“释明”概念的展开［J］．中外法学，2006（2）.

[137] 蔡杰，冯亚景．我国刑事法官庭审指挥权之探讨［J］．法学研究，2006（6）.

[138] 赵军峰．法庭言语行为与言语策略［J］．广东外语外贸大学学报，2007（2）.

[139] 蔡虹．释明权：基础透视与制度构建［J］．法学评论，2005（1）.

[140] 孙笑侠．法律家的技能与伦理［J］．法学研究，2001（4）.

四、中文学位论文

[141] 黄琪．刑事诉讼中法官诉讼指挥权研究［D］．重庆：西南政法大学，2019.

五、外文专著

[142] Bachman Ronet, Schutt Russell K. The Practice of Research in Criminology and Criminal Justice [M]. Los Angeles: SAGE Publications, 2020.

[143] Goff, Colin Harford. Criminal justice in Canada [M]. Toronto: Nelson,

2020.

[144] Chris W. Surprenant, Jason Brennan. Injustice for All: How Financial Incentives Corrupted and Can Fix the US Criminal Justice System [M]. London: Routledge, 2019.

[145] Joe Tomlinson. Justice in the Digital State: Assessing the Next Revolution in Administrative Justice [M]. Bristol: Policy Press, 2019.

[146] Kelly Pitcher. Judicial Responses to Pre – Trial Procedural Violations in International Criminal Proceedings [M]. Heidelberg: T. M. C. Asser Press, 2019.

[147] Kamari Maxine Clarke. Affective Justice: The International Criminal Court and the Pan – Africanist Pushback [M]. North Carolina: Duke University Press, 2019.

[148] Serena Quattrocolo, Stefano Ruggeri. Personal Participation in Criminal Proceedings: A Comparative Study of Participatory Safeguards and in absentia Trials in Europe [M]. Switzerland: Springer Nature Switzerland AG, 2019.

[149] Tania Sourdin, Archie Zariski. The Responsive Judge: International Perspectives [M]. Singapore: Springer Nature Singapore Ltd. , 2018.

[150] George F. Cole, Christopher E. Smith. Criminal Justice in America [M]. Boston: Cengage Learning, 2018.

[151] Larry J. Siegel. Essentials of Criminal Justice [M]. Boston: Wadsworth Publishing, 2018.

[152] Andrea L. Alden. Disorder In The Court: Morality, Myth, And The Insanity Defense [M]. Alabama: University Alabama Press, 2018.

[153] Netta Avineri, Laura R. Graham, Robin Conley Rine. Language and Social Justice in Practice [M]. New York: Routledge, 2018.

[154] Geoffroy de Lagasnerie. Judge and Punish: The Penal State on Trial [M]. California: Stanford University Press, 2018.

[155] David W. Neubauer, Henry F. Fradella. America's Courts and the Criminal Justice System [M]. Boston: Wadsworth Publishing, 2018.

[156] Gary A. Rabe, Richard D. Hartley, Dean J. Champion. Criminal Courts: Structure, Process, and Issues [M]. London: Pearson, 2017.

[157] Farhad Malekian. Judgments of Love in Criminal Justice [M]. New York: Springer International Publishing, 2017.

[158] Vogler, Richard. A world view of criminal justice [M]. Oxfordshire: Routledge, 2017.

[159] Banks, Cyndi. Criminal justice ethics: theory and practice [M]. Los Angeles: Sage Publications, Inc, 2017.

[160] Jefferson L. Ingram. Criminal Evidence [M]. London: Routledge, 2017.

[161] John Sammons, Lars Daniel. Digital Forensics Trial Graphics. Teaching the Jury through Effective Use of Visuals [M]. Cambridge: Academic Press, 2017.

[162] Abenaa Owusu - Bempah. Defendant Participation in the criminal process [M]. Oxfordshire: Routledge, 2017.

[163] Jean Comaroff, John L. Comaroff. The Truth about Crime: Sovereignty, Knowledge, Social Order [M]. Chicagoz: University of Chicago Press, 2016.

[164] Lisa B. Lerman. Ethical Problems in the Practice of Law [M]. the Netherlands: Wolters Kluwer, 2016.

[165] JehleJörg - Martin. Criminal justice in Germany: facts and figures [M]. Berlin: Federal Ministry of Justice and Consumer Protection, 2015.

[166] Thomas A. Mauet. Pretrial [M]. Boston: Aspen Publishers, 2014.

[167] Bruce A. Arrigo. Encyclopedia of Criminal Justice Ethics [M]. Los Angeles: SAGE Publications, Inc, 2014.

[168] Anthony Amatrudo, Leslie William Blake. Human Rights and the Criminal Justice System [M]. Oxfordshire: Routledge, 2014.

[169] Levit Nancy, Douglas O. Linder. The good lawyer: seeking quality in the practice of law [M]. Oxford: Oxford University Press, 2014.

[170] Doss Daniel Adrian, Don W. Jones. Economic and Financial Analysis for Criminal Justice Organizations [M]. Florida: CRC Press, 2013.

[171] Richard Glover, Peter Murphy. Murphy on Evidence [M]. Oxford: Oxford University Press, 2013.

[172] HH Judge Roderick Demyer QC. Case Management In Criminal Trials [M]. Oxford: Hart Publishing, 2012.

[173] G. Larry Mays. American Courts and the Judicial Process [M]. Oxford: Oxford University Press, 2011.

[174] David E. Klein, Gregory Mitchell. The Psychology of Judicial Decision Making [M]. Oxford: Oxford University Press, 2010.

[175] Mark Findlay, Ralph Henham. Beyond Punishment: Achieving International Criminal Justice [M]. New York: Palgrave Macmillan UK, 2010.

[176] John Spencer. Hearsay Evidence in Criminal Proceedings [M]. Oxford: Hart Publishing, 2008.

[177] H. L. Ho. A Philosophy of Evidence Law: Justice in the Search for Truth [M]. Oxford: Oxford University Press, 2008.

[178] James Q. Whitman. The Origins of Reasonable Doubt: Theological Roots of the Criminal Trial [M]. New Haven: Yale University Press, 2008.

[179] Charles Patrick Ewing, Joseph T. McCann. Minds on trial: great cases in law and psychology [M]. Oxford: Oxford University Press, 2006.

[180] Hazel Kemshall. Understanding Risk in Criminal Justice (Crime and Justice) [M]. Berkshire: Open University Press, 2003.

[181] Lawrence S. Wrightsman. Judicial Decision Making: Is Psychology Relevant? [M]. New York: Springer US, 1999.

[182] David Vanek. Fulfilment: Memoirs of a Criminal Court Judge [M]. Toronto: Dundurn Press, 1999.

[183] Charles M. Sevilla, Lee Lorenz. Disorder in the Court: Great Fractured Moments in Courtroom History [M]. New York: W. W. Norton & Company, 1999.

[184] Lawrence Baum. The Puzzle of Judicial Behavior [M]. Michigan: the University of Michigan Press, 1998.

[185] Paul E. Tracy. Continuity and Discontinuity in Criminal Careers [M]. New York: Springer US, 1996.

[186] Francis Lewis Wellman. The Art of Cross – Examination [M]. London: Macmillan Company, 1919.

六、外文论文

[187] Louis Fisher. Criminal Justice User Fees and the Procedural Aspect of Equal Justice [J]. 133Harvard L. Rev. 112 (2020).

[188] Andrew Manuel Crespo. Systemic Facts: Toward Institutional Awareness in Criminal Courts [J]. 129Harvard L. Rev. 2049 (2016).

[189] Tori R. Kricken. A Comprehensive Treatise on Contempt of Court in Wyoming [J]. 15 Wyo. L. Rev. (2015).

[190] John C. Goldberg. Judging Responsibility, Responsible Judging [J]. 64 DePaul L. Rev. (2015).

后　记

大学本科阶段，我是学英语语言文学的，喜欢雪莱，喜欢拜伦，也喜欢莎士比亚，当然，更狂热于音乐，自己曾出过两张原创音乐专辑，但从来没想过要出学术专著。直到自己博士毕业成为一名专职教师，出专著的想法才提上日程。第一本专著是什么内容？跟大多数学人一样，是我的博士论文。还跟大多数人一样的是，写博士论文的过程，欢悦与煎熬并存。

下面是我写就本书的简要历程：

2017 年 3 月的一天清晨，背包里塞上几本刑诉法书籍，提上一袋子干粮，搭一辆北上的列车，我踏上了进京考博之旅。望着车窗外开遍田野的油菜花，想起古人从我所在的夜郎之国前往京城赶考：书生们带着挚爱亲朋的期待、嘱托，携十卷古书，风餐露宿，一去就是好些年，深陷漫漫功名路。而我，从未想到读书可以换取功名，只想着能有一个再返校园的机会，读一些书，写写文章，做一份教书育人的职业，慰藉我曾经一度浮躁的心。北京，会成为我学术之路的起点吗？焦急等待三十多个日夜后，已是四月下旬，整个北京城柳絮漫舞，飘向街头房顶。春意盎然中，研究生院传来拟录取的好消息。承蒙吾师陈学权教授不弃，让我这个入学前不知道什么是 C 刊、什么是课题的学术“小白”能有在国际化的大学里提升自己的机会。

入学初，老师就叮嘱我，读博的核心工作不外乎找到一个值得研究的主题，然后围绕主题发几篇好的文章、写一篇博士论文。做好这个工作，你得静下心来，多看、多想、多写。在这“三多”精神的指引下，我天天泡在图书馆，阅千文、读万卷，日子过得飞快，转眼就是半年多。跟老师的日常交流中，老师鼓励道：你现在有了一定的专业知识储备，也有了一定论文写作认识，可以尝试写篇小论文了。2018 年春天，经过数月奋战，完成两篇小论文。老师阅后批注道：此文选题不错，但读起来不解渴，表述上需要完善，结构上需要优化，在论证资料上需要充实。又经一番稿来稿去，信心满满地投了一家期刊——浙江省法学会的《法治研究》。10 天后，《法治研究》发来用稿通知。感谢《法治研究》杂志社，以极为友好的效率慷慨地录用了我有生以来的第一篇学术论文。那种文章见刊且还收到一大笔稿费的愉悦感，真是美妙之极！或许，从事学术研究的信心自此种下。

然而，学术之路岂能一帆风顺？博二至博三陆陆续续写了八篇文章，但这些文章都只等来一个结果：在各期刊"流浪"整整一年多，最后全部宣布阵亡了。脆弱的学术自信被接二连三的"花式退稿"击得粉碎。很多时候，我都不敢看邮箱，因为那里躺着若干份"很抱歉地通知您，您的文章不宜在本刊发表"之类的退稿邮件。我不断地问自己：我是学术垃圾生产者吗？我会一直是一个学术圈外围候补队员吗？我何时能敲开核心期刊的大门？当退稿成为常态，就会怀疑自己不是读书的料，不是搞学术研究的料。什么时候才是个头啊？文章出不来，就不能毕业，不能毕业，就意味着家庭因我读书而被拖累。老实说，好多个煎熬、焦虑无助的夜晚，我一度走在放弃的边缘。

好在，上帝为你关了一扇门，但也为你开了一扇窗。老师曾言：拒稿是一种常态，发表文章或许有时候存在其他因素，但好文章是不断打磨出来的，没有一家杂志会拒绝让人眼前一亮的好稿子。此后，又经一番"拷打"，迎来了转机，让我这个后进生在 2020 年达到了毕业的论文发表要求并获得博士生国家奖学金。这里，要特别感谢《学术交流》杂志社及编辑余老师。我们素昧平生，萍水相逢，但他给了我这个学术"素人"极大的鼓励和扶持。是的，至今依然清晰地记得余老师的鼓励："我们不求任何物质上的回报，仅希望你继续写好文章，用心打造有思想、有风格、有创新的好文章。将来随着你学术地位的上升，期待你把用心打造的力作首先投给我们。"

好在，有幸得到众多法学名家的帮助、指导。清华大学张建伟教授，无论是多年前对我的学术启蒙还是论文的答辩，都给予了手术刀一样精准的修改意见。张老师对学术晚辈的无私关照和他那渊博的知识、动听的声音总是所到之处"吸粉"一片；中国政法大学吴宏耀教授，在论文开题中、写作过程中，一直关心、鼓励并叮嘱"好好写，这个选题写好了将是一部开拓性的著作”；中国政法大学刘静坤教授、郭烁教授、清华大学陈杭平教授、中央财经大学郭华教授等，在论文开题、写作、答辩过程中都给予了细心的指导和帮助；我的副导师贸大赖早兴教授，同样以敏锐的洞察力给予我论文针对性的指导。尽管如此，由于生性驽钝、资质有限，且又出发太晚——出走半生才回归研学，目前为止依然还徘徊在学术圈之外，未能敲开法 C 的大门。同时，博士论文也写得不是那么让人满意，自感疏漏众多却又无力突破、超越。哎，人与人总是有差距，现实中总是有难题！但无论如何，名家大师们的指导和帮助依然让我开阔了视野、掌握了方法、走近了学术。

好在同门、同学四年来给予了太多贴心、无私的帮助。师兄郭恒博士，藏书家、无话不谈的友人，助我打开了法学学术世界之门；师妹陶朗逍博士，聪慧、耐心而又美丽可人，鞍前马后，舟车劳顿，大大小小的事务为我亲力亲为，实乃没齿难忘；我们彼此分享读书的心得、生活的艰辛、科研的乐趣，同门情谊深似海。同学王剑博士、严文斌博士、张龙博士、张超博士，都给了我很多体贴、热心的帮助，我们在惠园一起上过的课、看过的书、吃过的饭、喝过的酒，都是永不褪色的最美记忆。当然，也忘不了法学院洪洁敏、顾珊珊等老师为我们提供的五星级的各项教辅服务，他们的耐心、体贴和无私奉献，值得所有贸法学子铭记。

好在，长期以来，家人都给了无数的支持和鼓舞。最大的亏欠是少了给孩子的陪伴。写作期间，闺女出生并日渐长大。在修改期间，她时常拿着水果走进我的书房道：“爸爸，吃水果了。”瞬间融化我的心；而有时，她半夜醒来一声不响地走到书房角落，睡眼蒙眬中四处找我，吓我一跳。在论文写作关键期，为了能让我安心写作，父母不得不把孩子带回老家。乡人问起：“你爸爸呢?”孩子答：“爸爸在书房里。”真是惭愧，缺席了很多陪伴！还有我的母亲，整个写作期间，可口的饭菜和整洁的房间从来没有缺席。不知道，那些挥之不去的油烟和没完没了的洗洗刷刷又让她老人家苍老了多少。可以说，没有家人的理解、支持，就没有读博动机的产生，也就没有后来的故事。就让我把这篇博士论文作为给家人的礼物吧，你们的爱是我努力奋进的不竭动力。

是的，人到中年，要在越来越“卷”的学术圈谋生存，要在家庭、工作、学业三座大山下突围，真的是一件不容易的事情。我已记不清多少次在嗷嗷待哺与学术产出之间徘徊、多少次在身体病痛与力争完成学业之间挣扎了，焦虑、掉发、失眠、发胖、病痛……伴随了持续两年有余的写作过程。所以，我也要感谢我自己的坚持与执着。每一个努力生活的人都值得收到一朵小红花，不是吗？

学术之路虽然充满孤独、煎熬，但终究是幸福的。毕竟，在知识的殿堂、文献的海洋里徜徉，已是极少数人的福利。感恩这个时代，感恩遇见的每一个温暖而又光明的人。希望，自己的这本小书能在刑事诉讼的长河里泛起一朵正义的浪花，更希望，往后余生，自己的存在与劳动能促使别人生活得更美好！

2023 年 2 月 3 日于贵阳市花溪大学城